A book for You
赤本バックナンバーのご案内

赤本バックナンバーを1年単位で印刷製本しお届け

弊社発行の「**高校別入試対策シリーズ(赤本)**」の収録から外れた古い　　　　　　　　　　　　　　　　ただく
ことができます。
「**赤本バックナンバー**」はamazon(アマゾン)の***プリント・オン・デマン**
定評のあるくわしい解答解説はもちろん赤本そのまま,解答用紙も付
志望校の受験対策をさらに万全なものにするために,「**赤本バックナンバー**」をぜひご活用ください。

⚠*プリント・オン・デマンドサービスとは,ご注文に応じて1冊から印刷製本し,お客様にお届けするサービスです。

ご購入の流れ

① 英俊社のウェブサイト https://book.eisyun.jp/ にアクセス
② トップページの「高校受験」 赤本バックナンバー をクリック

③ ご希望の学校・年度をクリックすると,amazon(アマゾン)のウェブサイトの該当書籍のページにジャンプ
④ amazon(アマゾン)のウェブサイトでご購入

⚠ 納期や配送,お支払い等,購入に関するお問い合わせは,amazon(アマゾン)のウェブサイトにてご確認ください。
⚠ 書籍の内容についてのお問い合わせは英俊社(06−7712−4373)まで。

国私立高校・高専 バックナンバー

⚠表中の×印の学校・年度は,著作権上の事情等により発刊いたしません。
あしからずご了承ください。

(アイウエオ順)　　※価格はすべて税込表示

学校名	2019年 実施問題	2018年 実施問題	2017年 実施問題	2016年 実施問題	2015年 実施問題	2014年 実施問題	2013年 実施問題	2012年 実施問題	2011年 実施問題	2010年 実施問題	2009年 実施問題	2008年 実施問題	2007年 実施問題	2006年 実施問題	2005年 実施問題	2004年 実施問題	2003年 実施問題
大阪教育大附高池田校舎	1,540円 66頁	1,430円 60頁	1,430円 62頁	1,430円 60頁	1,430円 60頁	1,430円 58頁	1,430円 58頁	1,430円 60頁	1,430円 58頁	1,430円 56頁	1,430円 54頁	1,320円 50頁	1,320円 52頁	1,320円 52頁	1,320円 48頁	1,320円 48頁	
大阪星光学院高	1,320円 48頁	1,320円 44頁	1,210円 42頁	1,210円 34頁	×	1,210円 36頁	1,210円 30頁	1,210円 32頁	1,650円 88頁	1,650円 84頁	1,650円 84頁	1,650円 80頁	1,650円 86頁	1,650円 80頁	1,650円 82頁	1,320円 52頁	1,430円 54頁
大阪桐蔭高	1,540円 74頁	1,540円 66頁	1,540円 68頁	1,540円 66頁	1,540円 66頁	1,430円 64頁	1,540円 68頁	1,430円 62頁	1,430円 62頁	1,540円 68頁	1,430円 62頁	1,430円 62頁	1,430円 60頁	1,430円 62頁	1,430円 58頁		
関西大学高	1,430円 56頁	1,430円 56頁	1,430円 58頁	1,430円 54頁	1,320円 52頁	1,320円 52頁	1,430円 54頁	1,320円 50頁	1,320円 52頁	1,320円 50頁							
関西大学第一高	1,540円 66頁	1,430円 64頁	1,430円 64頁	1,430円 56頁	1,430円 62頁	1,430円 54頁	1,320円 48頁	1,430円 56頁	1,430円 56頁	1,430円 56頁	1,430円 56頁	1,320円 52頁	1,320円 52頁	1,320円 50頁	1,320円 46頁	1,320円 52頁	
関西大学北陽高	1,540円 68頁	1,540円 72頁	1,540円 70頁	1,430円 64頁	1,430円 62頁	1,430円 60頁	1,430円 60頁	1,430円 58頁	1,430円 58頁	1,430円 58頁	1,430円 56頁	1,430円 54頁					
関西学院高	1,210円 36頁	1,210円 36頁	1,210円 34頁	1,210円 34頁	1,210円 32頁	1,210円 32頁	1,210円 32頁	1,210円 32頁	1,210円 28頁	1,210円 30頁	1,210円 28頁	1,210円 30頁	×	1,210円 30頁	1,210円 28頁	×	1,210円 26頁
京都女子高	1,540円 66頁	1,430円 62頁	1,430円 60頁	1,430円 60頁	1,430円 60頁	1,430円 54頁	1,430円 56頁	1,430円 56頁	1,430円 56頁	1,430円 56頁	1,430円 56頁	1,430円 54頁	1,430円 54頁	1,320円 50頁	1,320円 50頁	1,320円 48頁	
近畿大学附属高	1,540円 72頁	1,540円 68頁	1,540円 68頁	1,540円 66頁	1,430円 64頁	1,430円 62頁	1,430円 58頁	1,430円 60頁	1,430円 58頁	1,430円 60頁	1,430円 54頁	1,430円 58頁	1,430円 56頁	1,430円 54頁	1,430円 56頁	1,320円 52頁	
久留米大学附設高	1,430円 64頁	1,430円 62頁	1,430円 58頁	1,430円 60頁	1,430円 58頁	1,430円 58頁	1,430円 58頁	1,430円 58頁	1,430円 56頁	1,430円 58頁	1,430円 54頁	×	1,430円 54頁	1,430円 54頁			
四天王寺高	1,540円 74頁	1,430円 62頁	1,430円 64頁	1,540円 66頁	1,210円 40頁	1,210円 40頁	1,430円 64頁	1,430円 64頁	1,430円 58頁	1,430円 62頁	1,430円 60頁	1,430円 60頁	1,430円 64頁	1,430円 58頁	1,430円 62頁	1,430円 58頁	
須磨学園高	1,210円 40頁	1,210円 40頁	1,210円 36頁	1,210円 42頁	1,210円 40頁	1,210円 40頁	1,210円 38頁	1,210円 38頁	1,320円 44頁	1,320円 48頁	1,320円 46頁	1,320円 48頁	1,320円 46頁	1,320円 44頁	1,210円 42頁		
清教学園高	1,540円 66頁	1,540円 66頁	1,430円 64頁	1,430円 56頁	1,320円 52頁	1,320円 50頁	1,320円 52頁	1,320円 48頁	1,320円 52頁	1,320円 50頁	1,320円 50頁	1,320円 46頁					
西南学院高	1,870円 102頁	1,760円 98頁	1,650円 82頁	1,980円 116頁	1,980円 112頁	1,980円 112頁	1,870円 110頁	1,870円 112頁	1,870円 106頁	1,540円 76頁	1,540円 76頁	1,540円 72頁	1,540円 72頁	1,540円 70頁			
清風高	1,430円 58頁	1,430円 54頁	1,430円 60頁	1,430円 60頁	1,430円 60頁	1,430円 60頁	1,430円 60頁	1,430円 60頁	1,430円 56頁	1,430円 58頁	×	1,430円 56頁	1,430円 58頁	1,430円 54頁	1,430円 54頁		

※価格はすべて税込表示

学校名	2019年実施問題	2018年実施問題	2017年実施問題	2016年実施問題	2015年実施問題	2014年実施問題	2013年実施問題	2012年実施問題	2011年実施問題	2010年実施問題	2009年実施問題	2008年実施問題	2007年実施問題	2006年実施問題	2005年実施問題	2004年実施問題	2003年実施問題
清風南海高	1,430円 64頁	1,430円 64頁	1,430円 62頁	1,430円 60頁	1,430円 60頁	1,430円 58頁	1,430円 58頁	1,430円 60頁	1,430円 56頁	1,430円 56頁	1,430円 56頁	1,430円 56頁	1,430円 58頁	1,430円 58頁	1,320円 52頁	1,430円 54頁	
智辯学園和歌山高	1,320円 44頁	1,210円 42頁	1,210円 40頁	1,210円 40頁	1,210円 38頁	1,210円 38頁	1,210円 40頁	1,210円 38頁	1,210円 38頁	1,210円 40頁	1,210円 40頁	1,210円 38頁	1,210円 38頁	1,210円 38頁	1,210円 38頁	1,210円 38頁	
同志社高	1,430円 56頁	1,430円 56頁	1,430円 54頁	1,430円 54頁	1,430円 56頁	1,430円 54頁	1,320円 52頁	1,320円 52頁	1,320円 50頁	1,320円 48頁	1,320円 50頁	1,320円 50頁	1,320円 46頁	1,320円 48頁	1,320円 44頁	1,320円 48頁	1,320円 46頁
灘高	1,320円 52頁	1,320円 46頁	1,320円 48頁	1,320円 46頁	1,320円 46頁	1,320円 48頁	1,210円 42頁	1,320円 44頁	1,320円 50頁	1,320円 48頁	1,320円 46頁	1,320円 48頁	1,320円 48頁	1,320円 46頁	1,320円 44頁	1,320円 46頁	1,320円 46頁
西大和学園高	1,760円 98頁	1,760円 96頁	1,760円 90頁	1,540円 68頁	1,540円 66頁	1,430円 62頁	1,430円 62頁	1,430円 62頁	1,430円 64頁	1,430円 64頁	1,430円 62頁	1,430円 64頁	1,430円 64頁	1,430円 62頁	1,430円 60頁	1,430円 56頁	1,430円 58頁
福岡大学附属大濠高	2,310円 152頁	2,310円 148頁	2,200円 142頁	2,200円 144頁	2,090円 134頁	2,090円 132頁	2,090円 128頁	1,760円 96頁	1,760円 94頁	1,650円 88頁	1,650円 84頁	1,760円 88頁	1,760円 90頁	1,760円 92頁			
明星高	1,540円 76頁	1,540円 74頁	1,540円 68頁	1,430円 62頁	1,430円 62頁	1,430円 64頁	1,430円 64頁	1,430円 60頁	1,430円 58頁	1,430円 56頁	1,430円 56頁	1,430円 54頁	1,430円 54頁	1,430円 54頁	1,320円 52頁	1,320円 52頁	
桃山学院高	1,430円 64頁	1,430円 64頁	1,430円 62頁	1,430円 60頁	1,430円 58頁	1,430円 54頁	1,430円 56頁	1,430円 54頁	1,430円 58頁	1,430円 58頁	1,430円 56頁	1,320円 52頁	1,320円 52頁	1,320円 48頁	1,320円 46頁	1,320円 50頁	1,320円 50頁
洛南高	1,540円 66頁	1,430円 64頁	1,540円 66頁	1,540円 66頁	1,430円 62頁	1,430円 64頁	1,430円 62頁	1,430円 62頁	1,430円 62頁	1,430円 60頁	1,430円 58頁	1,430円 64頁	1,430円 60頁	1,430円 62頁	1,430円 58頁	1,430円 58頁	1,430円 60頁
ラ・サール高	1,540円 70頁	1,540円 66頁	1,430円 60頁	1,430円 62頁	1,430円 60頁	1,430円 58頁	1,430円 60頁	1,430円 60頁	1,430円 58頁	1,430円 54頁	1,430円 60頁	1,430円 54頁	1,430円 56頁	1,320円 50頁			
立命館高	1,760円 96頁	1,760円 94頁	1,870円 100頁	1,760円 96頁	1,870円 104頁	1,870円 102頁	1,870円 100頁	1,760円 92頁	1,650円 88頁	1,760円 94頁	1,650円 88頁	1,650円 86頁	1,320円 48頁	1,650円 80頁	1,430円 54頁		
立命館宇治高	1,430円 62頁	1,430円 60頁	1,430円 58頁	1,430円 58頁	1,430円 56頁	1,430円 54頁	1,430円 54頁	1,320円 52頁	1,320円 52頁	1,430円 54頁	1,430円 56頁	1,320円 52頁					
国立高専	1,650円 78頁	1,540円 74頁	1,540円 66頁	1,430円 64頁	1,430円 62頁	1,430円 62頁	1,430円 62頁	1,540円 68頁	1,540円 70頁	1,430円 64頁	1,430円 62頁	1,430円 62頁	1,430円 60頁	1,430円 58頁	1,430円 60頁	1,430円 56頁	1,430円 60頁

公立高校 バックナンバー

※価格はすべて税込表示

府県名·学校名	2019年実施問題	2018年実施問題	2017年実施問題	2016年実施問題	2015年実施問題	2014年実施問題	2013年実施問題	2012年実施問題	2011年実施問題	2010年実施問題	2009年実施問題	2008年実施問題	2007年実施問題	2006年実施問題	2005年実施問題	2004年実施問題	2003年実施問題
岐阜県公立高	990円 64頁	990円 60頁	990円 60頁	990円 60頁	990円 58頁	990円 56頁	990円 58頁	990円 52頁	990円 54頁	990円 52頁	990円 52頁	990円 48頁	990円 50頁	990円 52頁			
静岡県公立高	990円 62頁	990円 58頁	990円 58頁	990円 60頁	990円 60頁	990円 56頁	990円 58頁	990円 58頁	990円 56頁	990円 54頁	990円 52頁	990円 54頁	990円 52頁	990円 52頁			
愛知県公立高	990円 126頁	990円 120頁	990円 114頁	990円 114頁	990円 114頁	990円 110頁	990円 112頁	990円 108頁	990円 108頁	990円 110頁	990円 102頁	990円 102頁	990円 102頁	990円 100頁	990円 100頁	990円 96頁	990円 96頁
三重県公立高	990円 72頁	990円 66頁	990円 66頁	990円 64頁	990円 66頁	990円 64頁	990円 66頁	990円 64頁	990円 62頁	990円 62頁	990円 58頁	990円 58頁	990円 52頁	990円 54頁			
滋賀県公立高	990円 66頁	990円 62頁	990円 60頁	990円 62頁	990円 62頁	990円 46頁	990円 48頁	990円 46頁	990円 48頁	990円 44頁	990円 44頁	990円 44頁	990円 46頁	990円 44頁	990円 44頁	990円 40頁	990円 42頁
京都府公立高(中期)	990円 60頁	990円 56頁	990円 54頁	990円 54頁	990円 56頁	990円 54頁	990円 56頁	990円 54頁	990円 56頁	990円 54頁	990円 52頁	990円 50頁	990円 50頁	990円 50頁	990円 46頁	990円 46頁	990円 48頁
京都府公立高(前期)	990円 40頁	990円 38頁	990円 40頁	990円 38頁	990円 38頁	990円 36頁											
京都市立堀川高 探究学科群	1,430円 64頁	1,540円 68頁	1,430円 60頁	1,430円 62頁	1,430円 64頁	1,430円 60頁	1,430円 60頁	1,430円 58頁	1,430円 58頁	1,430円 64頁	1,430円 54頁	1,320円 48頁	1,210円 42頁	1,210円 38頁	1,210円 36頁	1,210円 40頁	
京都市立西京高 エンタープライジング科	1,650円 82頁	1,540円 76頁	1,650円 80頁	1,540円 72頁	1,540円 72頁	1,540円 70頁	1,320円 46頁	1,320円 50頁	1,320円 46頁	1,320円 44頁	1,210円 42頁	1,210円 42頁	1,210円 38頁	1,210円 38頁	1,210円 40頁	1,210円 34頁	
京都府立嵯峨野高 京都こすもす科	1,540円 68頁	1,540円 66頁	1,540円 68頁	1,430円 64頁	1,430円 64頁	1,430円 62頁	1,210円 42頁	1,210円 42頁	1,320円 46頁	1,320円 44頁	1,210円 42頁	1,210円 40頁	1,210円 40頁	1,210円 36頁	1,210円 36頁	1,210円 34頁	
京都府立桃山高 自然科学科	1,320円 46頁	1,320円 46頁	1,210円 42頁	1,320円 44頁	1,320円 46頁	1,320円 44頁	1,210円 42頁	1,210円 38頁	1,210円 42頁	1,210円 40頁	1,210円 40頁	1,210円 38頁	1,210円 34頁	1,210円 34頁			

※価格はすべて税込表示

府県名・学校名	2019年 実施問題	2018年 実施問題	2017年 実施問題	2016年 実施問題	2015年 実施問題	2014年 実施問題	2013年 実施問題	2012年 実施問題	2011年 実施問題	2010年 実施問題	2009年 実施問題	2008年 実施問題	2007年 実施問題	2006年 実施問題	2005年 実施問題	2004年 実施問題	2003年 実施問題
大阪府公立高(一般)	990円 148頁	990円 140頁	990円 140頁	990円 122頁													
大阪府公立高(特別)	990円 78頁	990円 78頁	990円 74頁	990円 72頁													
大阪府公立高(前期)					990円 70頁	990円 68頁	990円 66頁	990円 72頁	990円 70頁	990円 60頁	990円 58頁	990円 56頁	990円 56頁	990円 54頁	990円 52頁	990円 52頁	990円 48頁
大阪府公立高(後期)					990円 82頁	990円 76頁	990円 72頁	990円 64頁	990円 64頁	990円 64頁	990円 62頁	990円 62頁	990円 62頁	990円 58頁	990円 56頁	990円 58頁	990円 56頁
兵庫県公立高	990円 74頁	990円 78頁	990円 74頁	990円 74頁	990円 74頁	990円 68頁	990円 66頁	990円 64頁	990円 60頁	990円 56頁	990円 58頁	990円 56頁	990円 58頁	990円 56頁	990円 56頁	990円 54頁	990円 52頁
奈良県公立高(一般)	990円 62頁	990円 50頁	990円 50頁	990円 52頁	990円 50頁	990円 52頁	990円 50頁	990円 48頁	990円 48頁	990円 48頁	990円 48頁	990円 48頁	×	990円 44頁	990円 46頁	990円 42頁	990円 44頁
奈良県公立高(特色)	990円 30頁	990円 38頁	990円 44頁	990円 46頁	990円 46頁	990円 44頁	990円 40頁	990円 40頁	990円 32頁	990円 32頁	990円 32頁	990円 32頁	990円 28頁	990円 28頁			
和歌山県公立高	990円 76頁	990円 70頁	990円 68頁	990円 64頁	990円 66頁	990円 64頁	990円 64頁	990円 62頁	990円 66頁	990円 62頁	990円 60頁	990円 60頁	990円 58頁	990円 56頁	990円 56頁	990円 56頁	990円 52頁
岡山県公立高(一般)	990円 66頁	990円 60頁	990円 58頁	990円 56頁	990円 58頁	990円 56頁	990円 58頁	990円 60頁	990円 56頁	990円 56頁	990円 52頁	990円 52頁	990円 50頁				
岡山県公立高(特別)	990円 38頁	990円 36頁	990円 34頁	990円 34頁	990円 34頁	990円 32頁											
広島県公立高	990円 68頁	990円 70頁	990円 74頁	990円 68頁	990円 60頁	990円 58頁	990円 54頁	990円 46頁	990円 48頁	990円 46頁	990円 46頁	990円 46頁	990円 44頁	990円 46頁	990円 44頁	990円 44頁	990円 44頁
山口県公立高	990円 86頁	990円 80頁	990円 82頁	990円 84頁	990円 76頁	990円 78頁	990円 76頁	990円 64頁	990円 62頁	990円 58頁	990円 58頁	990円 60頁	990円 56頁				
徳島県公立高	990円 88頁	990円 78頁	990円 86頁	990円 74頁	990円 76頁	990円 80頁	990円 64頁	990円 62頁	990円 60頁	990円 58頁	990円 60頁	990円 54頁	990円 52頁				
香川県公立高	990円 76頁	990円 74頁	990円 72頁	990円 74頁	990円 72頁	990円 68頁	990円 68頁	990円 66頁	990円 66頁	990円 62頁	990円 62頁	990円 60頁	990円 62頁				
愛媛県公立高	990円 72頁	990円 68頁	990円 66頁	990円 64頁	990円 68頁	990円 64頁	990円 62頁	990円 60頁	990円 62頁	990円 56頁	990円 58頁	990円 56頁	990円 54頁				
福岡県公立高	990円 66頁	990円 68頁	990円 68頁	990円 66頁	990円 60頁	990円 56頁	990円 56頁	990円 54頁	990円 56頁	990円 58頁	990円 52頁	990円 54頁	990円 52頁	990円 48頁			
長崎県公立高	990円 90頁	990円 86頁	990円 84頁	990円 84頁	990円 82頁	990円 80頁	990円 80頁	990円 82頁	990円 80頁	990円 80頁	990円 80頁	990円 78頁	990円 76頁				
熊本県公立高	990円 98頁	990円 92頁	990円 92頁	990円 92頁	990円 94頁	990円 74頁	990円 72頁	990円 70頁	990円 70頁	990円 68頁	990円 68頁	990円 64頁	990円 68頁				
大分県公立高	990円 84頁	990円 78頁	990円 80頁	990円 76頁	990円 80頁	990円 66頁	990円 62頁	990円 62頁	990円 62頁	990円 58頁	990円 58頁	990円 56頁	990円 58頁				
鹿児島県公立高	990円 66頁	990円 62頁	990円 60頁	990円 60頁	990円 60頁	990円 60頁	990円 60頁	990円 60頁	990円 60頁	990円 58頁	990円 58頁	990円 54頁	990円 58頁				

英語リスニング音声データのご案内

英語リスニング問題の音声データについて

赤本収録年度の音声データ　弊社発行の**「高校別入試対策シリーズ（赤本）」に収録している年度**の音声データは,以下の一覧の学校分を提供しています。希望の音声データをダウンロードし，赤本に掲載されている問題に取り組んでください。

赤本収録年度より古い年度の音声データ　**「高校別入試対策シリーズ（赤本）」に収録している年度よりも古い年度**の音声データは,6ページの国私立高と公立高を提供しています。赤本バックナンバー（1～3ページに掲載）と音声データの両方をご購入いただき，問題に取り組んでください。

ご購入の流れ

① 英俊社のウェブサイト https://book.eisyun.jp/ にアクセス
② トップページの「高校受験」 リスニング音声データ をクリック
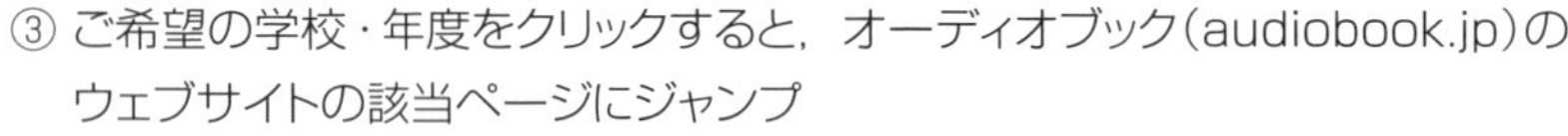
③ ご希望の学校・年度をクリックすると，オーディオブック（audiobook.jp）のウェブサイトの該当ページにジャンプ
④ オーディオブック（audiobook.jp）のウェブサイトでご購入。※初回のみ会員登録（無料）が必要です。

⚠ ダウンロード方法やお支払い等,購入に関するお問い合わせは,オーディオブック（audiobook.jp）のウェブサイトにてご確認ください。

音声データを入手できる学校と年度

赤本収録年度の音声データ

ご希望の年度を1年分ずつ,もしくは赤本に収録している年度をすべてまとめてセットでご購入いただくことができます。セットでご購入いただくと,1年分の単価がお得になります。

⚠ ×印の年度は音声データをご提供しておりません。あしからずご了承ください。

国私立高（アイウエオ順）

※価格は税込表示

学校名	税込価格				
	2020年	2021年	2022年	2023年	2024年
アサンプション国際高	¥550	¥550	¥550	¥550	¥550
5か年セット	¥2,200				
育英西高	¥550	¥550	¥550	¥550	¥550
5か年セット	¥2,200				
大阪教育大附高池田校	¥550	¥550	¥550	¥550	¥550
5か年セット	¥2,200				
大阪薫英女学院高	¥550	¥550	¥550	¥550	×
4か年セット	¥1,760				
大阪国際高	¥550	¥550	¥550	¥550	¥550
5か年セット	¥2,200				
大阪信愛学院高	¥550	¥550	¥550	¥550	¥550
5か年セット	¥2,200				
大阪星光学院高	¥550	¥550	¥550	¥550	¥550
5か年セット	¥2,200				
大阪桐蔭高	¥550	¥550	¥550	¥550	¥550
5か年セット	¥2,200				
大谷高	×	×	×	¥550	¥550
2か年セット	¥880				
関西創価高	¥550	¥550	¥550	¥550	¥550
5か年セット	¥2,200				
京都先端科学大附高(特進・進学)	¥550	¥550	¥550	¥550	¥550
5か年セット	¥2,200				

※価格は税込表示

学校名	税込価格				
	2020年	2021年	2022年	2023年	2024年
京都先端科学大附高(国際)	¥550	¥550	¥550	¥550	¥550
5か年セット	¥2,200				
京都橘高	¥550	×	¥550	¥550	¥550
4か年セット	¥1,760				
京都両洋高	¥550	¥550	¥550	¥550	¥550
5か年セット	¥2,200				
久留米大附設高	×	¥550	¥550	¥550	¥550
4か年セット	¥1,760				
神戸星城高	¥550	¥550	¥550	¥550	¥550
5か年セット	¥2,200				
神戸山手グローバル高	×	×	×	¥550	¥550
2か年セット	¥880				
神戸龍谷高	¥550	¥550	¥550	¥550	¥550
5か年セット	¥2,200				
香里ヌヴェール学院高	¥550	¥550	¥550	¥550	¥550
5か年セット	¥2,200				
三田学園高	¥550	¥550	¥550	¥550	¥550
5か年セット	¥2,200				
滋賀学園高	¥550	¥550	¥550	¥550	¥550
5か年セット	¥2,200				
滋賀短期大学附高	¥550	¥550	¥550	¥550	¥550
5か年セット	¥2,200				

※価格は税込表示

国私立高（アイウエオ順）

学校名	税込価格				
	2020年	2021年	2022年	2023年	2024年
樟蔭高	¥550	¥550	¥550	¥550	¥550
5か年セット	¥2,200				
常翔学園高	¥550	¥550	¥550	¥550	¥550
5か年セット	¥2,200				
清教学園高	¥550	¥550	¥550	¥550	¥550
5か年セット	¥2,200				
西南学院高（専願）	¥550	¥550	¥550	¥550	¥550
5か年セット	¥2,200				
西南学院高（前期）	¥550	¥550	¥550	¥550	¥550
5か年セット	¥2,200				
園田学園高	¥550	¥550	¥550	¥550	¥550
5か年セット	¥2,200				
筑陽学園高（専願）	¥550	¥550	¥550	¥550	¥550
5か年セット	¥2,200				
筑陽学園高（前期）	¥550	¥550	¥550	¥550	¥550
5か年セット	¥2,200				
智辯学園高	¥550	¥550	¥550	¥550	¥550
5か年セット	¥2,200				
帝塚山高	¥550	¥550	¥550	¥550	¥550
5か年セット	¥2,200				
東海大付大阪仰星高	¥550	¥550	¥550	¥550	¥550
5か年セット	¥2,200				
同志社高	¥550	¥550	¥550	¥550	¥550
5か年セット	¥2,200				
中村学園女子高（前期）	×	¥550	¥550	¥550	¥550
4か年セット	¥1,760				
灘高	¥550	¥550	¥550	¥550	¥550
5か年セット	¥2,200				
奈良育英高	¥550	¥550	¥550	¥550	¥550
5か年セット	¥2,200				
奈良学園高	¥550	¥550	¥550	¥550	¥550
5か年セット	¥2,200				
奈良大附高	¥550	¥550	¥550	¥550	¥550
5か年セット	¥2,200				

※価格は税込表示

学校名	税込価格				
	2020年	2021年	2022年	2023年	2024年
西大和学園高	¥550	¥550	¥550	¥550	¥550
5か年セット	¥2,200				
梅花高	¥550	¥550	¥550	¥550	¥550
5か年セット	¥2,200				
白陵高	¥550	¥550	¥550	¥550	¥550
5か年セット	¥2,200				
初芝立命館高	×	×	×	×	¥550
東大谷高	×	×	¥550	¥550	¥550
3か年セット	¥1,320				
東山高	×	×	×	×	¥550
雲雀丘学園高	¥550	¥550	¥550	¥550	¥550
5か年セット	¥2,200				
福岡大附大濠高（専願）	¥550	¥550	¥550	¥550	¥550
5か年セット	¥2,200				
福岡大附大濠高（前期）	¥550	¥550	¥550	¥550	¥550
5か年セット	¥2,200				
福岡大附大濠高（後期）	¥550	¥550	¥550	¥550	¥550
5か年セット	¥2,200				
武庫川女子大附高	×	×	¥550	¥550	¥550
3か年セット	¥1,320				
明星高	¥550	¥550	¥550	¥550	¥550
5か年セット	¥2,200				
和歌山信愛高	¥550	¥550	¥550	¥550	¥550
5か年セット	¥2,200				

※価格は税込表示

公立高

学校名	税込価格				
	2020年	2021年	2022年	2023年	2024年
京都市立西京高（エンタープライジング科）	¥550	¥550	¥550	¥550	¥550
5か年セット	¥2,200				
京都市立堀川高（探究学科群）	¥550	¥550	¥550	¥550	¥550
5か年セット	¥2,200				
京都府立嵯峨野高（京都こすもす科）	¥550	¥550	¥550	¥550	¥550
5か年セット	¥2,200				

赤本収録年度より古い年度の音声データ

以下の音声データは,赤本に収録以前の年度ですので,赤本バックナンバー(P.1～3に掲載)と合わせてご購入ください。
赤本バックナンバーは1年分が1冊の本になっていますので,音声データも1年分ずつの販売となります。

※価格は税込表示

(アイウエオ順)

学校名	税込価格																
	2003年	2004年	2005年	2006年	2007年	2008年	2009年	2010年	2011年	2012年	2013年	2014年	2015年	2016年	2017年	2018年	2019年
大阪教育大附高池田校		¥550	¥550	¥550	¥550	¥550	¥550	¥550	¥550	¥550	¥550	¥550	¥550	¥550	¥550	¥550	¥550
大阪星光学院高(1次)	¥550	¥550	¥550	¥550	¥550	¥550	¥550	¥550	¥550	¥550	×	¥550	×	¥550	¥550	¥550	¥550
大阪星光学院高(1.5次)			¥550	¥550	¥550	¥550	¥550	¥550	×	×	×	×	×	×	×	×	×
大阪桐蔭高						¥550	¥550	¥550	¥550	¥550	¥550	¥550	¥550	¥550	¥550	¥550	¥550
久留米大附設高				¥550	¥550	×	¥550	¥550	¥550	¥550	¥550	¥550	¥550	¥550	¥550	¥550	¥550
清教学園高														¥550	¥550	¥550	¥550
同志社高						¥550	¥550	¥550	¥550	¥550	¥550	¥550	¥550	¥550	¥550	¥550	¥550
灘高																¥550	¥550
西大和学園高				¥550	¥550	¥550	¥550	¥550	¥550	¥550	¥550	¥550	¥550	¥550	¥550	¥550	¥550
福岡大附大濠高(専願)											¥550	¥550	¥550	¥550	¥550	¥550	¥550
福岡大附大濠高(前期)				¥550	¥550	¥550	¥550	¥550	¥550	¥550	¥550	¥550	¥550	¥550	¥550	¥550	¥550
福岡大附大濠高(後期)				¥550	¥550	¥550	¥550	¥550	¥550	¥550	¥550	¥550	¥550	¥550	¥550	¥550	¥550
明星高															¥550	¥550	¥550
立命館高(前期)						¥550	¥550	¥550	¥550	¥550	¥550	¥550	¥550	×	×	×	×
立命館高(後期)						¥550	¥550	¥550	¥550	¥550	¥550	¥550	¥550	×	×	×	×
立命館宇治高										¥550	¥550	¥550	¥550	¥550	¥550	¥550	×

※価格は税込表示

(府県順)

府県名・学校名	税込価格																
	2003年	2004年	2005年	2006年	2007年	2008年	2009年	2010年	2011年	2012年	2013年	2014年	2015年	2016年	2017年	2018年	2019年
岐阜県公立高				¥550	¥550	¥550	¥550	¥550	¥550	¥550	¥550	¥550	¥550	¥550	¥550	¥550	¥550
静岡県公立高				¥550	¥550	¥550	¥550	¥550	¥550	¥550	¥550	¥550	¥550	¥550	¥550	¥550	¥550
愛知県公立高(Aグループ)	¥550	¥550	¥550	¥550	¥550	¥550	¥550	¥550	¥550	¥550	¥550	¥550	¥550	¥550	¥550	¥550	¥550
愛知県公立高(Bグループ)	¥550	¥550	¥550	¥550	¥550	¥550	¥550	¥550	¥550	¥550	¥550	¥550	¥550	¥550	¥550	¥550	¥550
三重県公立高				¥550	¥550	¥550	¥550	¥550	¥550	¥550	¥550	¥550	¥550	¥550	¥550	¥550	¥550
滋賀県公立高	¥550	¥550	¥550	¥550	¥550	¥550	¥550	¥550	¥550	¥550	¥550	¥550	¥550	¥550	¥550	¥550	¥550
京都府公立高(中期選抜)	¥550	¥550	¥550	¥550	¥550	¥550	¥550	¥550	¥550	¥550	¥550	¥550	¥550	¥550	¥550	¥550	¥550
京都府公立高(前期選抜 共通学力検査)												¥550	¥550	¥550	¥550	¥550	¥550
京都市立西京高(エンタープライジング科)		¥550	¥550	¥550	¥550	¥550	¥550	¥550	¥550	¥550	¥550	¥550	¥550	¥550	¥550	¥550	¥550
京都市立堀川高(探究学科群)												¥550	¥550	¥550	¥550	¥550	¥550
京都府立嵯峨野高(京都こすもす科)		¥550	¥550	¥550	¥550	¥550	¥550	¥550	¥550	¥550	¥550	¥550	¥550	¥550	¥550	¥550	¥550
大阪府公立高(一般選抜)														¥550	¥550	¥550	¥550
大阪府公立高(特別選抜)														¥550	¥550	¥550	¥550
大阪府公立高(後期選抜)	¥550	¥550	¥550	¥550	¥550	¥550	¥550	¥550	¥550	¥550	¥550	¥550	¥550	×	×	×	×
大阪府公立高(前期選抜)	¥550	¥550	¥550	¥550	¥550	¥550	¥550	¥550	¥550	¥550	¥550	¥550	¥550	×	×	×	×
兵庫県公立高	¥550	¥550	¥550	¥550	¥550	¥550	¥550	¥550	¥550	¥550	¥550	¥550	¥550	¥550	¥550	¥550	¥550
奈良県公立高(一般選抜)	¥550	¥550	¥550	¥550	×	¥550	¥550	¥550	¥550	¥550	¥550	¥550	¥550	¥550	¥550	¥550	¥550
奈良県公立高(特色選抜)				¥550	¥550	¥550	¥550	¥550	¥550	¥550	¥550	¥550	¥550	¥550	¥550	¥550	¥550
和歌山県公立高	¥550	¥550	¥550	¥550	¥550	¥550	¥550	¥550	¥550	¥550	¥550	¥550	¥550	¥550	¥550	¥550	¥550
岡山県公立高(一般選抜)					¥550	¥550	¥550	¥550	¥550	¥550	¥550	¥550	¥550	¥550	¥550	¥550	¥550
岡山県公立高(特別選抜)												¥550	¥550	¥550	¥550	¥550	¥550
広島県公立高	¥550	¥550	¥550	¥550	¥550	¥550	¥550	¥550	¥550	¥550	¥550	¥550	¥550	¥550	¥550	¥550	¥550
山口県公立高					¥550	¥550	¥550	¥550	¥550	¥550	¥550	¥550	¥550	¥550	¥550	¥550	¥550
香川県公立高					¥550	¥550	¥550	¥550	¥550	¥550	¥550	¥550	¥550	¥550	¥550	¥550	¥550
愛媛県公立高					¥550	¥550	¥550	¥550	¥550	¥550	¥550	¥550	¥550	¥550	¥550	¥550	¥550
福岡県公立高				¥550	¥550	¥550	¥550	¥550	¥550	¥550	¥550	¥550	¥550	¥550	¥550	¥550	¥550
長崎県公立高					¥550	¥550	¥550	¥550	¥550	¥550	¥550	¥550	¥550	¥550	¥550	¥550	¥550
熊本県公立高(選択問題A)													¥550	¥550	¥550	¥550	¥550
熊本県公立高(選択問題B)													¥550	¥550	¥550	¥550	¥550
熊本県公立高(共通)					¥550	¥550	¥550	¥550	¥550	¥550	¥550	¥550	×	×	×	×	×
大分県公立高					¥550	¥550	¥550	¥550	¥550	¥550	¥550	¥550	¥550	¥550	¥550	¥550	¥550
鹿児島県公立高					¥550	¥550	¥550	¥550	¥550	¥550	¥550	¥550	¥550	¥550	¥550	¥550	¥550

受験生のみなさんへ

英俊社の高校入試対策問題集

各書籍のくわしい内容はこちら→

近畿の高校入試シリーズ

最新の近畿の入試問題から良問を精選。
私立・公立どちらにも対応できる定評ある問題集です。

近畿の高校入試シリーズ

中1・2の復習

近畿の入試問題から1・2年生までの範囲で解ける良問を精選。
高校入試の基礎固めに最適な問題集です。

最難関高校シリーズ

最難関高校を志望する受験生諸君におすすめのハイレベル問題集。
灘、洛南、西大和学園、久留米大学附設、ラ・サールの最新7か年入試問題を単元別に分類して収録しています。

ニューウイングシリーズ　出題率

入試での出題率を徹底分析。出題率の高い単元、問題に集中して効率よく学習できます。

近道問題シリーズ

重要ポイントに絞ったコンパクトな問題集。苦手分野の集中トレーニングに最適です！

数学5分冊

01 式と計算
02 方程式・確率・資料の活用
03 関数とグラフ
04 図形〈1・2年分野〉
05 図形〈3年分野〉

英語6分冊

06 単語・連語・会話表現
07 英文法
08 文の書きかえ・英作文
09 長文基礎
10 長文実践
11 リスニング

理科6分冊

12 物理
13 化学
14 生物・地学
15 理科計算
16 理科記述
17 理科知識

社会4分冊

18 地理
19 歴史
20 公民
21 社会の応用問題 ―資料読解・記述―

国語5分冊

22 漢字・ことばの知識
23 文法
24 長文読解 ―攻略法の基本―
25 長文読解 ―攻略法の実践―
26 古典

学校・塾の指導者の先生方へ

赤本収録の**入試問題データベース**を利用して、**オリジナルプリント教材**を作成していただけるサービスが登場!! 生徒**ひとりひとりに合わせた**教材作りが可能です。

くわしくは KAWASEMI Lite 検索 で検索！
まずは**無料体験版**をぜひお試しください。

※指導者の先生方向けの専用サービスです。受験生など個人の方はご利用いただけませんので、ご注意ください。

公立高校入試対策シリーズ 3033－2

もくじ

●公立入試はこうだ！

●過去５か年の公立高入試問題

（注） 著作権の都合により，実際に使用された写真と異なる場合があります。（編集部）

2020～2024年度のリスニング音声（書籍収録分すべて）は
英俊社ウェブサイト「**リスもん**」から再生できます。
https://book.eisyun.jp/products/listening/index/

再生の際に必要な入力コード→ **43289675**
（コードの使用期限：2025年７月末日）

スマホはこちら ——→ 

※音声は英俊社で作成したものです。

❖全日制公立高校の入学者選抜について（前年度参考）

※以下の内容は，2024年度（前年度）に実施された入学者選抜の概要です。2025年度の受検にあたっては，2025年度入学者選抜要項を必ず確認してください。なお，2025年度入学者選抜の主な日程等については4ページに掲載してあります。

特別入学者選抜

(1) 実施校・科等　専門学科・総合学科，一部の普通科
5～11ページの「別表」に示す学校・科・コース・類型・分野で実施する。

(2) 募集人員　募集定員に対する募集人員の比率の上限は，専門学科・総合学科においては50～80％，普通科コースにおいては50％，一部の普通科（コース等を除く）では30～50％を原則とする。
※前年度の各科・コース・類型・分野の募集人員は，5～11ページの「別表」を参照。
※学区を持つ普通科における学区外（5～30％）出願者の，特別入学者選抜での合格内定者数の上限は，以下のとおり。
瀬戸・普通科16名，井原・普通科3名，勝山・普通科（蒜山校地除く）4名

(3) 出願条件　志願する科・コース・分野に対して，興味・関心があり，能力・適性を有し，志願する動機・理由が明白，適切な人が出願できる。
※合格者として内定した場合は，必ず入学すること。

(4) 学力検査　国語・数学・英語　各教科45分　※英語は聞き取り検査を行う。

(5) 面　　接　志望の目的や適性，中学校での活動状況などを把握する。実施する形態は志願校によって異なる。

(6) 選択実施する検査
志願する科・コース・分野に対する志願者一人ひとりの能力や適性などを多面的に評価するために，各高校は，口頭試問，小論文，作文，実技から，一つ以上を選択し，科等の教育の特色を踏まえて，創意工夫した実施形態や内容の検査を実施する。

(7) 選抜方法　調査書，学力検査・面接・選択実施する検査の結果などを資料として，目的意識や適性などを重視し，科・コース・分野の特色を配慮して総合的に合否を判断する。
重視する実績を示した選抜：募集人員の一部について，学力検査の結果が一定以上にあれば，あらかじめ示した実績を重視して選抜を行う高校もある（5～11ページの「別表」を参照）。

一般入学者選抜

⑴ **募集人員**　募集定員から特別入学者選抜等の合格内定者を除いた人数。

⑵ **くくり募集**　二つ以上の科・コースで一括して募集を行う学校がある(5～11ページの「別表」を参照)。

⑶ **出願の制限**　2校以上，同時に出願することはできない。ただし，⑸ **複数校志願**の場合は，併願ができる。なお，特別入学者選抜等の合格内定者は出願できない。

⑷ **第2志望及び第3志望**

① **第2志望**　第1志望の科・コースと同一の学科に属する他の科・コースを第2志望にすることができる。

次の科・コースは同一の学科の科とみなす。

●普通科，普通科コース*，理数科*，国際情報科*，生活ビジネス科，キャリア探求科

＊普通科コース，理数科及び国際情報科は，それぞれの学校の普通科とくくり募集をする。

●高梁城南高校の電気科，デザイン科，環境科学科

同一学科内に他の科・コースがない場合は，異なる学科の科・コースを第2志望とすることができる。

② **第3志望**　同一学科に属する科・コースが3つ以上ある学校において，第1志望の科・コースと同一の学科に属する他の科・コースを第2志望とした場合，第1志望及び第2志望の科・コースと同一の学科に属する他の科・コースを第3志望とすることができる。

⑸ **複数校志願**　次に示す学校の看護科を志望する場合，3校から2校を選択し，第1志願校(複数校志願で第1志望とする志願校)及び第2志願校(第1志望とする志願校以外の併願校)とすることができる。また，第1志願校の異なる学科の科・コースを第2志望とすることができる。

●倉敷中央高校，津山東高校，真庭高校

⑹ **学力検査**　国語・数学・社会・英語・理科　各教科45分

※英語は聞き取り検査を行う。

※岡山朝日高校では，国語・数学・英語は学校独自で作成した問題で実施する(社会・理科は共通問題で実施)。

⑺ **面接・実技**　面接・実技の実施の方法については，学力検査当日に志願校で指示する。

⑻ **選抜方法**　調査書，学力検査・面接・実技の結果などを資料として，科・コースの特色を配慮して総合的に合否を判断する。

学力の判定：「調査書の評定段階」と「学力検査の評定段階」から相関表を作成して判定する。

重視する実績を示した選抜：募集定員の一部について，学力検査の結果が一定

以上にあれば，調査書及び面接等の結果を重視して選抜する学校・科・コースがある（5～11ページの「**別表**」を参照）。

※合格者の決定については，特別入学者選抜等による合格者を含め，募集定員の90％にあたる人数を，第1志望の志願者から選抜する。次に，同一学科に属する他の科からの第2志望の志願者を含め，募集定員に達するまでの人数を選抜する。ただし，普通科と生活ビジネス科及び普通科とキャリア探求科との間においては，高等学校長が別に定める割合により選抜する。

※くくり募集のうち，選抜時に科・コースの所属を決定する場合は，それぞれの科・コースの選抜を並行して行い，いずれかの科・コースが募集定員に達するまで第1志望の志願者から選抜する。次に，募集定員に達していない科・コースの選抜を，第2志望の志願者を含めて行う。

◆　2025年度入学者選抜の主な日程等　◆

1．特別入学者選抜

出願期間：1月21日（火）～1月23日（木）

学力検査：2月5日（水）

面接・選択実施する検査：2月5日（水），6日（木）

※両日のうちいずれか1日で実施する場合がある。

選抜結果の通知：2月14日（金）

合格者の発表：3月19日（水）

2．一般入学者選抜（全日制課程）

出願期間：2月25日（火）～27日（木）

学力検査：3月11日（火）

面接・実技：3月12日（水）

合格者の発表：3月19日（水）

（別表）2024年度入学者選抜における学校別実施内容一覧（前年度参考）

- 特別入学者選抜の「募集人員（%）」欄の比率及び一般入学者選抜の「調査書及び面接等の結果を重視した選抜」欄の比率（%）は，当該科・コースの募集定員に対する募集人員の割合を表す。
- 特別入学者選抜及び一般入学者選抜の「面接」欄の「個」は個人面接，「集」は集団面接を表す。
- 「その他の選抜」欄の☆は，海外帰国生徒のための入学者選抜を実施する科を表す。
- 「その他の選抜」欄の□は，連携型中高一貫教育に係る入学者選抜を実施する科を表す。
- 「その他の選抜」欄の★は，定時制課程の特別な入学者選抜を実施する科を表す。
- 「その他の選抜」欄の「全」は，全国募集を実施する科を表す。
- 一般入学者選抜の「くくり募集」欄の◎は，第１志望，第２志望欄にそれぞれの科名等を記入する方法を表す。
- 一般入学者選抜の「くくり募集」欄の○は，第１志望欄にくくり募集の科名等を記入する方法を表す。
- 「備考」欄の◆は，一般入学者選抜において，同一の学科とみなして選抜を行い，第１志望の志願者に第２志望の志願者を含めて選抜する割合を高等学校長が定めることができる科・コースを表す。
  比率は，募集定員に対する，第１志望の志願者に第２志望の志願者を含めて選抜する割合を表す。
- 「備考」欄の◇は，一般入学者選抜において，同一の学科とみなして選抜を行う科を表す。
- 「備考」欄の※は，一般入学者選抜において，複数校志願を実施する科を表す。
- 「備考」欄の「全」は，一般入学者選抜において，全国募集を実施する科を表す。

学校名	科（コース・分野・系列）	募集定員	特別入学者選抜 募集人員（%）	各校が選択実施する検査	面接	重視する実績を示した選抜 募集人員	重視する実績	その他の選抜	一般入学者選抜 くくり募集	傾斜配点	面接	調査書及び面接等の結果を重視した選抜 比率（%）	重視する事項	備考
岡山朝日	普通	320	－	－	－	－	－	－	－	－	集	10%	生徒会活動，ボランティア活動，芸術・体育・科学・文化の分野における活動成果及び興味・関心の状況	
岡山操山	普通	280	－	－	－	－	－	－	－	－	集	5%	部活動，学級活動，生徒会活動，スポーツ・芸術・文化・科学の分野における実績	
岡山芳泉	普通	320	－	－	－	－	－	－	－	－	集	10%	科学・文化・芸術・スポーツの分野における活動及び生徒会活動の実績 海外体験など国際的な活動の実績	
岡山一宮	普通	240	－	－	－	－	－	☆	◎	－	集	5%	生徒会活動，部活動，校内外におけるスポーツ・芸術・文化・科学の分野での実績	
	理数	80	50%	・口頭試問（実験を含む）	個	5人程度	数学検定準２級以上又は英語検定準２級以上合格 全国規模の科学研究又は科学系コンテストの実績							
岡山城東	普通	320	－	－	－	－	－	☆	－	－	集	5%	部活動を含む，校内外における文化的・体育的な活動の実績 海外体験など国際的な活動の実績	
	国際教養分野		30人	・実技	個	5人程度	英語検定２級以上合格又はこれに相当する英語の実績							
	音楽分野		25人	・実技	個	－	－							
西大寺	普通	160	－	－	－	－	－	－	◎	－	集	10%	生徒会活動，部活動，校外におけるスポーツ・文化活動の実績	
	国際情報	40	50%	・口頭試問	集	10人程度	剣道，野球又はバドミントン	☆			集	10%	生徒会活動，部活動，校外におけるスポーツ・文化活動の実績	
	商業	80	80%	・口頭試問	集			－	－	－	集	10%	生徒会活動，部活動，校外におけるスポーツ・文化活動の実績	
瀬戸	普通	160	50%	・作文	集	－	－	－	－	－	集	10%	生徒会活動，部活動，スポーツ・芸術・文化・科学の分野における活動，地域貢献活動の実績	

学校名	科 コース 分野 系列	募集定員	特別入学者選抜					その他の選抜	一般入学者選抜					備考
			募集人員(%)	各校が選択実施する検査	面接	重視する実績を示した選抜			くくり募集	傾斜配点	面接	調査書及び面接等の結果を重視した選抜		
						募集人員	重視する実績					比率(%)	重視する事項	
高松農業	農業科学	40	80%	• 口頭試問	集	10人程度	レスリング（男子・女子）又は陸上競技（男子・女子）	—	—	—	個	10%	生徒会活動，部活動，校外におけるスポーツ・文化活動の実績	
	園芸科学	40	80%	• 口頭試問	集			—	—	—	個	10%	生徒会活動，部活動，校外におけるスポーツ・文化活動の実績	
	畜産科学	40	80%	• 口頭試問	集			—	—	—	個	10%	生徒会活動，部活動，校外におけるスポーツ・文化活動の実績	
	農業土木	40	80%	• 口頭試問	集			—	—	—	個	10%	生徒会活動，部活動，校外におけるスポーツ・文化活動の実績	
	食品科学	40	80%	• 口頭試問	集			—	—	—	個	10%	生徒会活動，部活動，校外におけるスポーツ・文化活動の実績	
興　陽	農　業	40	80%	• 作文	個	10人程度	野球（男子），サッカー（男子），ソフトテニス（女子），バレーボール（女子），バスケットボール（女子）又は自転車	—	—	—	個	10%	生徒会の実績，部活動，校外におけるスポーツ・文化活動の実績	
	農業機械	40	80%	• 実技	個			—	—	—	個	10%	生徒会の実績，部活動，校外におけるスポーツ・文化活動の実績	
	造園デザイン	40	80%	• 作文	個			—	—	—	個	10%	生徒会の実績，部活動，校外におけるスポーツ・文化活動の実績	
	家　政	40	80%	• 口頭試問	個			—	—	—	個	10%	生徒会の実績，部活動，校外におけるスポーツ・文化活動の実績	
	被服デザイン	40	80%	• 口頭試問	個			—	—	—	個	10%	生徒会の実績，部活動，校外におけるスポーツ・文化活動の実績	
瀬戸南	生物生産	40	80%	• 口頭試問	個	10人程度	ホッケー	—	—	—	個	10%	生徒会活動，部活動，校外におけるスポーツ・文化活動の実績	
	園芸科学	40	80%	• 口頭試問	個			—	—	—	個	10%	生徒会活動，部活動，校外におけるスポーツ・文化活動の実績	
	生活デザイン	40	80%	• 口頭試問	個			—	—	—	個	10%	生徒会活動，部活動，校外におけるスポーツ・文化活動の実績	
岡山工業	機　械	80	80%	• 実技	集	10人程度	生徒会活動	—	—	—	集	5%	生徒会活動，部活動，校外におけるスポーツ・文化活動・社会貢献活動の実績	
	電　気	40	80%	• 実技	集			—	—	—	集	5%	生徒会活動，部活動，校外におけるスポーツ・文化活動・社会貢献活動の実績	
	情報技術	40	80%	• 実技	集			—	—	—	集	5%	生徒会活動，部活動，校外におけるスポーツ・文化活動・社会貢献活動の実績	
	化学工学	40	80%	• 口頭試問	集			—	—	—	集	5%	生徒会活動，部活動，校外におけるスポーツ・文化活動・社会貢献活動の実績	
	土　木	40	80%	• 実技	集			—	—	—	集	5%	生徒会活動，部活動，校外におけるスポーツ・文化活動・社会貢献活動の実績	
	建　築	40	80%	• 実技	集			—	—	—	集	5%	生徒会活動，部活動，校外におけるスポーツ・文化活動・社会貢献活動の実績	
	デザイン	40	80%	• 実技	集			—	—	—	集	5%	生徒会活動，部活動，校外におけるスポーツ・文化活動・社会貢献活動の実績	

学校名	科 コース 分野 系列	募集定員	特別入学者選抜 募集人員(%)	各校が選択実施する検査	面接	重視する実績を示した選抜 募集人員	重視する実績	その他の選抜	一般入学者選抜 くくり募集	傾斜配点	面接	調査書及び面接等の結果を重視した選抜 比率(%)	重視する事項	備考
東岡山工業	機　械	80	80%	•口頭試問	集	ー	ー	ー	○	ー	集	ー	ー	
	電子機械	80	80%	•口頭試問	集	ー	ー	ー						
	電　気	40	80%	•口頭試問	集	ー	ー	ー						
	設備システム	40	80%	•口頭試問	集	ー	ー	ー	ー	ー	集	ー	ー	
	工業化学	40	80%	•口頭試問	集	ー	ー	ー	ー	ー	集	ー	ー	
岡山東商業	ビジネス創造	240	80%	•作文	集	10人程度	バレーボール，バスケットボール，野球，陸上競技，剣道又は吹奏楽	ー	○	ー	集	5%	部活動を含む，校内外におけるスポーツ・文化活動の実績	
	情報ビジネス	80	80%	•作文	集			ー						
岡山南	商　業	80	80%	•口頭試問	集	10人程度	野球，ソフトテニス，新体操（女子）又は陸上競技	ー	ー	ー	集	10%	生徒会活動，部活動，校外における活動の実績	
	国際経済	40	80%	•口頭試問	集		英語検定2級以上合格 野球，ソフトテニス，新体操（女子）又は陸上競技	ー	ー	ー	集	10%	生徒会活動，部活動，校外における活動の実績	
	情報処理	80	80%	•口頭試問	集		野球，ソフトテニス，新体操（女子）又は陸上競技	ー	ー	ー	集	10%	生徒会活動，部活動，校外における活動の実績	
	生活創造	80	80%	•口頭試問	集		野球，ソフトテニス，新体操（女子）又は陸上競技	ー	ー	ー	集	10%	生徒会活動，部活動，校外における活動の実績	
	服飾デザイン	40	80%	•口頭試問	集		野球，ソフトテニス，新体操（女子）又は陸上競技	ー	ー	ー	集	10%	生徒会活動，部活動，校外における活動の実績	
岡山御津	キャリアデザイン 特別進学系列 地域協働系列	120	80%	•口頭試問	集	10人程度	漢字検定3級以上，数学検定3級以上又は英語検定3級以上合格 野球，吹奏楽又はバドミントン	ー	ー	ー	個	10%	生徒会活動，部活動，校外におけるスポーツ・文化活動，ボランティア活動の実績	
倉敷青陵	普　通	320	ー	ー	ー	ー	ー	ー	ー	ー	集	5%	部活動，校外におけるスポーツ・文化活動の実績	
倉敷天城	普　通	200	ー	ー	ー	ー	ー	ー	◎	ー	集	10%	生徒会活動，部活動，校外におけるスポーツ・文化活動，科学コンテスト，ボランティア活動の実績	
	理　数	40	100% 注)	•口頭試問 （実験を含む）	個	2人程度	数学検定準2級以上又は英語検定準2級以上合格	ー						
倉敷南	普　通	320	ー	ー	ー	ー	ー	ー	ー	ー	集	10%	生徒会活動，部活動，校外におけるスポーツ・文化活動の成果 海外体験など国際的な活動の実績	
倉敷古城池	普　通	280	ー	ー	ー	ー	ー	ー	ー	ー	集	10%	生徒会活動，部活動，校外におけるスポーツ・文化活動，ボランティア活動の実績 海外体験など国際的な活動の実績	
倉敷中央	普　通	80	ー	ー	ー	ー	ー	ー	◎	ー	集	10%	生徒会活動，部活動，校外におけるスポーツ・文化活動の実績	
	子どもコース	40	50%	•口頭試問 （読み聞かせを含む）	個	10人程度	ソフトボール（女子），陸上競技（女子），バドミントン（女子），ソフトテニス（女子）又はハンドボール（女子）	ー				ー	ー	
	健康スポーツコース	40	50%	•口頭試問	個			ー				ー	ー	
	家　政	40	80%	•口頭試問	個			ー	ー	ー	集	ー	ー	
	看　護	40	80%	•口頭試問	個			ー	ー	ー	集	ー	ー	※
	福　祉	40	80%	•口頭試問	個			ー	ー	ー	集	ー	ー	
玉　島	普　通	200	ー	ー	ー	ー	ー	ー	◎	ー	集	10%	生徒会活動，部活動，校外におけるスポーツ・文化・科学活動，ボランティア活動の実績	
	理　数	40	50%	•口頭試問 （実験を含む）	個	5人程度	数学検定準2級以上又は英語検定準2級以上合格 科学研究又はコンテストの実績	ー						

注）倉敷天城・理数科の募集人員は，募集定員から倉敷天城中学校からの進学者数を除いた人数に，当該比率を乗じた人数とする。

学校名	科 コース 分野 系列	募集定員	特別入学者選抜					その他の選抜	一般入学者選抜					備考
			募集人員（%）	各校が選択実施する検査	面接	重視する実績を示した選抜			くくり募集	傾斜配点	面接	調査書及び面接等の結果を重視した選抜		
						募集人員	重視する実績					比率（%）	重視する事項	
倉敷鷲羽	普　通	120	50%	• 口頭試問	個	10人程度	英語検定準２級以上又は数学検定準２級以上合格	－	－	－	個	10%	生徒会活動，部活動，ボランティア活動，校外における文化・スポーツ活動の実績	
	ビジネス	40	80%	• 口頭試問	個		野球（男子），サッカー（男子），ヨット又はレスリング	－	－	－	個	10%	生徒会活動，部活動，ボランティア活動，校外における文化・スポーツ活動の実績	
倉敷工業	機　械	80	80%	• 実技	集	10人程度	陸上競技，柔道，野球，卓球，ラグビー又はバドミントン	－	－	－	集	10%	生徒会活動，部活動，校外における文化・スポーツ活動の実績	
	電子機械	80	80%	• 実技	集			－	－	－	集	10%	生徒会活動，部活動，校外における文化・スポーツ活動の実績	
	電　気	80	80%	• 実技	集			－	－	－	集	10%	生徒会活動，部活動，校外における文化・スポーツ活動の実績	
	工業化学	40	80%	• 実技	集			－	－	－	集	10%	生徒会活動，部活動，校外における文化・スポーツ活動の実績	
	テキスタイル工学	40	80%	• 実技	集			－	－	－	集	10%	生徒会活動，部活動，校外における文化・スポーツ活動の実績	
水島工業	機　械	80	80%	• 口頭試問	集	10人程度	バドミントン（男子），陸上競技（男子），バスケットボール（男子），サッカー（男子）又はバレーボール（男子）	－	－	－	集	10%	生徒会活動，部活動，校外におけるスポーツ・芸術・文化・科学の分野における実績	
	電　気	80	80%	• 口頭試問	集			－	－	－	集	10%	生徒会活動，部活動，校外におけるスポーツ・芸術・文化・科学の分野における実績	
	情報技術	40	80%	• 口頭試問	集			－	－	－	集	10%	生徒会活動，部活動，校外におけるスポーツ・芸術・文化・科学の分野における実績	
	工業化学	40	80%	• 口頭試問	集			－	－	－	集	10%	生徒会活動，部活動，校外におけるスポーツ・芸術・文化・科学の分野における実績	
	建　築	40	80%	• 口頭試問	集			－	－	－	集	10%	生徒会活動，部活動，校外におけるスポーツ・芸術・文化・科学の分野における実績	
倉敷商業	商　業	200	75%	• 作文	集	10人程度	剣道，野球，バレーボール，ハンドボール又はバスケットボール	－	○	－	集	5%	生徒会活動，部活動，校外におけるスポーツ・文化活動の実績	
	国際経済	40	75%	• 作文										
	情報処理	80	75%	• 作文										
玉島商業	ビジネス情報	160	80%	• 口頭試問	集	10人程度	野球又は陸上競技	－	－	－	集	10%	生徒会活動，部活動，校外におけるスポーツ・文化活動の実績	
津　山	普　通	200	－	－	－	－	－	－	◎	－	集	－	－	
	理　数	40	100%注）	• 口頭試問（実験を含む）	集	－	－							
津山東	普　通	120	－	－	－	－	－	－	－	－	集	10%	生徒会活動・部活動，校外におけるスポーツ・文化活動の実績	
	食物調理	40	75%	• 作文	集	5人程度	剣道，野球又は陸上競技	－	－	－	集	－	－	
	看　護	40	75%	• 作文	集			－	－	－	集	－	－	※

注）津山・理数科の募集人員は，募集定員から津山中学校からの進学者数を除いた人数に，当該比率を乗じた人数とする。

学校名	科（コース・分野・系列）	募集定員	特別入学者選抜：募集人員(%)	各校が選択実施する検査	面接	重視する実績を示した選抜：募集人員	重視する実績	その他の選抜	一般入学者選抜：くくり募集	傾斜配点	面接	調査書及び面接等の結果を重視した選抜：比率(%)	重視する事項	備考
津山工業	機　械	40	70%	• 作文	個	10人程度	ラグビー，剣道，バレーボール（男子），柔道又は硬式野球	―	―	―	個	15%	生徒会活動，部活動，地域活動，校外におけるスポーツ・文化活動の実績	
	ロボット電気	40	70%	• 実技	個			―	―	―	個	15%	生徒会活動，部活動，地域活動，校外におけるスポーツ・文化活動の実績	
	工業化学	40	70%	• 作文	個			―	―	―	個	15%	生徒会活動，部活動，地域活動，校外におけるスポーツ・文化活動の実績	
	土　木	40	70%	• 実技	個			―	―	―	個	15%	生徒会活動，部活動，地域活動，校外におけるスポーツ・文化活動の実績	
	建　築	40	70%	• 実技	個			―	―	―	個	15%	生徒会活動，部活動，地域活動，校外におけるスポーツ・文化活動の実績	
	デザイン	40	70%	• 実技	個			―	―	―	個	15%	生徒会活動，部活動，地域活動，校外におけるスポーツ・文化活動の実績	
津山商業	地域ビジネス	80	80%	• 口頭試問	集	10人程度	野球（男子），ソフトボール（女子），陸上競技，バスケットボール，空手道又は珠算	―	○	―	集	10%	生徒会活動，部活動，校外におけるスポーツ・文化活動の実績	
	情報ビジネス	80	80%	• 口頭試問	集			―						
玉　野	普　通	160	―	―	―	―	―	―	―	―	個	10%	生徒会活動，部活動，スポーツ・科学研究の分野における活動の実績	
玉野光南	普　通	120	―	―	―	―	―	―	―	―	個	10%	生徒会活動，部活動，校外におけるスポーツ・文化活動の実績	
	情　報	40	75%	• 口頭試問	個	2人程度	数学検定準2級以上，英語検定準2級以上又はITパスポート試験合格	―	―	―	個	10%	生徒会活動，部活動，校外におけるスポーツ・文化活動の実績	
	体　育	80	100%	• 実技検査Ⅰ・Ⅱ	個	―	―	―	―	―	個	―	―	
笠　岡	普　通	160	―	―	―	―	―	―	―	―	集	10%	生徒会活動，部活動，校外におけるスポーツ・芸術・文化・科学・ボランティアの分野における活動の実績	
笠岡工業	電子機械	40	80%	• 口頭試問	個	10人程度	レスリング，ウエイトリフティング又は野球	全	―	―	個	10%	生徒会活動，部活動，ものづくり競技，校外でのスポーツや文化活動，ボランティア活動の実績	
	電気情報	40	80%	• 口頭試問	個			全	―	―	個	10%	生徒会活動，部活動，ものづくり競技，校外でのスポーツや文化活動，ボランティア活動の実績	
	環境土木	40	80%	• 口頭試問	個			全	―	―	個	10%	生徒会活動，部活動，ものづくり競技，校外でのスポーツや文化活動，ボランティア活動の実績	
笠岡商業	ビジネス情報	120	80%	• 口頭試問	個	10人程度	野球，柔道，バスケットボール（女子）又はバドミントン（女子）	全	―	―	集	10%	生徒会活動，部活動，校外におけるスポーツ・文化活動の実績	
井　原	普　通	120	50%	• 作文	集	10人程度	英語検定準2級以上合格	全	―	―	集	―	―	全
	地域生活													
	グリーンライフコース	20	100%	• 作文	個		新体操	全	―	―	個	―	―	
	ヒューマンライフコース	20	100%	• 実技	個				―	―	個	―	―	
総　社	普　通	200	―	―	―	―	―	―	―	―	集	10%	生徒会活動，部活動，校外におけるスポーツ・文化活動の実績	
	家　政	40	80%	• 口頭試問	個	―	―	―	―	―	集	10%	生徒会活動，部活動，校外におけるスポーツ・文化活動の実績	

学校名	科 コース 分野 系列	募集定員	特別入学者選抜 募集人員(%)	各校が選択実施する検査	面接	重視する実績を示した選抜 募集人員	重視する実績	その他の選抜	一般入学者選抜 くくり募集	傾斜配点	面接	調査書及び面接等の結果を重視した選抜 比率(%)	重視する事項	備考
総社南	普通	240	－	－	－	－	－	☆	－	－	集	15%	生徒会活動，部活動，校外における体育・文化活動の実績	
	国際分野		25人	・口頭試問	個	5人程度	英語検定２級以上合格又はこれに相当する英語の実績							
	美術工芸分野		25人	・実技	個	－	－							
高梁	普通	120	50%	・口頭試問	集	－	－	－	－	－	集	－	－	
	家政	40	80%	・口頭試問	集	－	－	－	－	－	集	－	－	
高梁城南	電気	40	75%	・口頭試問	個	－	－	全	－	－	個	5%	生徒会活動，スポーツ，文化，芸術，科学の分野における実績	◇
	デザイン	35	80%	・実技	個	－	－	全	－	－	個	5%	生徒会活動，スポーツ，文化，芸術，科学の分野における実績	
	環境科学	40	80%	・口頭試問	個	－	－	全	－	－	個	5%	生徒会活動，スポーツ，文化，芸術，科学の分野における実績	
新見	普通	80	50%	・小論文	個	5人程度	ソフトボール（男子）	全	－	－	個	－	－	
	生物生産	30	50%	・口頭試問	個			全	－	－	個	－	－	
	工業技術	35	50%	・口頭試問	個			全	－	－	個	－	－	
備前緑陽	総合学科 普通進学系列 健康福祉系列 情報・ビジネス系列 工業技術系列	120	80%	・作文	個	10人程度	英語検定３級以上，数学検定３級以上又は漢字検定３級以上合格 サッカー，野球，吹奏楽，アーチェリー，ボート，又はレスリング	－	－	－	集	10%	生徒会活動，部活動，校外における文化・体育活動の実績	
邑久	普通	40	50%	・口頭試問	集	10人程度	英語検定３級以上，数学検定３級以上又は漢字検定３級以上合格 野球，ヨット，陸上競技又は美術	－	－	－	個	10%	生徒会活動，部活動，校外における文化・体育活動の実績	◆ 20%
	生活ビジネス	80	80%	・口頭試問	集		英語検定３級以上，数学検定３級以上又は漢字検定３級以上合格 野球，ヨット又は陸上競技	－	－	－	個	10%	生徒会活動，部活動，校外における文化・体育活動の実績	
勝山	普通	160	50%	・小論文	集	10人程度	英語検定準２級以上合格 野球・サッカー又は吹奏楽	－	－	－	集	－	－	
	普通（蒜山校地）	40	30%	・小論文	集	－	－	□ 全	－	－	個	－	－	
真庭	食農生産	40	75%	・作文	個	5人程度	ハンドボール（女子）	－	－	－	個	－	－	
	経営ビジネス	40	75%	・作文	個			－	－	－	個	－	－	
	看護	40	75%	・作文	個			全	－	－	個	－	－	※
林野	普通	120	50%	・小論文	集	8人程度	サッカー（男子・女子），野球（男子），バレーボール（女子）又は吹奏楽	全	－	－	個	10%	生徒会活動，部活動，校外におけるスポーツ・文化・科学の活動の実績	全
鴨方	総合学科 普通総合系列 デザイン・イラスト系列 介護・食物・保育系列 ビジネス系列	120	50%	・口頭試問	集	10人程度	英語検定３級以上又は数学検定３級以上合格 生徒会活動	全	－	－	個	20%	生徒会活動，部活動，芸術・福祉・科学・スポーツの分野における校内外の活動の成果	全

学校名	科 コース 分野 系列	募集定員	特別入学者選抜 募集人員(%)	各校が選択実施する検査	面接	重視する実績を示した選抜 募集人員	重視する実績	その他の選抜	一般入学者選抜 くくり募集	傾斜配点	面接	調査書及び面接等の結果を重視した選抜 比率(%)	重視する事項	備考
和気閑谷	普　通	80	50%	・口頭試問	集	10人程度	英語検定３級以上合格又はこれに相当する英語の実績 海外体験など国際的な活動の実績 野球（男子），バレーボール（女子）又は吹奏楽	全	―	―	個	10%	生徒会活動，部活動，地域活動，英語・スポーツ・科学・芸術・文化の分野における活動の実績 海外体験など国際的な活動の実績	◆ 20%
	キャリア探求	40	80%	・口頭試問	集			全	―	―	個	10%	生徒会活動，部活動，地域活動，英語・スポーツ・科学・芸術・文化の分野における活動の実績 海外体験など国際的な活動の実績	
矢　掛	普　通	80	50%	・作文	個	10人程度	英語検定準２級以上合格	全	―	―	個	―	―	全
	地域ビジネス	40	80%	・作文	個			全	―	―	個	―	―	
勝間田	総合学科 森林系列 園芸系列 食品系列 自動車系列 ビジネス系列	120	50%	・口頭試問（討論，発表を含む）	個	５人程度	剣道又はなぎなた	―	―	―	個	10%	生徒会活動，部活動，ボランティア活動の実績	

学校名	科	募集定員	募集人員(%)	各校が選択実施する検査	面接	募集人員	重視する実績	その他の選抜	くくり募集	傾斜配点	面接	比率(%)	重視する事項	備考
烏　城	普　通 （昼間部）	100	50%	・作文	個	―	―	★	―	―	個	―	―	
	普　通 （夜間部）	40	30%	・作文	個	―	―	★	―	―	個	―	―	

2024年度 特別入学者選抜募集人員と志願者数

（県立全日制）

（注）各欄の（　）は，5％出願に係る数値で内数。

学校名	科名〈コース〉 系列名	募集定員	特別入学募集人員	志願者数	募集人員に対する比率
岡山一宮	理数	80	40	152	3.80
岡山城東	普通	320			
	［国際教養］		30	82	2.73
	［音楽］		25	24	0.96
西大寺	国際情報	40	20	59	2.95
	商業	80	64	111	1.73
瀬戸		(32)	(16)	(35)	(2.19)
	普通	160	80	159	1.99
高松農業	農業科学	40	32	39	1.22
	園芸科学	40	32	51	1.59
	畜産科学	40	32	42	1.31
	農業土木	40	32	28	0.88
	食品科学	40	32	57	1.78
興陽	農業	40	32	57	1.78
	農業機械	40	32	40	1.25
	造園デザイン	40	32	55	1.72
	家政	40	32	66	2.06
	被服デザイン	40	32	47	1.47
瀬戸南	生物生産	40	32	43	1.34
	園芸科学	40	32	45	1.41
	生活デザイン	40	32	39	1.22
岡山工業	機械	80	64	98	1.53
	電気	40	32	43	1.34
	情報技術	40	32	49	1.53
	化学工学	40	32	45	1.41
	土木	40	32	46	1.44
	建築	40	32	48	1.50
	デザイン	40	32	71	2.22
東岡山工業	機械	80	64	76	1.19
	電子機械	80	64	104	1.63
	電気	40	32	39	1.22
	設備システム	40	32	52	1.63
	工業化学	40	32	41	1.28
岡山東商業	ビジネス創造	240	192	319	1.66
	情報ビジネス	80	64	78	1.22
岡山南	商業	80	64	121	1.89
	国際経済	40	32	48	1.50
	情報処理	80	64	102	1.59
	生活創造	80	64	117	1.83
	服飾デザイン	40	32	55	1.72
岡山御津	キャリアデザイン				
	特別進学	120	96	117	1.22
	地域協働				
倉敷天城	理数	40	16	28	1.75
倉敷中央	普通〈子ども〉	40	20	50	2.50
	普通〈健康スポーツ〉	40	20	46	2.30
	家政	40	32	58	1.81
	看護	40	32	62	1.94
	福祉	40	32	36	1.13
玉島	理数	40	20	53	2.65
倉敷鷲羽	普通	120	60	108	1.80
	ビジネス	40	32	35	1.09

学校名	科名〈コース〉 系列名	募集定員	特別入学募集人員	志願者数	募集人員に対する比率
倉敷工業	機械	80	64	77	1.20
	電子機械	80	64	88	1.38
	電気	80	64	78	1.22
	工業化学	40	32	30	0.94
	テキスタイル工学	40	32	43	1.34
水島工業	機械	80	64	114	1.78
	電気	80	64	75	1.17
	情報技術	40	32	46	1.44
	工業化学	40	32	45	1.41
	建築	40	32	45	1.41
倉敷商業	商業	200	150	314	2.09
	国際経済	40	30	52	1.73
	情報処理	80	60	85	1.42
玉島商業	ビジネス情報	160	128	193	1.51
津山	理数	40	22	27	1.23
津山東	食物調理	40	30	45	1.50
	看護	40	30	46	1.53
津山工業	機械	40	28	37	1.32
	ロボット電気	40	28	35	1.25
	工業化学	40	28	44	1.57
	土木	40	28	41	1.46
	建築	40	28	50	1.79
	デザイン	40	28	39	1.39
津山商業	地域ビジネス	80	64	110	1.72
	情報ビジネス	80	64	90	1.41
玉野光南	情報	40	30	58	1.93
	体育	80	80	108	1.35
笠岡工業	電子機械	40	32	38	1.19
	電気情報	40	32	25	0.78
	環境土木	40	32	30	0.94
笠岡商業	ビジネス情報	120	96	133	1.39
井原		(6)	(3)	(1)	(0.33)
	普通	120	60	95	1.58
	地域生活〈グリーンライフ〉	20	20	22	1.10
	地域生活〈ヒューマンライフ〉	20	20	30	1.50
総社	家政	40	32	53	1.66
総社南	普通	240			
	（国際）		25	58	2.32
	（美術工芸）		25	30	1.20
高梁	普通	120	60	106	1.77
	家政	40	32	41	1.28
高梁城南	電気	40	30	21	0.70
	デザイン	35	28	41	1.46
	環境科学	40	32	34	1.06
新見	普通	80	40	38	0.95
	生物生産	30	15	22	1.47
	工業技術	35	17	26	1.53
備前緑陽	総合学科				
	普通進学				
	健康福祉	120	96	103	1.07
	情報・ビジネス				
	工業技術				

学校名	科名〈コース〉/系列名	募集定員	特別入学募集人員	志願者数	募集人員に対する比率
邑久	普通	40	20	45	2.25
	生活ビジネス	80	64	93	1.45
勝山	普通	(8) 160	(4) 80	(1) 101	(0.25) 1.26
	普通(蒜山校地)	40	12	13	1.08
真庭	食農生産	40	30	27	0.90
	経営ビジネス	40	30	22	0.73
	看護	40	30	15	0.50
林野	普通	120	60	71	1.18
鴨方	総合学科 普通総合 デザイン・イラスト 介護・食物・保育 ビジネス	120	60	102	1.70
和気閑谷	普通	80	40	54	1.35
	キャリア探求	40	32	30	0.94
矢掛	普通	80	40	86	2.15
	地域ビジネス	40	32	32	1.00
勝間田	総合学科 森林 園芸 食品 自動車 ビジネス	120	60	105	1.75

(市立全日制)

学校名	科名	募集定員	特別入学募集人員	志願者数	募集人員に対する比率
岡山後楽館	総合学科	160	40	118	2.95
玉野商工	ビジネス情報	80	64	47	0.73
	機械	40	32	35	1.09

(県立定時制)

学校名	科名	募集定員	特別入学募集人員	志願者数	募集人員に対する比率
烏城	普通(昼間部)	100	50	120	2.40
	普通(夜間部)	40	12	16	1.33

(市立定時制)

学校名	科名	募集定員	特別入学募集人員	志願者数	募集人員に対する比率
精思霞丘校	普通(昼間部)	60	30	46	1.53
	商業(夜間部)	30	15	16	1.07
倉敷翔南	総合学科(昼間部)	95	47	65	1.38
	総合学科(夜間部)	25	12	7	0.58
真備陵南	普通(3修コース)	40	20	41	2.05
	普通(4修コース)	40	20	15	0.75

❖傾向と対策〈数学〉

出題傾向

		数と式							方程式						関数					図形								資料の活用	
																									中3単元				
		数の計算	数の性質	平方根の計算	平方根の性質	文字式の利用	式の計算	式の展開・因数分解	一次方程式の計算	一次方程式の応用	連立方程式の計算	連立方程式の応用	二次方程式の計算	二次方程式の応用	比例・反比例	一次関数	関数 $y=ax^2$	いろいろな事象と関数	関数と図形	図形の性質	平面図形の計量	空間図形の計量	図形の証明	作図	相似	三平方の定理	円周角の定理	場合の数・確率	資料の分析と活用・標本調査
2024年度	特別入学者選抜	○			○		○	○		○			○			○	○		○		○	○			○	○		○	○
2023年度	特別入学者選抜	○		○		○	○	○					○		○	○	○		○	○	○		○	○	○	○	○	○	○
2022年度	特別入学者選抜	○		○	○	○	○	○		○			○			○			○		○	○	○	○		○	○	○	○
2021年度	特別入学者選抜	○	○	○			○	○						○			○			○	○	○	○	○		○		○	○
2020年度	特別入学者選抜	○		○	○	○	○	○					○	○	○	○	○		○		○	○		○		○		○	○

出題分析

★数と式…………正負の数や平方根の計算，単項式や多項式の計算などを中心に出題されている。また，平方根の性質の問題や，文字式を利用した規則性の問題が出題される場合もある。

★方程式…………２次方程式の計算問題を中心に出題されている。方程式を利用する文章題が出題される場合もある。

★関　数…………小問集合において，関数についての基礎的な問題が出題されるほか，座標平面上のグラフを題材として，図形と関連させた問題が出題されることが多い。

★図　形…………平面図形，空間図形について，円の性質，三平方の定理，合同，相似などを利用した問題が幅広く出題されている。また，証明問題，作図の問題も出題される場合があるので注意したい。

★資料の活用……確率の問題が幅広い題材で出題されるほか，ヒストグラムや度数分布表，箱ひげ図などを利用する資料の分析と活用の問題も出題され，大問で応用的な問題としての出題が多い。

来年度の対策

①基本事項をマスターすること！

出題は広範囲にわたっているので，まずは全範囲の復習をし，基本をマスターすることが大切である。出題頻度の高い問題を集めた「**ニューウイング 出題率 数学**」(英俊社) を使って，効率良く全体の総仕上げをしておこう。

②計算力をつけること！

計算問題が一定数出題されるので，とりこぼすことのないよう，速く正確な計算力を身につけておきたい。**数学の近道問題シリーズ「式と計算」「方程式・確率・資料の活用」**(ともに英俊社) は，薄手ながら内容豊富な問題集なので，能力アップに最適だ。ぜひ活用してほしい。

③図形の問題に強くなること！

相似，三平方の定理，円周角の定理などの図形の性質について，基本をしっかりと身に付けた上で，幅広く応用できるようになっておきたい。また，証明問題，作図問題も演習を重ねておこう。上記シリーズ「**図形〈1・2年分野〉**」「**図形〈3年分野〉**」(ともに英俊社) を，弱点補強に役立ててほしい。解説もくわしいので，強い味方になってくれるだろう。

英俊社のホームページにて，中学入試算数・高校入試数学の解法に関する補足事項を掲載しております。必要に応じてご参照ください。

URL → https://book.eisyun.jp/

スマホはこちら ――――→

❖傾向と対策〈英語〉

出題傾向

		放送問題	語い	音声			英文法					英作文			読解		長文問題										
				語の発音	語のアクセント	文の区切り・強勢	語形変化	英文完成	同意文完成	指示による書きかえ	正誤判断	整序作文	和文英訳	その他の英作文	問答・応答	絵や表を見て答える問題	会話文	長文読解	長文総合	設問の内容							
																				音声・語い	文法事項	英文和訳	英作文	内容把握	文の整序・挿入	英問英答	要約
2024 年度	特別入学者選抜	○	○				○	○				○		○		○	○	○		○				○			○
2023 年度	特別入学者選抜	○	○				○	○				○		○		○	○	○		○			○	○			
2022 年度	特別入学者選抜	○	○				○	○						○			○		○				○	○			
2021 年度	特別入学者選抜	○	○				○	○								○	○		○	○			○	○			○
2020 年度	特別入学者選抜	○	○										○			○	○		○				○	○	○		

出題分析

★長文問題は標準的な分量で，内容把握に関する設問を中心に，空所にあてはまる語を書く問題，語句や文の挿入といった設問も見られる。表やポスターを読み取りながら英文を理解する必要があることも特徴である。

★リスニングテストは対話の内容に合う絵を選ぶ問題，最後のせりふに対する応答を選ぶ問題，英文の内容をまとめたものの空所を補充する問題など，さまざまな出題形式になっている。また，英文を聞いてまとまった語数の英語で答えを書く問題も出題されている。

来年度の対策

①長文を数多く読んでおくこと！

大意をつかみながらスピードを上げて読めるように，日頃から長文をたくさん読むようにしよう。その際，語いや文法を正確に理解するようにしたい。対話文形式の問題も出題されているので，対話の内容と流れをしっかりとおさえて読んでいく練習をしよう。**英語の近道問題シリーズ**の「**長文基礎**」（英俊社）を利用するとよい。

②リスニングに慣れておくこと！

リスニングは標準的な難易度だが，記述問題もあるので正確に聞き取る力が求められる。ネイティブスピーカーの話す英語に慣れるように練習しておこう。

③作文力をきたえておくこと！

整序作文，条件作文，自由英作文など，さまざまな形式の問題が出題されている。上記シリーズの「**文の書きかえ・英作文**」（英俊社）を利用して，英作文の基礎力をつけておきたい。

❖傾向と対策〈国語〉

出題傾向

		現代文の読解									国語の知識									作文		古文・漢文								
		内容把握	原因・理由	接続語	適語挿入	脱文挿入	段落の働き・論の展開	要旨・主題	心情把握・人物把握	表現把握	漢字の読み書き	漢字・熟語の知識	ことばの知識	慣用句・ことわざ・四字熟語	文法	敬語	文学史	韻文の知識	表現技法	課題作文・条件作文	短文作成・表現力	読解問題	主語・動作主把握	会話文・心中文	要旨・主題	古語の意味・口語訳	仮名遣い	文法・係り結び	返り点・書き下し文	古文・漢文・漢詩の知識
2024年度	特別入学者選抜	○	○	○	○				○	○	○	○	○	○	○	○											○			
2023年度	特別入学者選抜	○	○	○					○	○	○			○	○	○		○									○			
2022年度	特別入学者選抜	○	○	○					○	○	○	○	○	○		○											○			
2021年度	特別入学者選抜	○		○	○				○	○	○				○	○														
2020年度	特別入学者選抜	○	○	○	○				○	○	○			○	○	○														

【出典】

2024年度　2和歌・鑑賞文　柏木由夫「平安和歌・物語に詠まれた日本の四季」
3文学的文章　真紀涼介「勿忘草をさがして」
4論理的文章　戸谷洋志「SNS の哲学　リアルとオンラインのあいだ」

2023年度　2古文・鑑賞文　木越　治「読まなければなにもはじまらない　いまから古典を〈読む〉ために」
3文学的文章　歌代　朔「スクラッチ」
4論理的文章　畑村洋太郎「やらかした時にどうするか」

2022年度　2古文・鑑賞　田畑邦治「『心豊か』に生きるヒントは古典にあり。」
3文学的文章　東　直子「階段にパレット」
4論理的文章　石川直樹「いま生きているという冒険」

2021年度　2古文・鑑賞文　鈴木健一「天空の文学史　雲・雪・風・雨」,「新編日本古典文学全集 19　和漢朗詠集」
3文学的文章　門井慶喜「銀河鉄道の父」
4論理的文章　除本理史・佐無田光「きみのまちに未来はあるか?――『根っこ』から地域をつくる」

2020年度　2和歌・鑑賞文　小山順子「和歌のアルバム　藤原俊成　詠む・編む・変える」
3文学的文章　瀧羽麻子「虹にすわる」
4論理的文章　細川英雄「対話をデザインする――伝わるとはどういうことか」

出題分析

★現代文…………文学的文章，論理的文章が各1題出される。文学的文章では，心情把握を中心に理由説明や内容把握などが出題され，論理的文章では，内容把握を中心に出題されている。

★古文・韻文……解説文や鑑賞文とともに出題されることが多い。現代仮名遣いや口語訳，解説文と照合させながらの内容把握などが出題されている。

★国語の知識……国語の知識に関する大問があり，漢字の読み書き，品詞の識別などの文法の問題が出されている。それから，作文や手紙，資料といったものに関する内容把握や敬語についても出題されている。

来年度の対策

文学的文章では，登場人物の関係やそれぞれの場面での心情などを正確にとらえることが求められ，論理的文章では，論理の展開を理解し，筆者の主張を読みとることが求められる。どちらの文章でも字数制限のある記述式の問題が出されるので，多くの問題にあたって練習をしておきたい。漢字や文法，熟語，韻文の知識についても基本的なことをしっかりおさえておく必要がある。古文については，解説文がなくても内容を理解できるような基本的な読解力をつけておきたい。

長文の読解力，漢字の読み書きやことばの知識，文法，古文・漢文の読解力など中学校で学習する内容が総合的に問われているので，「**国語の近道問題シリーズ**（全５冊）」（英俊社）のような単元別の問題集に取り組み，苦手分野をなくしておこう。そのうえで，入試で出題率の高い問題を集めた「**ニューウイング 出題率 国語**」（英俊社）をやっておけば安心である。

~MEMO~

~MEMO~

岡山県公立高等学校
（特別入学者選抜）

2024年度
入学試験問題

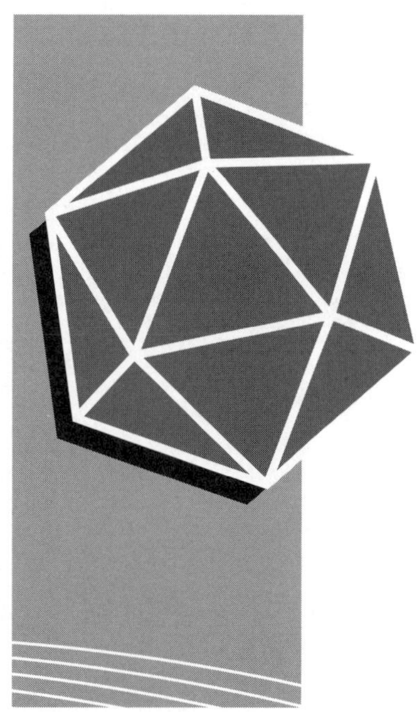

数学

時間　45分　　　　満点　70点

(注)　1　答えに $\sqrt{\ }$ が含まれるときは，$\sqrt{\ }$ をつけたままで答えなさい。その際，$\sqrt{\ }$ の中の数は，できるだけ小さい自然数にしなさい。

2　答えに円周率を使うときは，π を用いなさい。

1　次の(1)～(4)の計算をしなさい。(5)～(9)は指示に従って答えなさい。

(1)　$4-(-8)$　(　　　)

(2)　$\left(-\dfrac{5}{6}+\dfrac{3}{4}\right)\times 12$　(　　　)

(3)　$4(a-2b)+3(-a+5b)$　(　　　)

(4)　$(-10a^4b^3)\div 2a^3b$　(　　　)

(5)　x^2-x-12 を因数分解しなさい。(　　　)

(6)　方程式 $2x^2+5x-1=0$ を解きなさい。(　　　)

(7)　図のような，半径6cm，中心角210°のおうぎ形があります。このおうぎ形の面積を求めなさい。(　　　cm^2)

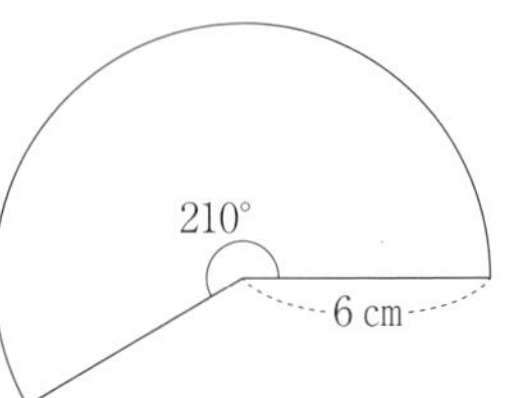

(8)　袋の中に，白玉3個，黒玉2個が入っています。この袋の中から玉を同時に2個取り出すとき，取り出した玉が2個とも白玉である確率を求めなさい。ただし，どの玉が取り出されることも同様に確からしいものとします。
(　　　)

(9)　関数 $y=ax^2$ があり，x の変域が $-2\leqq x\leqq 4$ のとき，y の変域が $-8\leqq y\leqq 0$ です。①，②に答えなさい。ただし，a は定数とします。

①　この関数のグラフの $-2\leqq x\leqq 4$ に対応する部分を実線で表したものとして最も適当なのは，ア～エのうちではどれですか。一つ答えなさい。ただし，点Oは原点とします。(　　　)

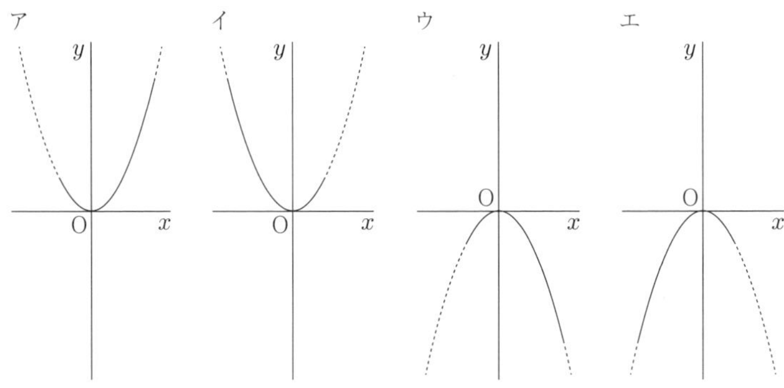

②　a の値を求めなさい。(　　　)

2 問題Ⅰ，問題Ⅱに答えなさい。

問題Ⅰ　根号を含む式などについて，(1)～(3)に答えなさい。

(1) 次の①，②のことがらについて，内容の正誤を表したものとして最も適当なのは，ア～エのうちではどれですか。一つ答えなさい。(　　　)

① 5の平方根は$\pm\sqrt{5}$である。

② $\sqrt{(-5)^2}$を根号を使わないで表すと-5である。

ア ①，②のどちらも正しい。　イ ①のみ正しい。　ウ ②のみ正しい。

エ ①，②のどちらも誤っている。

(2) 次の数について，無理数であるものは，ア～オのうちではどれですか。当てはまるものをすべて答えなさい。(　　　)

ア $-\sqrt{4}$　イ $\dfrac{11}{3}$　ウ -0.7　エ $\dfrac{8}{\sqrt{2}}$　オ $5\sqrt{5}$

(3) $\sqrt{48}-\sqrt{3}$と$\sqrt{30}$はどちらが大きいですか。解答欄の□に不等号を書いて答えなさい。ただし，答えを求めるまでの過程も書きなさい。

(　　　　　　　　　　　　　　　　　　　　　　　　)

(答) $\sqrt{48}-\sqrt{3}$ □ $\sqrt{30}$

問題Ⅱ　両端にはそれぞれ4個，継ぎ目には6個のボルトを使用するガードレールがあり，継ぎ目の数が1か所増えるごとに，使用するボルトの数は6個増えます。(1)～(3)に答えなさい。

ガードレールの写真

継ぎ目の数が1か所のとき

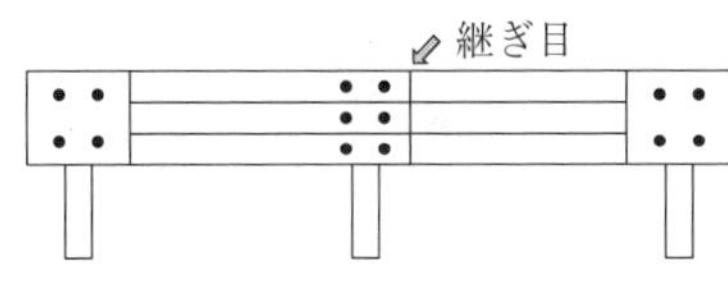

• は1個のボルトを表す。

継ぎ目の数が2か所のとき

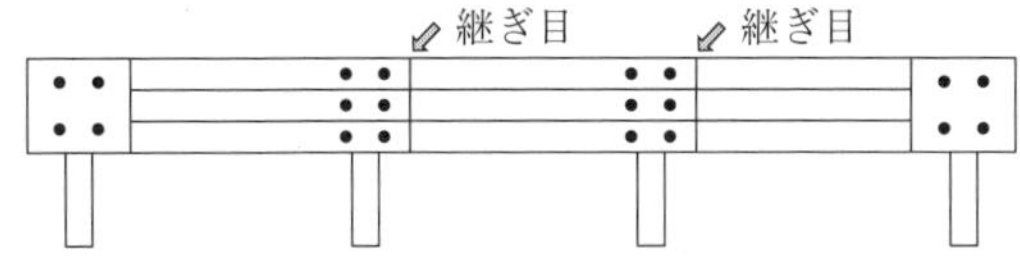

(1) 次の表は，継ぎ目の数と使用するボルトの総数の関係を表したものです。□に適当な数を書きなさい。(　　　)

継ぎ目の数(か所)	1	2	3	…	6	…
ボルトの総数(個)	14	20	26	…	□	…

(2) nは自然数とします。継ぎ目の数がnか所のとき，使用するボルトの総数をnを用いて表しなさい。(　　　個)

(3) 使用するボルトの総数が200個のとき，継ぎ目の数は何か所できるかを求めなさい。

(　　　か所)

③　花子さんは，関数のグラフなどについて，タブレット端末を用いて考えています。(1)，(2)に答えなさい。ただし，点Oは原点とします。

(1)　花子さんは，関数$y = ax + b$について，定数a，bにさまざまな値を入力し，グラフの変化のようすを調べています。①，②に答えなさい。

①　グラフが図1のようになったときのa，bの値として最も適当なのは，ア～エのうちではどれですか。一つ答えなさい。(　　　)

ア　$a = 2$，$b = 1$　　イ　$a = 2$，$b = -1$

ウ　$a = -2$，$b = 1$　　エ　$a = -2$，$b = -1$

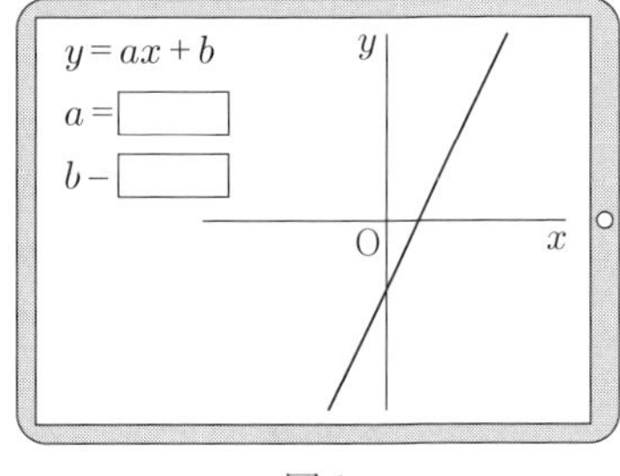

図1

②　図1のa，bのうち，いずれか一方の値を変えると，図1のグラフは図2の実線のように変化しました。このとき行った操作として最も適当なのは，ア～エのうちではどれですか。一つ答えなさい。ただし，図2の破線は図1のグラフを表しています。(　　　)

ア　aの値を大きくした。　　イ　aの値を小さくした。

ウ　bの値を大きくした。　　エ　bの値を小さくした。

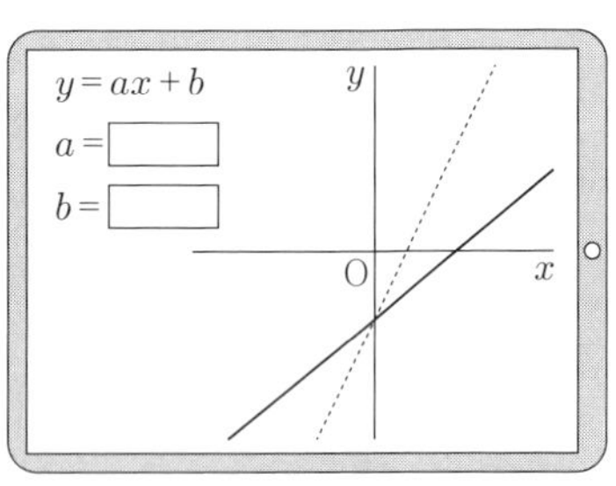

図2

(2)　花子さんは，図3のように，2点A(6，0)，B(0，3)を結ぶ線分AB上で点Pを動かしながら，点Pの座標について考えたことをノートにまとめました。①～④に答えなさい。

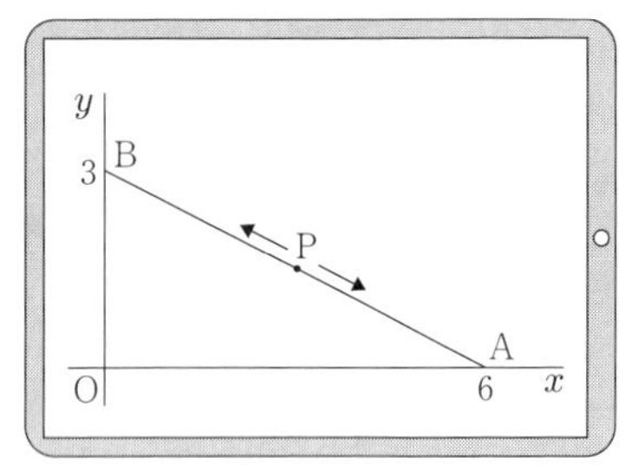

図3

〈花子さんのノート〉

> Ⅰ　直線OPの傾きが1のとき
>
> 直線OPの式は$y = x$，直線ABの式は$y =$ (あ) であるから，二つの式を連立方程式として解くと，点Pの座標を求めることができる。
>
> Ⅱ　線分OPの長さが最も短くなるとき
>
> ∠OPA = (い) °であるから，点Pから線分OAに下ろした垂線と線分OAとの交点をHとすると，△OAB∽△HPOが成り立つ。したがって，直線OPの式は$y =$ (う) となり，これと直線ABの式を連立方程式として解くと，点Pの座標を求めることができる。

①　(あ) に適当な式を書きなさい。(　　　)

②　(い) に適当な数を書きなさい。(　　　)

③　(う) に適当な式を書きなさい。(　　　)

④　Ⅱのとき，点Pの座標を求めなさい。(　　，　　)

4　太郎さんと花子さんは，昨年の夏はA市とB市でどちらが暑かったのかを話し合っています。(1)～(3)に答えなさい。

太郎：8月の日ごとの最高気温のデータの平均値は，A市とB市で同じだったよ。

花子：平均値は同じだけれど，それぞれのデータの分布のようすはどうなっているのかな。8月の日ごとの最高気温のデータをもとに，箱ひげ図を作って調べてみようよ。

太郎：箱ひげ図をみると，A市とB市それぞれに特徴があるね。

花子：最大値が大きい方が暑いと考えると，A市の方が暑かったといえるよ。

太郎：そうだね。でも，猛暑日となる<u>35℃以上の日数の割合が大きい方が暑いと考えると，B市の方が暑かったといえる</u>よ。

花子：なるほど。注目するところによって，いろいろな見方ができるね。他にもデータを集めて，もっと詳しく調べてみよう。

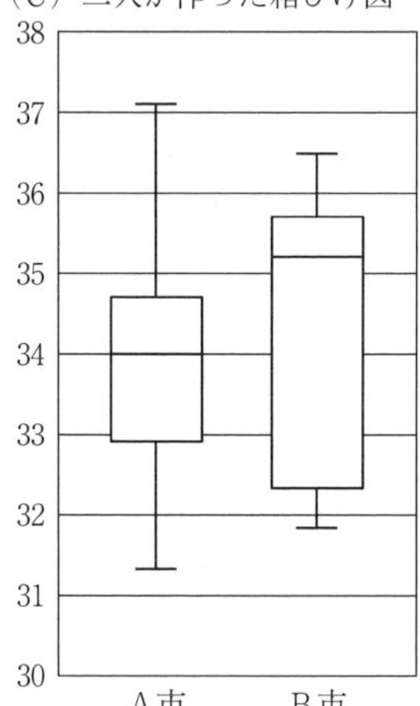

(1)　データの散らばりの度合いについて述べた次の文の (あ) ，(い) に当てはまることばの組み合わせとして最も適当なのは，ア～エのうちではどれですか。一つ答えなさい。(　　　)

(あ) は，すべてのデータのうち，真ん中に集まる約半数のデータの散らばりの度合いを表しており，極端にかけ離れた値の影響を (い) という性質がある。

ア　(あ)　範囲　　(い)　受けやすい　　　　イ　(あ)　範囲　　(い)　受けにくい

ウ　(あ)　四分位範囲　　(い)　受けやすい　　エ　(あ)　四分位範囲　　(い)　受けにくい

(2)　二人が作った箱ひげ図から読み取れることとして，次の①，②のことがらは，それぞれ正しいといえますか。［選択肢］のア～ウの中から最も適当なものをそれぞれ一つ答えなさい。

①　第1四分位数は，A市の方がB市より大きい。(　　　)

②　32℃以下のデータの個数は，A市の方がB市より多い。(　　　)

［選択肢］

ア　正しい　　イ　正しくない　　ウ　二人が作った箱ひげ図からはわからない

(3)　太郎さんが，下線部のように判断した理由を説明しなさい。ただし，A市とB市それぞれの35℃以上の日数の割合を，二人が作った箱ひげ図から読み取って書きなさい。

(　　)

5　太郎さんは，数学の授業で正四面体について学んでいます。(1)～(3)に答えなさい。

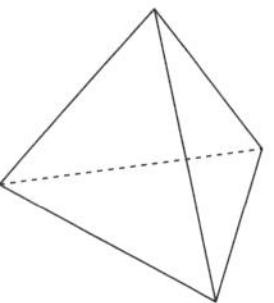

左の図のように，三角錐(すい)のうち，すべての面が正三角形であるものを正四面体といいます。

(1)　太郎さんは，正四面体の体積を求める方法を次のように考えました。

〈太郎さんの考え〉

右の図のように，正四面体 OABC において，頂点 O から△ABC に下ろした垂線と，△ABC との交点を H とします。このとき，△OAH，△OBH，△OCH が合同な直角三角形となるから，AH = BH = CH が成り立ちます。

正四面体 OABC の体積は，△ABC を底面，線分 OH を高さと考えて求めることができます。

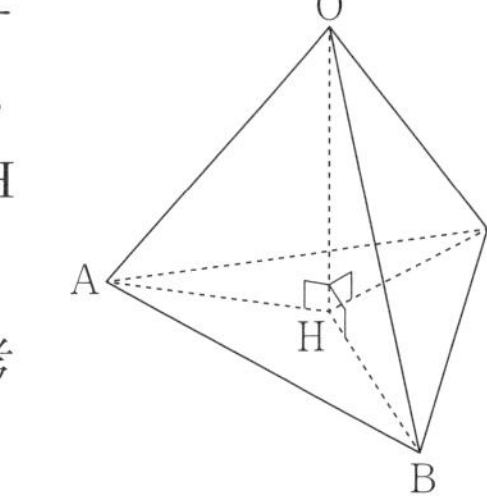

この考えをもとに，太郎さんは，右の図のように点 H を中心とし，正三角形 ABC の頂点 A，B，C を通る円を作図し，点 H と点 A，点 H と点 B をそれぞれ結びました。線分 AB の長さが 2 cm のとき，①～③に答えなさい。

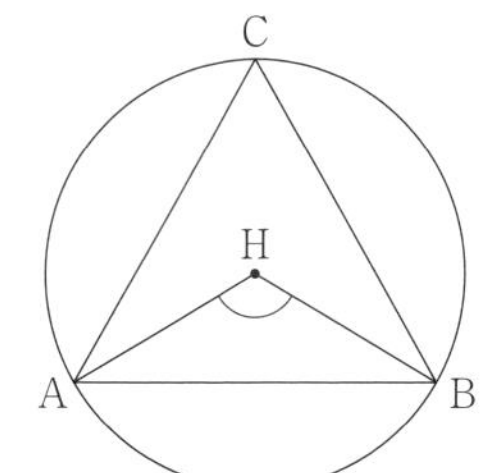

①　∠AHB の大きさを求めなさい。(　　　)

②　△ABC の面積を求めなさい。(　　　cm^2)

③　線分 AH の長さを求めなさい。(　　　cm)

(2)　授業では，先生から次のような紹介がありました。①，②に答えなさい。

〈先生が紹介した内容〉

右の図のように，立方体 PQRS—TUVW において，頂点 P，R，U，W をそれぞれ結ぶと，PR，PU，PW，RU，RW，UW を 1 辺とする正四面体 PRUW ができます。

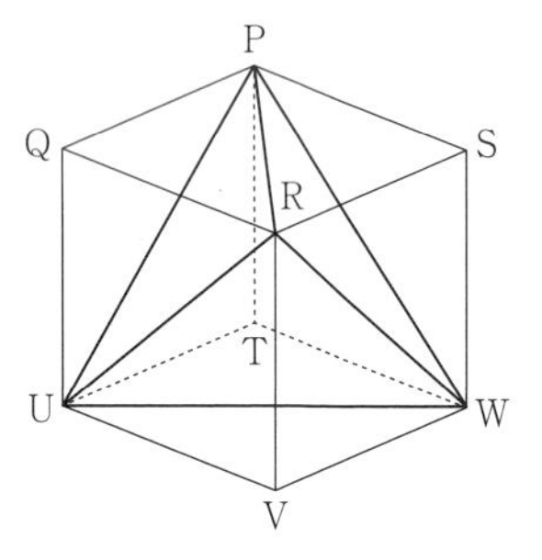

①　太郎さんは，〈先生が紹介した内容〉をもとに，正四面体の体積を求める別の方法を考えました。□に適当な数を書きなさい。(　　　)

正四面体 PRUW の体積は，立方体 PQRS—TUVW の体積から三角錐 QPRU の体積の□倍を引くと求めることができます。

②　立方体 PQRS—TUVW の 1 辺の長さが a cm のとき，正四面体 PRUW の 1 辺の長さを a を用いて表しなさい。(　　　cm)

(3)　1 辺の長さが 2 cm の正四面体の体積を求めなさい。(　　　cm^3)

英語

時間 45分　　満点 70点

(編集部注) 放送問題の放送原稿は英語の末尾に掲載しています。
音声の再生についてはもくじをご覧ください。

(注) 1 英語で書くところは，活字体，筆記体のどちらで書いてもかまいません。
2 語数が指定されている設問では，「,」や「.」,「?」などの符号は語数に含めません。
また,「don't」などの短縮形は，1語とします。

1 この問題は聞き取り検査です。問題A～問題Cに答えなさい。すべての問題で英語は2回ずつ読まれます。途中でメモをとってもかまいません。

問題A (1)～(3)のそれぞれの英文で説明されている内容として最も適当なのは，ア～エのうちではどれですか。一つ答えなさい。(1)(　　) (2)(　　) (3)(　　)

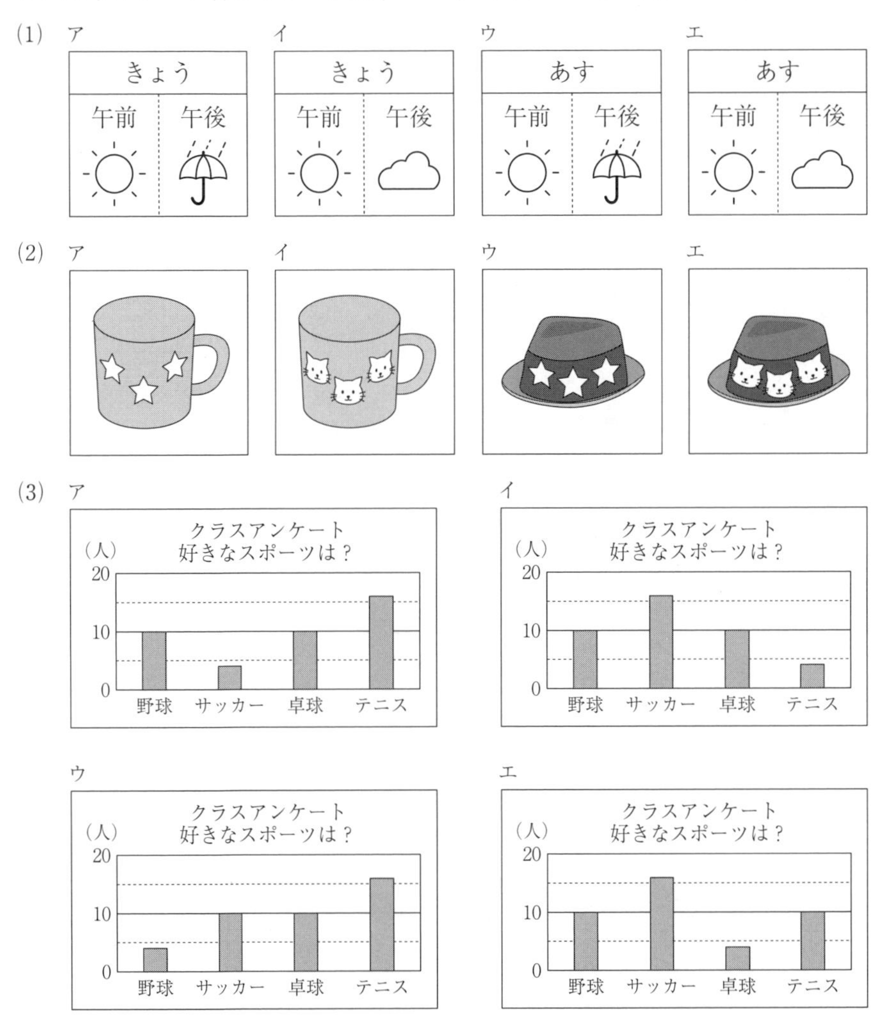

問題B (1)，(2)のそれぞれの会話についての質問の答えとして最も適当なのは，ア～エのうちでは

どれですか。一つ答えなさい。(1)(　　　) (2)(　　　)

(1)　ア　Yes, she does.　　イ　No, she doesn't.　　ウ　Yes, it was.　　エ　No, it wasn't.

(2)　ア　To cook some dishes for Hana.　　イ　To watch a movie together.

ウ　To wash the car in the garden.　　エ　To carry the boxes to Hana's room.

問題C　留学中に，Mika は幼稚園を訪問することになりました。Mika はメモをとりながら，訪問する幼稚園の Lee 先生が説明しているのを聞いています。(1)～(3)に答えなさい。

［Mika のメモの一部］

明日の集合場所と時刻：幼稚園に，［(あ)］
明日の持参物：［(い)］が必要

(1)　［(あ)］，［(い)］に入れる内容の組み合わせとして最も適当なのは，ア～エのうちではどれですか。一つ答えなさい。(　　　)

ア　(あ)　午前８時　(い)　タオル　　イ　(あ)　午前９時　(い)　タオル

ウ　(あ)　午前８時　(い)　昼食　　エ　(あ)　午前９時　(い)　昼食

(2)　明日，訪問する幼稚園で Mika が行う予定の活動を表しているものとして最も適当なのは，ア～エのうちではどれですか。一つ答えなさい。(　　　)

ア

イ

ウ

エ
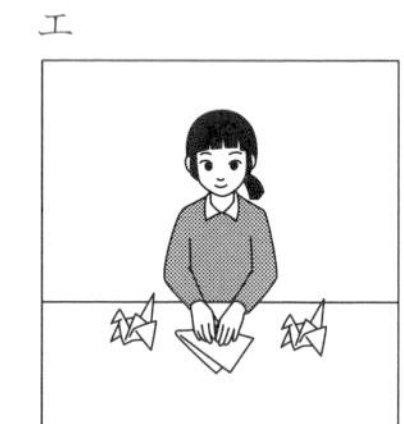

(3)　説明の最後に Lee 先生がした質問に対して，どのように答えますか。あなたが Mika になったつもりで，書き出しに続けて，［　　］に４語以上の英語を書き，英文を完成させなさい。

(　　　　　　　　　　　　　　　　　　　　　　　　　　　　)

I［　　］.

2　中学生のKazukiとSana，留学生のMaryは同じクラスで，Glen先生が英語の授業を担当しています。(1)～(4)に答えなさい。

(1)　生徒が会話をしました。［(あ)］，［(い)］に入れるのに最も適当なのは，ア～エのうちではどれですか。それぞれ一つ答えなさい。(あ)(　　　)　(い)(　　　)

Kazuki：　I think I have a bad tooth.

Mary　：　Really? You should go to the ［(あ)］.

(あ)　ア　chef　　イ　florist　　ウ　musician　　エ　dentist

Mary：　Do you know ［(い)］ we will meet for the game?

Sana：　Yes. We'll meet at the station.

(い)　ア　what　　イ　when　　ウ　where　　エ　which

(2)　音楽部に所属しているKazukiは，入場券を渡しながら，Glen先生を演奏会に招待しました。入場券の内容に合うように，［(う)］，［(え)］に最も適当な英語1語をそれぞれ入れ，Kazukiの発言を完成させなさい。(う)(　　　)　(え)(　　　)

入場券

音楽部　演奏会
日　時：3月20日 木曜日
　　　　午後2：00　開演
会　場：のぞみホール
※開演までにご入場ください。
入場券

Kazuki　：　We are going to have a concert at Nozomi Hall on Thursday, ［(う)］ twentieth. We would like to invite you. Please use this ticket to ［(え)］ the hall.

Mr. Glen：　Thank you. I'm looking forward to the concert.

(3)　授業で，会話の練習をしました。［(お)］，［(か)］に入れるのに最も適当な英語1語をそれぞれ書きなさい。(お)(　　　)　(か)(　　　)

Mary　：　Are you in a club?

Sana　：　Yes. I'm a ［(お)］ of the art club.

Mary　：　Sounds interesting.

Mary　：　Excuse me. Should I take a bus to the post office from here?

Kazuki：　Well, you can go there on ［(か)］.

Mary　：　Really? Thank you. It's good to know I can walk there.

(4)　授業で，Kazukiは，Sanaによる発表を聞きました。次は，Sanaの発表と，それを聞いてKazukiが書いた記録シートおよび発言です。①～③に答えなさい。

[Sana]

Look at this book. Josh Wood is my favorite writer. (き)<u>He (write) this book five years ago</u>. It's about a boy who goes on an adventure to "Blue Castle." The book taught me something important. (く)<u>Sometimes, (try) hard may be difficult</u>. However, I should keep going.

Kazuki が書いた記録シート

発表者	Sana
感想など	弟が好きそうな本だから，読んであげたい。図書館から借りられるのかな。

[Kazuki]

Thank you, Sana. I think my brother will like the book, so I want to ((け)it / to / read / him). I have a question. Can I [　　　]?

① 下線部(き)，(く)のそれぞれについて，(　　) 内の語を適当な形に変えたり，不足している語を補ったりなどして，意味が通るように英文を完成させなさい。

(き) He (　　　) this book five years ago.

(く) Sometimes, (　　　) hard may be difficult.

② 下線部(け)の語をすべて用いて，意味が通るように並べ替えなさい。

(　　　　　　　　　　　　　　　　　　　　)

③ Kazuki の記録シートをもとに，あなたが Kazuki になったつもりで，[　　　] に 5 語以上の英語を書き，Kazuki の発言を完成させなさい。

(　　　　　　　　　　　　　　　　　　　　　　　　　　　　　　　　　　)

3　問題A，問題Bに答えなさい。

問題A　留学生のPaulが英語の授業でスピーチをしました。次の英文は，そのスピーチです。(1)，(2)に答えなさい。

Yesterday, I planted rice in paddy fields. It was difficult at first, but a rice farmer helped me. After working, I saw some insects in the field. I didn't think those insects were good for rice, so I told the farmer about them. She said, "Some insects hurt rice, but other insects eat those insects. All living things in and around the fields are connected and important." She has grown good rice thanks to such a natural environment. In the future, I want to be like her — a farmer who [　　].

〔注〕plant ～　～を植える　　rice　稲，米　　paddy field　水田　　insect　虫
thanks to ～　～のおかげで

(1) Paulがスピーチで述べた内容として，当てはまらないものは，ア～エのうちではどれですか。一つ答えなさい。(　　)

ア

イ

ウ

エ

(2) [　　]に入れるのに最も適当なのは，ア～エのうちではどれですか。一つ答えなさい。(　　)

ア　sells paddy fields　　イ　buys a useful product　　ウ　gets help from nature
エ　uses the latest AI technology

問題B　Amiは，クラスメートのJoeと，留学生のCathyについて話し合っています。次の英文は，その話し合いです。(1)～(3)に答えなさい。

Ami：Cathy is going to move to another school in Japan next month.

Joe：Really? I'll miss her.

Ami：Me, too. Actually, I'm [(あ)] already. I want to do something for her.

Joe：That's a good idea. She often says the summer in Japan is really hot. Let's give her something useful for the summer.

Ami：Then, [(い)] a folding fan? It's a traditional item in Japan. People can use it for shade.

Joe：Oh, I didn't know we can use it like that.

Ami：So, I think a folding fan is good. Joe, [(い)] you?

Joe：Well, I have a different idea. A portable fan is good and it's popular. A lot of young people in Japan use portable fans.

Ami：Which item is better? It's difficult to decide.

Joe ： We'll see her tomorrow, right? Let's ask Cathy then.

Ami： Great.

〔注〕 folding fan　扇子　　item　アイテム，品　　shade　日陰

portable fan　ハンディファン，携帯扇風機

(1) [(あ)] に入れるのに最も適当なのは，ア～エのうちではどれですか。一つ答えなさい。

(　　　)

ア　sad　　イ　sleepy　　ウ　brave　　エ　proud

(2) [(い)] に共通して入れるのに最も適当な英語２語を書きなさい。(　　　　　　)

(3) 次は，Ami と話し合いをした日に Joe が書いた日記です。二人の話し合いの内容に合うように [①] ～ [④] に入れる英語の組み合わせとして最も適当なのは，ア～エのうちではどれですか。一つ答えなさい。(　　　)

Joe が書いた日記

> Ami and I will give a gift to Cathy. I think a [①] fan is good. I think we should give her something [②] in Japan. However, Ami thinks something [③] is good. I learned a [④] fan can be used for shade. Tomorrow, we'll ask Cathy.

ア　① folding　② traditional　③ popular　④ portable

イ　① folding　② popular　③ traditional　④ portable

ウ　① portable　② traditional　③ popular　④ folding

エ　① portable　② popular　③ traditional　④ folding

4 Fumiは，クラスメートのRoyと，教室の掲示物（flyer）を見ながら話をしています。次は，その掲示物と会話の英文です。(1)～(4)に答えなさい。

掲示物

～ The 15th Kids Festival at Kita High School ～

We [(あ)] for the festival !

July 2nd

The Kita High School Student Council

Dear students at Kita High School,

Our school holds the Kids Festival every August. This year children will come to our school on August 2nd. We are looking for student volunteers who can help us hold the 15th Kids Festival. Children will choose and join one of the four events, and you will help them do their activities.

Events at the 15th Kids Festival on August 2nd		
Event	Title	Activity
1	Wonderful Colors	・Discover the colors in ink.
2	Fantastic Music	・Make your own instrument.
3	Easy Cookies	・Bake cookies.
4	Exciting Rugby	・Play special rugby.

*We had the same four activities at the 14th Kids Festival.

We will have a meeting to explain more about your job. Please come to the student center for the meeting at 4:30 p.m. on July 10th.

Voices from students who helped us at the 14th Kids Festival

・The event "Wonderful Colors" was really interesting. Even high school students can learn about colors. — Diego

・If you want to teach in the future, this festival is a good opportunity. You can learn a lot from the children. — Akina

・The children and I played music with the instruments we made. They were very creative. — Masami

Fumi : I want to help children enjoy the festival. My dream is to be a teacher. In the flyer, [(い)] says this festival is good for students like me.

Roy : Good. I want to join (う)this event. I like making cakes and other sweet food, and want children to enjoy making them.

Fumi : I will join the meeting to get more information. Will you join the meeting, Roy?

Roy : Of course, I will. Let's go together.

〔注〕 student council 生徒会 hold ～ ～を開催する title 題名 opportunity 機会

(1) [(あ)] に入れるのに最も適当なのは，ア～エのうちではどれですか。一つ答えなさい。

( )

ア　will practice dancing　　イ　will enjoy swimming　　ウ　need volunteers

エ　want singers

(2) [(い)] に入れるのに最も適当なのは，ア～エのうちではどれですか。一つ答えなさい。

(　　　)

ア　Diego　　イ　Akina　　ウ　Masami　　エ　Roy

(3) 下線部(う)が指すものとして最も適当なのは，ア～エのうちではどれですか。一つ答えなさい。

(　　　)

ア　Event 1　　イ　Event 2　　ウ　Event 3　　エ　Event 4

(4) 掲示物と会話からわかる内容として最も適当なのは，ア～エのうちではどれですか。一つ答えなさい。(　　　)

ア　The Kids Festival is held at Kita High School every month.

イ　Each child can join two events at the 15th Kids Festival.

ウ　Masami says that the event “Wonderful Colors” is good for high school students.

エ　Fumi and Roy will go to the student center on July 10th.

5　留学生のAnneが，写真を見せながら英語の授業でスピーチをしました。次は，そのスピーチとAnneが見せた写真です。(1)～(6)に答えなさい。

Vending machines usually sell something to drink or to eat. Do you know that there is a vending machine which gives you (あ)something to read for free? You can get a short story from the machine. Here's a story about the vending machines which provide short stories.

It's easy to get a short story at (い)the vending machine. Press a button, and a strip of paper comes out like a receipt. Here's a picture of me at the vending machine. One short story is printed on one strip of paper. You get another strip if you press a button again. You can get two or more strips if you want. You can take the strips away with you. All the short stories are free. The machine has three buttons, and each button has a number: 1, 3, or 5. The numbers tell you how many minutes you need to read the short story. For example, if you press button 3, you receive a story that can be read in about three minutes.

Anne's picture

(う)Getting a short story at the vending machine is like opening a treasure box. You don't know what's in the treasure box, so you'll be excited to open it. This is true of this unique vending machine, too. You can't choose what short story you get. The vending machine chooses one for you. Also, it is almost impossible to get the same short story again because the machine has so many stories. In this way, the machine can give you an exciting reading time.

The short story vending machine was invented by a company in France. One day, four people at the company went to a vending machine to buy snacks. When they were talking by the machine, one of them said, "If a vending machine could give me a story, I would be very happy." That gave them inspiration, and they came up with the idea of making a machine to provide free short stories. When they got this idea, they also had a wish. It was to make people happy with the new vending machine. Though the machine sounded like a dream, (え)their wish was strong and they didn't give up.

Today, the short story vending machines are used in many parts of the world. You can read stories in several different [(お)] such as French, English and Spanish. Why are the machines popular around the world? Reading a short story provided by the machine is such a unique experience, and people enjoy it. I think that the four people were successful. Their idea became real. From them, I learned that if we want to create something new, it is important to have inspiration and a wish. Inspiration can come from anything around us and give us a new idea. A wish can help us work hard to make the idea real. Get inspiration and try, like the four people.

〔注〕 vending machine　自動販売機　　for free　無料で　　press ～　～を押す　　button　ボタン
strip　細長い一片　　receipt　レシート　　print ～　～を印刷する
take ～ away　～を持ち去る　　treasure　宝物　　true of ～　～に当てはまる

inspiration　ひらめき　　wish　願い　　give up　あきらめる

(1)　下線部(あ)が具体的に指すものは何ですか。英語3語を同じ段落中から抜き出して書きなさい。

(　　　　　　　　　)

(2)　下線部(い)について，利用者ができることとして，当てはまらないものは，ア～エのうちではどれですか。一つ答えなさい。(　　　)

ア　物語の紙片を複数枚得ること。

イ　物語の紙片を無料で得ること。

ウ　物語を読むのにかかる目安の時間を選択すること。

エ　物語が印刷される字の大きさを選択すること。

(3)　下線部(う)を説明する次の文の［　　］に入れるのに最も適当なのは，ア～エのうちではどれですか。一つ答えなさい。(　　　)

It will be exciting to get a short story at the vending machine because ［　　］.

ア　people can easily get the same short story again

イ　people receive a decorated box and put the short story in it

ウ　people do not know what short story comes out

エ　people must not show their short story to other people

(4)　下線部(え)の具体的内容を説明する次の文の［　　］に適当な日本語を入れなさい。

(　　　　　　　　　　　　　　　　)

新たな自動販売機によって，［　　］という願い。

(5)　［(お)］に入れるのに最も適当な英語1語を書きなさい。(　　　)

(6)　本文の内容と合っているのは，ア～オのうちではどれですか。当てはまるものをすべて答えなさい。(　　　)

ア　People must leave strips at the short story vending machine after reading.

イ　Anne and the four people invented a new snack vending machine together.

ウ　The four people got inspiration for their new idea from their conversation.

エ　The short story vending machines are found only in France.

オ　If people have a wish, they can try hard to make their idea real.

〈放送原稿〉

2024年度岡山県公立高等学校特別入学者選抜入学試験英語の聞き取り検査を行います。

問題A　次の英文が2回読まれるのを聞いて，問題用紙の指示に従って答えなさい。

(1) Tomorrow, it will be sunny in the morning and rainy in the afternoon.

(繰り返す)

(2) I like this cup. It has stars on it.

(繰り返す)

(3) In our class, soccer is the most popular, and baseball is as popular as table tennis.

(繰り返す)

問題B　次の会話と質問が2回読まれるのを聞いて，問題用紙の指示に従って答えなさい。

(1) A：　Mr. Brown, do I have to finish this work today?

B：　No, you don't, Emily. Please finish it by next Wednesday.

Question：Does Emily have to finish her work today?

((1)を繰り返す)

(2) A：　Mike, can you take these boxes to my room?

B：　OK, Hana, but please wait a minute. I'm washing the dishes now.

Question：What does Hana want Mike to do?

((2)を繰り返す)

問題C　次の英文が2回読まれるのを聞いて，問題用紙の指示に従って答えなさい。

Mika, I will tell you what you are going to do tomorrow. Please come to the kindergarten at eight a.m. You need to bring your own lunch. We will provide bottles of water for you. The kids are looking forward to experiencing Japanese culture in the morning. Mika, you are going to show the kids how to fold paper cranes. I know that people in Japan make one thousand paper cranes for people who are sick. After lunch, we are going to visit a zoo. Your city in Japan has a famous zoo, right? I have heard that you have visited the zoo before. How many times have you been there?

(繰り返す)

これで聞き取り検査を終わります。

に成長することができた。
イ　幼稚園児が、大人に自転車の乗り方を教えてもらうことで、相手が身に付けている技能を効率よく習得し、これまでよりも簡単に友達の家へ遊びに行くことができた。
ウ　小学生が、以前から興味をもっていた磁石の実験を自らすることで、資料を読んでも理解できなかった磁石の性質を学び、そこから自分の興味を広げることができた。
エ　中学生が、学習活動の一環で指導を受けながら職場体験をすることで、働くことの意義ややりがいを知り、自分自身の適性や将来の夢について考えることができた。

くなったとき、何を書いたらいいのかわからなくなることはありませんか。そんなときに有効な対処法の一つは、友達にアイデアを書いてもらう、という方法です。そうして書かれたものを見て、「なるほど、自分にはこういう長所があるのか」と、はじめて自分の個性に気づかされることはよくあることです。

反対に、私が友達に長所を書いてあげたことも何度かあります。私としては、その友達の長所としてはあまりにもあたりまえなことを書いているつもりなのに、それを読んだときの友達の顔は、たいていの場合はうっすらとした驚きに包まれています。それくらい、私たちは自分のことをよくわかっていないのです。

おそらく、ここに「承認」の持つもっとも基本的な働きが表れています。すなわち、「自分が他人にどのような人として見られ、受け入れられているかを知ることによって、自分が何者であるかを知る」ということです。そうした形で「自分が何者であるのかを知りたい」と望むことこそ、ⓕ承認欲求にほかならないのではないでしょうか。

（戸谷洋志「SNSの哲学　リアルとオンラインのあいだ」より）

(1) 「ⓐそのような……ないでしょうか」とありますが、筆者がこのように述べる理由を説明した次の文の X 、 Y に入れるのに適当なことばを、 X は二字、 Y は六字で、それぞれ文章中から抜き出して書きなさい。X（　　） Y（　　）

アイデンティティを確立させるためには、他者に X する他律性よりも、自分を Y ことができる自律性を尊重するべきだという価値観が一般的だから。

(2) ⓑ 、 ⓒ にそれぞれ入れることばの組み合わせとして最も適当なのは、ア～エのうちではどれですか。一つ答えなさい。（　）

ア　ⓑ しかし　ⓒ あるいは
イ　ⓑ しかも　ⓒ むしろ
ウ　ⓑ たとえば　ⓒ すると
エ　ⓑ ところで　ⓒ おそらく

(3) ⓓ に入れることばとして最も適当なのは、ア～エのうちではどれですか。一つ答えなさい。（　）

ア　そうした他律性のなかからしか育まれてこないもの
イ　そうした他律性に抵抗する手段として生まれるもの
ウ　そうした他律性とは無関係に誰でも獲得できるもの
エ　そうした他律性を乗り越えることで鍛えられるもの

(4) 「ⓔ大人にとって……友達です」とありますが、筆者が友達をどのような存在として描いているかについて説明した次の文の　　に入れるのに適当なことばを、文章中から五字で抜き出して書きなさい。（　　）

他者からすれば　　なものに見える特徴を、お互いに教え合える存在。

(5) 「ⓕ承認欲求」とありますが、筆者の考える「承認欲求」について説明した次の文の　　に入れるのに適当なことばを、二十字以内で書きなさい。（　　）

他者の力を借りることで、　　を知ってそれを試したり、自分の個性を理解したりして、アイデンティティを形成したいと願う気持ち。

(6) 筆者の考えるアイデンティティ形成の具体例として最も適当なのは、ア～エのうちではどれですか。一つ答えなさい。（　）

ア　乳児が、親をはじめとした大人たちに世話をしてもらうことで、安全の保障された環境で充分な栄養や睡眠をとり、心身ともに健やか

4　次の文章を読んで、(1)～(6)に答えなさい。

自分のアイデンティティは自分自身で確立するべきであって、自分のアイデンティティの拠り所を他者からの承認に求めようとすると、結局、依存と不安と疎外の泥沼に陥ってしまう。それは本人にとってまったくハッピーなことではない——ⓐそのような意見を持っている人は、世間には結構多いのではないでしょうか。

このような考え方は、「他者に依存することはよくないことであり、自分自身で物事を決められることのほうが尊重されるべきだ」という価値観を前提にしています。これは、哲学の言葉を用いるなら、「自律性」を重視する発想と言えます。それに対して、他者に依存し、他者なしでは生きていけなくなってしまうことは「他律性」と呼ばれます。

自律性とは「自分を自分で律することができる」ということであり、一方、他律性とは「他者に律される」、つまり他者の言いなりになってしまうということです。（中略）

私たちは多くの場合、自律性こそが大切だと教えられて育ちます。私も小学生のころは「自分で考え、自分で行動しよう」と先生にいつも言われていました。何かがわからなくて答えを聞こうとすると、「まずは自分で考えてみなさい」と怒られたものです。

ただし、自律性と他律性が、まるで水と油のように、決して交わることなく対立するものとして捉えられるなら、そうした考え方には疑問の余地があります。ⓑ「自律的であるためには他律的であってはならず、また他律的であるならば決して自律的ではない」という考えは、おそらく私たちの現実を反映したものではありません。なぜなら人間は、自分ひとりの力では、自分のアイデンティティを形成することも、認識することもできないからです。

アイデンティティとは、言い換えれば「自分は何者なのか」「自分にはどんな可能性があるのか」ということについての自分なりの理解です。たとえば子どもは、大人からさまざまな可能性を提示され、それを一つ一つ試していくことによって、自分を少しずつ知っていくことになります。

ある子どもが歌をうたったとき、そばにいた大人がそれを聞き、うれしそうに微笑んだとしましょう。ⓒその子は、「自分には歌をうたうことができるんだ。そしてそれによって、他の人を喜ばせることもできるんだ」と気がつきます。そうした、他者とのかかわりからもたらされる気づきの蓄積が、「自分は何者なのか」「自分には何ができるのか」というアイデンティティの形成には欠かすことができないのです。

子どもは、まわりの大人から世話や関与を受けることなしに生きていくことはできません。その意味で、子どもは自分を育ててくれる大人たちに対して他律的です。しかし、その他律性は、子どもの人生から自律性を奪い去ることを決して意味しません。むしろ反対に、自律性とはⓓなのです。

つまり、自律性と他律性はつながっています。私たちは、自分が何者であるかを知り、自分のアイデンティティを確立するために、どうしても他者の力を借りなければならないのであり、それは決してよくないことではなく、むしろ人が成長していく上で自然なあり方なのです。

同じことが、子どもだけでなく大人についても言えます。大人もまた、他者の影響を受けながらアイデンティティを形成するのです。そして、ⓔ大人にとってのそうした他者の代表例が、友達です。

たとえばみなさんは、受験や、クラブなどへの申し込み、何かの活動などのために、自分の性格や長所を書類に書いて提出しなければならな

とでも親しくなっていたということ。

ウ　小学生のころは、上級生が遊びに入ってくるといつもとは違った遊びを経験することになり、自然と自分自身も年長者であるかのような気持ちになっていたということ。

エ　小学生のころは、上級生が遊びに入ってきても有意義な試合をするために話し合っているうちに、気付けば年の差など忘れてチームとしてひとつになっていたということ。

(3)「ⓒ俄かに口元を綻ばした」とありますが、「ケンゴ」がこのような反応を示した理由を説明した次の文の［　］に入れるのに適当なことばを、文章中から十二字で抜き出して書きなさい。

航大のことばにより、嫌いな上級生に対して［　］をかきたてられたから。

［　　　　　　　　　　　　］

(4)「ⓓやっぱり、俺たちは単純だ」とありますが、このときの「航大」の心情を説明した次の文の［X］、［Y］に入れるのに適当なことばを、［X］は二十字以内で書き、［Y］は文章中から七字で抜き出して書きなさい。

航大は、ケンゴたちに対して［X］ことを期待する自分は考えが甘いと思っていたが、知らず知らずのうちに［Y］自分と同様に逸る気持ちを抑えられないケンゴたちを見て、やはり自分の望みはかなうだろうと思い、安心している。

X［　　　　　　　　　　　　　　　　　　　　］

Y［　　　　　　　］

(5)　この文章の表現や内容について説明したものとして最も適当なのは、ア～エのうちではどれですか。一つ答えなさい。(　　)

ア「航大の方を見ながら、何事か話している」という表現は、航大と上級生の緊迫した関係を強調している。

イ「よかったら、一緒に遊ぼうぜ」という表現は、自分の楽しさを優先する航大の未熟さを描き出している。

ウ「不敵な笑みを浮かべて」という表現は、年長者にも臆さない坊主頭の少年の強気な様子を印象づけている。

エ「眉根を寄せたまま、ケンゴが首を傾げる」という表現は、上級生を恐れるケンゴの姿をきわ立たせている。

ボールを蹴っている間に少年たちが仲良くなってくれればいいな、と航大は願う。

もちろん、そううまくはいかないだろう。自分たちのころと違い、ケンゴと上級生たちは、既に険悪な仲なのだ。実際のところは、このぎすぎすした関係性を僅かでも修復できれば御の字といったところだ。

ただ、一方で、案外あっさりと仲直りができてしまうのではないか、と楽天的に考えている自分もいる。

俺たちは単純だ。ボールを蹴っているだけで笑顔になる。そんな単純な連中が、一緒になってひとつのボールを蹴り合うんだ。これまでのいざこざなんて、楽しい記憶で上書きされてしまうに違いない。

そんな青写真を描いて、航大は微笑む。能天気すぎるだろ、と自分自身に呆れてしまいそうだが、どうせ思い描くなら、明るい未来の方がいいだろ、と思う自分もいた。

果たして、どこまでうまくいくだろうか。(中略)

ボールを中央に置き、足をのせる。子供のころのように心が弾んでいることに、航大は気付いた。早く試合がしたい。純粋に、そう思った。

「ねえ」とケンゴが声を掛けてきた。

「ん?」

「絶対勝とうね」

興奮した様子で、ケンゴが言う。

「もちろん」と航大が応じると、ケンゴは気合を入れるように自らの頬を叩いた。

他の子供たちを見回すと、彼らも、ケンゴと似たような表情をしていた。誰もが、逸る気持ちを抑えられていない。ワクワクしながら、試合の開始を今か今かと待っている。

その様子を見て、航大は思わず噴き出しそうになった。もしかしたら、自分も同じような顔をしているのだろうか。

ⓓやっぱり、俺たちは単純だ。それさえわかれば、もう心配することなど何もないように思えた。　(真紀涼介「勿忘草をさがして」より)

(注)　御の字――充分なこと、ありがたいこと。

青写真――将来の姿、未来図。

(1)　「ⓐわかるよ」とありますが、このときの「ケンゴ」の心情を説明したものとして最も適当なのは、ア～エのうちではどれですか。一つ答えなさい。(　　)

ア　気がすすまない相手と遊ぶことは成長につながると諭されたため、渋々受け入れている。

イ　大人数で遊ぶことが苦手な性格なのに挑戦するよう説得されたため、落ち込んでいる。

ウ　二人で楽しく遊んでいたところを見慣れない上級生に邪魔されたため、戸惑っている。

エ　自分が反感を抱いている上級生と一緒に遊ぶことを提案されたため、不満を感じている。

(2)　「ⓑ既視感に導かれるように、記憶の蓋が開いた」とありますが、このとき「航大」が思い出したこととして最も適当なのは、ア～エのうちではどれですか。一つ答えなさい。(　　)

ア　小学生のころは、上級生が遊びに入ってくると夢中になってゲームを楽しみ、仲が良くなるだけでなく技術も向上して年上相手にも勝てるようになっていたということ。

イ　小学生のころは、上級生が遊びに入ってきてもその相手に立ち向かう楽しさを味わうとともに、一緒に遊ぶことで年齢に関係なく誰

航大が優しく諭すと、ケンゴは反論を止めた。彼なりに、ボールを見つけてもらった恩義を感じているのかもしれない。不服そうではあるが、立ち去ったりはしなかった。

上級生たちの中からひとり、坊主頭(ぼうずあたま)の少年が航大へと歩み寄り、訊(たず)ねる。

「遊ぶって、何をするの?」

「そうだな。いい感じの人数だし、四対四でサッカーのミニゲームはどうだ? その辺の木か石をゴールに見立てて、ゴールキーパーはなしってルールで」

「わかった」

「それじゃあ、そっちから誰か二人、こっちのチームに貸してくれ。ハンデとして、俺はシュートを打たないから」

坊主頭の少年が友人たちの元へ駆け、また何か相談してから戻ってきた。

「いいよ。ただ、ハンデはいらない」

「いいのか?」

坊主頭の少年は、不敵な笑みを浮かべて頷(うなず)いた。

「そうじゃないと、つまらないじゃん」

「そうか。じゃあ、そうしよう」

航大が申し出を受け入れると、坊主頭の少年は満足げな顔で背を向けた。友人たちと輪を作り、誰がこちらのチームに加わるか、話し合いを始めた。彼らから、航大を警戒するような雰囲気はもう感じられない。むしろ、いつもと違う新鮮な出来事に、高揚しているようだ。

そういった感覚は、航大にも憶(おぼ)えがある。ⓑ既視感に導かれるように、記憶の蓋が開いた。

小学生のころ、同級生たちとまさにこの場所で遊んでいたときのことだ。顔も名前も知らない上級生たちがやって来て、『自分たちも混ぜてくれ』と言ってきた。あのときは、戸惑いよりも、単純に嬉(うれ)しいという気持ちが勝った。人数が増えれば、できることが増える。歳(とし)の差なんて、全く気にならなかった。むしろ、上級生相手に勝ってやろうという挑戦心がふつふつと湧いてきたものだ。

ああ、そうか、と航大は思い出す。上級生の参加者たちといつ仲良くなったのか不思議だったが、簡単な話だった。なんのことはない、仲良くなってから遊び始めたのではなく、一緒に遊んでいるうちに仲良くなっていったのだ。思い返してみれば、小学生のころの友人の作り方なんて、ほとんどがそんなパターンだったような気がする。

隣に立つケンゴを見ると、相変わらず、不貞腐(ふてくさ)れたような顔をしていた。

「あいつらのこと、嫌いか?」

愚問だと言わんばかりに、ケンゴは鼻を鳴らした。

「当たり前じゃん」

「それなら、あいつらの鼻を明かすチャンスだな」

眉根を寄せたまま、ケンゴが首を傾(かし)げる。

「はなをあかすって、何?」

「あいつらに一発かまして、驚かしてやるチャンスってことだ。想像してみろよ。あいつらをドリブルでかわして、シュートを決めてやるんだ。痛快だろ? きっと悔しがるぞ」

言われた通り、その光景を想像してみたらしく、ケンゴはⓒ俄(にわ)かに口元を綻ばした。(中略)

これで、ケンゴが少しでも彼らとのミニゲームに前向きになってくれればいい。できることなら、小学生のころの自分たちのように、一緒に

通する特徴があると思ったから取り上げたんだ。

(1)　[ⓓ]に入れるのに適当なことばを、解説文から四字で抜き出して書きなさい。

(2)　「ⓔ筆者が……特徴がある」とありますが、解説文で取り上げられた『後拾遺和歌集』の二首の和歌と裕太さんの取り上げたⅡの和歌に共通する特徴として最も適当なのは、ア～エのうちではどれですか。一つ答えなさい。（　　）

ア　あるがままの自然を愛する人々の様子を描いており、自然そのものの魅力を引き立てるように人間を対比的に配置している。

イ　自然を観賞することに積極的な人々を描く一方で、自然の美しさには言及せず主に他者の行動に対する関心が示されている。

ウ　遠くにある自然に対して憧れを抱く人々を描く一方で、実際は都の様子や霞など身近にあるものばかりを捉えようとしている。

エ　自然を直接見たいと願う人々の様子を描いており、すぐ近くで味わった自然の美しさを描き出すことに焦点が当てられている。

3　次の文章は、高校生の「航大」が、空き地で出会った小学生の「ケンゴ」と二人でサッカーをしている場面です。「ケンゴ」のなくしたボールを「航大」が見つけたことをきっかけに、二人はそのまま空き地でサッカーを始めました。これを読んで、(1)～(5)に答えなさい。

道路の方から、甲高いはしゃいだ声が聞こえた。複数の子供の声だ。賑(にぎ)やかにお喋(しゃべ)りをしながら、こちらに近付いている。

航大は足元にボールを止め、空き地の入り口へと顔を向ける。活発そうな男の子たちが現れ、こちらに気付いて足を止めた。昨日、ケンゴと口論をしていた上級生たちだ。人数も昨日と同じ六人だが、顔ぶれまで一緒かどうかはわからない。

横目でケンゴを窺(うかが)うと、先程までの陽気な気配はすっかり消え去っていた。彼らへと向ける視線の鋭さからは、明確な敵意が見て取れた。

上級生たちは、昨日に続いて現れた見慣れぬ男の存在に困惑しているようだ。航大の方を見ながら、何事か話している。

ふと閃(ひらめ)いて、航大はボールを足の裏で転がしながら、片手を上げた。

「おーい。よかったら、一緒に遊ぼうぜ」

航大が声をかけると、上級生たちはさらに困惑の色を濃くした。互いに顔を見合わせ、相談するように言葉を交わしている。

ムスッとした顔で、ケンゴが寄ってくる。

「俺、あいつらと一緒なら遊ばないよ」

「そう言うなって。大勢で遊ぶのも、楽しいぞ」

「あいつらとじゃあ、楽しめないよ」

「やってみないとわからないだろ」

「ⓐわかるよ」

「まあまあ。今回だけ、な」

まで尋ねて行って桜を間近に見ようというのです。

この変化は、人々の生活範囲の変化にも繫がっています。「古今集」の時代は、まだ平安京の狭い中にとどまって、目前の桜を見て、それを見る人の心の持ちようこそが大事だったのです。そのため桜そのものは観念的になりがちでしたし、遠くの山の桜は、遥か離れて眺めるしかなかったのですが、「後拾遺集」では、人の行動範囲が広がり、自然そのものをもっと直接に見ようと積極的に変わってきているのです。

（柏木由夫「平安和歌・物語に詠まれた日本の四季」より）

(注) 在原元方、橘元任、道命法師――いずれも平安時代の歌人。

(1) ⓐ に入れるのに適当なことばを、和歌の中から漢字一字で抜き出して書きなさい。（　　）

(2) 「ⓑ明けばまづ」の読みを、現代かなづかいを用いてすべてひらがなで書きなさい。（　　）

(3) 「ⓒ花見にと……寂しかりける」の和歌が果たしている役割を説明した次の文の［　　］に入れるのに適当なことばを、十字以内で書きなさい。［　　　　　　　　　　］

当時の都の人々にとって［　　］という行動が一般的であったことを示し、筆者の考えを裏付ける役割。

(4) 解説文を読んで筆者の考えに興味をもった裕太さんは、『古今和歌集』と『後拾遺和歌集』について調べた内容を整理して、奈緒さんに見せました。次の【裕太さんのメモ】と【奈緒さんとの会話】を読んで、①、②に答えなさい。

【裕太さんのメモ】

Ⅰ　枝よりも　あだに散りにし　花なれば　おちても水の　泡とこそなれ（『古今和歌集』）

意味……枝からもはかなく散ってしまった桜の花であるから、水の上に落ちても、やはりはかない泡になってしまうのだなあ。

Ⅱ　山桜　みにゆく道を　へだつれば　人のこころぞ　かすみなりける（『後拾遺和歌集』）

意味……山桜を見にゆく道を霞が隔てているけれど、私を分けへだてして花見に誘わなかった君の心こそ、ものを遮る霞なのだなあ。

（片桐洋一「原文&現代語訳シリーズ　古今和歌集」、藤本一惠「後拾遺和歌集全釈　上巻」を参考に作成）

【奈緒さんとの会話】

裕太　解説文の内容と関係がありそうな和歌を見つけたよ。解説文とこの二首の和歌にどんな関係を見つけたかわかる？

奈緒　Ⅰの和歌はすぐにわかったよ。解説文で具体例が挙げられなかった、ⓓ を詠んだ和歌だね。当時の人々が平安京で ⓓ を見ていたという筆者の解説を、この和歌でより深く理解できたよ。

裕太　そう言ってもらえると嬉しいよ。Ⅱの和歌はどうかな？

奈緒　そっちはよくわからなかったな。筆者が解説文で取り上げていた二首の和歌と同じような印象を受けたよ。

裕太　その通りだよ。Ⅱの和歌と筆者が取り上げた二首の和歌には、ⓔ筆者が述べていた『後拾遺和歌集』の特徴以外にも共

(1)「ⓐ聞いた」とありますが、「聞く」を、ここで用いるのにふさわしい一語の敬語に直し、終止形で書きなさい。(　　)

(2) ⓑ に入れることばとして最も適当なのは、ア～エのうちではどれですか。一つ答えなさい。(　　)

ア　一朝一夕　イ　朝三暮四　ウ　千差万別　エ　一日千秋

(3) ⓒ に入れる日付(ひづけ)として最も適当なのは、ア～エのうちではどれですか。一つ答えなさい。(　　)

ア　二月七日　イ　五月七日

ウ　八月七日　エ　十一月七日

(4)【手紙の一部】の修正すべき点として最も適当なのは、ア～エのうちではどれですか。一つ答えなさい。(　　)

ア　前文に適切な頭語が書かれていないので、末文の結語に対応した頭語を付け加える。

イ　主文に訪問で学んだことが書かれていないので、理解したことを具体的に付け加える。

ウ　主文に感謝の気持ちが書かれていないので、訪問させていただいたお礼を付け加える。

エ　末文に結びの言葉が書かれていないので、相手の健康を気づかう言葉を付け加える。

2　次の文章は、『古今和歌集』(『古今集』)および『後拾遺和歌集』(『後拾遺集』)の和歌を引用して書かれた解説文です。これを読んで、(1)～(4)に答えなさい。

霞(かすみ)立つ　春の山辺は　遠けれど　吹きくる風は　花の香ぞする
(古今・春下・一〇三・在原元方(ありわらのもとかた))

「古今集」の一例ですが、遠くの山で咲く桜の花は霞(かす)んでぼやけているが、ⓐ のお陰で間近に香りを楽しんで、花の美しさを想像するよ、といった歌です。平安京は東西と北が山で囲まれていて、都にある貴族の邸宅から遠くの山の桜を臨むことは日常的でした。

こうした遠くの山の桜を詠(よ)んだ歌は、西暦九〇〇年過ぎに成立した「古今集」から四番目の勅撰集(ちょくせんしゅう)にあたる、一〇九〇年近くに成立した「後拾遺集」では数を増して詠まれています。しかし、その詠み方が少し違ってきます。

ⓑ明けばまづ　尋ねにゆかむ　山桜　これぱかりだに　人に遅れじ
(後拾遺・春上・八三・橘元任(たちばなのもととう))

ⓒ花見にと　人は山辺に　入り果てて　春は都ぞ　寂しかりける
(後拾遺・春上・一〇三・道命法師)

一首目は、夜が明けたら早速、山桜を尋ねて行こう、これだけは人に遅れないぞ、というもの。二首目は、花見で誰もが山辺に行ってしまい、春には都が寂しくなったよ、という歌です。つまり、都の邸宅で遥(はる)か遠くに山の桜を望み見ていた「古今集」に対して、それでは飽き足らず、山

国語

時間　四五分
満点　七〇点

(注)　字数が指定されている設問では、「、」や「。」も一ます使いなさい。

1　次の(1)～(5)に答えなさい。

(1)　①～④の――の部分について、①、②は漢字の読みを書きなさい。また、③、④は漢字に直して楷書で書きなさい。

①　彼はなんの魂胆もなく人を助ける。（　　　）

②　恥ずかしさのあまり手で顔を覆った。（　　　った）

③　雨天のため大会がエンキされた。［　　］

④　涼しい時間帯に畑をタガヤす。［　］す

(2)　次の(例)の「ない」と同じはたらきの「ない」を含む文は、ア～エのうちではどれですか。一つ答えなさい。（　　　）

(例)　次の手順がわからない人はいますか。

ア　手がかりはないけれど、探しに出かけよう。

イ　デザートを食べられないほど満腹になった。

ウ　弟のあどけない笑顔にいつも癒される。

エ　雲一つない、美しい青空が広がっている。

(3)　次の慣用句と最も近い意味をもつことばは、ア～エのうちではどれですか。一つ答えなさい。（　　　）

お茶を濁す

ア　ごまかす　　イ　もてなす　　ウ　工夫する　　エ　失敗する

(4)　①、②につけたときに正しい三字熟語となる漢字として適当なのは、ア～エのうちではどれですか。それぞれ一つ答えなさい。

①　日常（　　）　②　公平（　　）

ア　未　　イ　無　　ウ　非　　エ　不

(5)　国語の授業で備前焼(びぜんやき)について調べた陽子さんは、インタビューに応じてくれた備前焼工房の方々にお礼の手紙を書きました。次の【手紙の一部】を読んで、①～④に答えなさい。

【手紙の一部】

拝啓

すがすがしい若葉の季節となりましたが、いかがお過ごしでしょうか。

さて、先日はご多忙の折、私のためにお時間をいただきましてありがとうございました。皆様のお陰で、多くのことを学ぶことができました。

お話をⓐ聞いたうえで工房での制作の様子を見せていただいたので、備前焼作りへの理解が一層深まりました。一つ一つ異なる備前焼の美しさは、とても繊細で時間のかかる工程に、職人の皆様が昼夜を問わず向き合われているからこそ生まれているということがよく分かりました。そうした、［ⓑ］には身につかない技術や姿勢から生まれる備前焼の魅力を伝えられるよう、発表の準備を進めていきたいと思います。この度は貴重なお話を聞かせていただき、誠にありがとうございました。

敬具

［ⓒ］

2024年度／解答

数　学

1【解き方】(1) 与式 $= 4 + 8 = 12$

(2) 与式 $= -\dfrac{5}{6} \times 12 + \dfrac{3}{4} \times 12 = -10 + 9 = -1$

(3) 与式 $= 4a - 8b - 3a + 15b = a + 7b$

(4) 与式 $= -\dfrac{10a^4b^3}{2a^3b} = -5ab^2$

(5) 和が -1，積が -12 の2数は3と -4 だから，与式 $= (x + 3)(x - 4)$

(6) 解の公式より，$x = \dfrac{-5 \pm \sqrt{5^2 - 4 \times 2 \times (-1)}}{2 \times 2} = \dfrac{-5 \pm \sqrt{33}}{4}$

(7) $\pi \times 6^2 \times \dfrac{210}{360} = 21\pi\ (\mathrm{cm}^2)$

(8) 白玉をW1，W2，W3，黒玉をB1，B2とすると，取り出す玉の組み合わせは，(W1，W2)，(W1，W3)，(W1，B1)，(W1，B2)，(W2，W3)，(W2，B1)，(W2，B2)，(W3，B1)，(W3，B2)，(B1，B2)の10通り。このうち，2個とも白玉なのは，下線を引いた3通りだから，確率は $\dfrac{3}{10}$。

(9) ① y の変域が0以下だから，ウかエ。また，y の値は，$x = 0$ で最大値 $y = 0$，$x = 4$ で最小値 $y = -8$ をとるから，ウが適当。② $y = ax^2$ に，$x = 4$，$y = -8$ を代入して，$-8 = a \times 4^2$　よって，$a = -\dfrac{1}{2}$

【答】(1) 12　(2) -1　(3) $a + 7b$　(4) $-5ab^2$　(5) $(x + 3)(x - 4)$　(6) $x = \dfrac{-5 \pm \sqrt{33}}{4}$　(7) $21\pi\ (\mathrm{cm}^2)$

(8) $\dfrac{3}{10}$　(9) ① ウ　② $-\dfrac{1}{2}$

2【解き方】問題Ⅰ. (1) ②は，$\sqrt{(-5)^2} = \sqrt{25} = 5$ だから，正しくない。(2) アは，$-\sqrt{4} = -2$ だから，有理数になる。エは，$\dfrac{8}{\sqrt{2}} = \dfrac{8 \times \sqrt{2}}{\sqrt{2} \times \sqrt{2}} = 4\sqrt{2}$ だから，無理数はエとオ。

問題Ⅱ. (1) 継ぎ目に，$6 \times 6 = 36$ (個)，両端に，$4 \times 2 = 8$ (個)だから，全部で，$36 + 8 = 44$ (個)　(2) 継ぎ目に使用するボルトの数は $6n$ 個だから，使用するボルトの総数は $(6n + 8)$ 個。(3) $6n + 8 = 200$ より，$6n = 192$　よって，$n = 32$

【答】問題Ⅰ. (1) イ　(2) エ，オ　(3) $\sqrt{48} - \sqrt{3} = 4\sqrt{3} - \sqrt{3} = 3\sqrt{3} = \sqrt{27}$　$27 < 30$ だから，$\sqrt{27} < \sqrt{30}$　すなわち，$\sqrt{48} - \sqrt{3} < \sqrt{30}$　(答) $(\sqrt{48} - \sqrt{3}) < (\sqrt{30})$

問題Ⅱ. (1) 44　(2) $6n + 8$ (個)　(3) 32 (か所)

3【解き方】(1) ① グラフは右上がりの直線だから，$a > 0$　また，$y < 0$ の部分で y 軸と交わっているから，$b < 0$　したがって，イが適当。② 傾きが小さくなっているから，a の値を小さくした。また，y 軸と交わる場所は変わっていないから，b の値は変わらない。

(2) ① 直線ABは，傾きが $-\dfrac{1}{2}$，切片が3だから，式は，$y = -\dfrac{1}{2}x + 3$　② OP ⊥ ABのとき，OPの長さが最も短い。③ △OAB ∽ △HPOより，HP：HO ＝ OA：OB ＝ 2：1 だから，OPの傾きは2。よって，直線OPの式は，$y = 2x$　④ $y = 2x$ を $y = -\dfrac{1}{2}x + 3$ に代入して，$2x = -\dfrac{1}{2}x + 3$ より，$\dfrac{5}{2}x = 3$　よっ

て，$x = \frac{6}{5}$　$y = 2 \times \frac{6}{5} = \frac{12}{5}$　したがって，$\mathrm{P}\left(\frac{6}{5},\ \frac{12}{5}\right)$

【答】 ⑴ ① イ　② イ　⑵ ① $-\frac{1}{2}x + 3$　② 90　③ $2x$　④ $\left(\frac{6}{5},\ \frac{12}{5}\right)$

4 **【解き方】** ⑴ データの散らばりの度合いは，箱ひげ図がわかりやすい。グラフの長方形（箱）の部分に，約半分のデータが集まる。

⑵ ① 第1四分位数は，長方形の一番下の辺が示している。② A市とB市の箱ひげ図は，どちらも最小値が31℃～32℃の間，第1四分位数が32℃～33℃の間なので，32℃以下のデータの個数を比較することはできない。

【答】 ⑴ エ　⑵ ① ア　② ウ

⑶ A市とB市の35°C以上の日数の割合は，A市は，A市全体の25％以下であるのに対して，B市は，B市全体の50％以上であり，B市の方がA市より35°C以上の日数の割合が大きいから。

5 **【解き方】** ⑴ ① $\triangle\mathrm{AHB} \equiv \triangle\mathrm{BHC} \equiv \triangle\mathrm{CHA}$ だから，$\angle\mathrm{AHB} = 360° \div 3 = 120°$　② △ABCの高さは，$2 \times \frac{\sqrt{3}}{2} = \sqrt{3}$ (cm)　よって，$\triangle\mathrm{ABC} = \frac{1}{2} \times 2 \times \sqrt{3} = \sqrt{3}$ (cm^2)　③ HからABに垂線HIを引くと，△AHIは30°，60°の直角三角形となり，$\mathrm{AI} = \frac{1}{2}\mathrm{AB} = 1$ (cm)だから，$\mathrm{AH} = \frac{2}{\sqrt{3}}\mathrm{AI} = \frac{2\sqrt{3}}{3}$ (cm)

⑵ ① 正四面体PRUWのまわりは，三角錐QPRUと合同な三角錐が4個ある。② △PQRは直角二等辺三角形だから，$\mathrm{PR} = \sqrt{2}\,\mathrm{PQ} = \sqrt{2}\,a$ (cm)

⑶ ⑵より，$\sqrt{2}\,a = 2$ だから，$a = \sqrt{2}$　立方体の体積は，$(\sqrt{2})^3 = 2\sqrt{2}$ (cm^3)　三角錐1個の体積は，$\frac{1}{3} \times \left(\frac{1}{2} \times \sqrt{2} \times \sqrt{2}\right) \times \sqrt{2} = \frac{\sqrt{2}}{3}$ (cm^3)　よって，求める体積は，$2\sqrt{2} - \frac{\sqrt{2}}{3} \times 4 = \frac{2\sqrt{2}}{3}$ (cm^3)

【答】 ⑴ ① 120°　② $\sqrt{3}$ (cm^2)　③ $\frac{2\sqrt{3}}{3}$ (cm)　⑵ ① 4　② $\sqrt{2}\,a$ (cm)　⑶ $\frac{2\sqrt{2}}{3}$ (cm^3)

英　語

1 【解き方】問題A. (1) 明日，午前は晴れていて，午後は雨が降る。(2) カップが好きで，それには星がついている。(3) サッカーが一番人気があり，野球は卓球と同じくらい人気がある。

問題B. (1) ブラウンさんが「次の水曜日までにそれを終えてください」と言っているので，エミリーは今日仕事を終わらせる必要はない。(2) ハナはマイクに「これらの箱を私の部屋へ持っていってもらえませんか？」と頼んでいる。

問題C. (1)「午前8時に幼稚園へ来てください」「あなたはあなた自身の昼食を持ってくる必要があります」と述べられている。(2)「ミカ，あなたは子どもたちに折り鶴の折り方を教えます」と述べられている。(3) 動物園に何度行ったことがあるのかを尋ねられている。解答例は「私は一度そこへ行ったことがあります」。

【答】問題A. (1) ウ　(2) ア　(3) イ　問題B. (1) イ　(2) エ

問題C. (1) ウ　(2) エ　(3) (例) have been there once

◀全訳▶　問題A.

(1) 明日，午前は晴れて，午後は雨になるでしょう。

(2) 私はこのカップが好きです。それには星がついています。

(3) 私のクラスでは，サッカーが最も人気があり，野球は卓球と同じくらい人気があります。

問題B.

(1)

A：ブラウンさん，私は今日この仕事を終えなければなりませんか？

B：いいえ，その必要はありませんよ，エミリー。次の水曜日までにそれを終えてください。

質問：エミリーは今日彼女の仕事を終えなければなりませんか？

(2)

A：マイク，これらの箱を私の部屋へ持っていってもらえませんか？

B：いいですよ，ハナ，でも少し待ってください。私は今皿を洗っています。

質問：ハナはマイクに何をしてほしいと思っていますか？

問題C. ミカ，私はあなたに明日あなたが何をするのかを話します。午前8時に幼稚園へ来てください。あなたはあなた自身の昼食を持ってくる必要があります。私たちはあなたにボトルに入った水を提供します。子どもたちは午前に日本の文化を体験することを楽しみにしています。ミカ，あなたは子どもたちに折り鶴の折り方を教えます。日本の人々が病気の人のために千羽鶴を折ることを私は知っています。昼食後，私たちは動物園を訪れます。日本のあなたの街には有名な動物園がありますよね？　私はあなたが以前にその動物園を訪れたことがあると聞きました。あなたは何度そこへ行ったことがありますか？

2 【解き方】(1) (あ) カズキは虫歯があると思うと言っている。「あなたは『歯医者』へ行くべきです」。「歯医者」= dentist。(い) サナは「私たちは駅で会う予定です」と答えている。「あなたは試合のために私たちが『どこで』会うのかを知っていますか？」。

(2) (う) 入場券の日時を見る。「3月20日」となっている。「3月」= March。(え)「ホールに『入る』ためにこの券を使ってください」。「〜に入る」= enter。

(3) (お)「私は美術部の一員です」。「〜の一員」= a member of 〜。(か)「そうですね，あなたは歩いてそこへ行くことができます」。「徒歩で」= on foot。

(4) ① (き) five years ago (5年前) があるので過去の文。write は不規則動詞。(く)「努力すること」= to try，または trying。②「私は彼にそれを読んであげたいと思います」。「AにBを読む」= read B to A。③「私はそれを図書館から借りることができますか？」などの文になる。「借りる」= borrow。

【答】(1) (あ) エ　(い) ウ　(2) (う) March　(え) enter　(3) (お) member　(か) foot

(4) ① (き) wrote (く) to try ② read it to him ③ (例) borrow it from the library

◀全訳▶ (4)

サナ ：この本を見てください。ジョシュ・ウッドは私の大好きな作家です。彼は5年前にこの本を書きました。それは「ブルーキャッスル」への冒険に行く男の子についてのものです。その本は私に大切なことを教えてくれました。時には，一生懸命に努力することは難しいかもしれません。しかしながら，私は続けるべきなのです。

カズキ：ありがとう，サナ。私の弟がその本を気に入ると私は思うので，彼にその本を読んであげたいと思います。私は質問があります。それを図書館で借りることができますか？

3 【解き方】問題A. (1)「稲を植えた」「農家の人と話した」「水田で虫を見た」は本文中に述べられている。「おにぎりを食べた」は述べられていない。(2) 農家の人は自然環境のおかげで良い米を育てている。ウの「自然から助けを得る」が適切。

問題B. (1) キャシーが他の学校に移ることについて，ジョーが「僕は彼女がいなくなると寂しくなる」と言い，アミは「実を言うと，私はもう『悲しい』です」と同意した。(2) アミはキャシーにあげるものとして「扇子はどうですか？」と提案した。また，ジョーの意見を聞くために「ジョー，あなたはどうですか？」と尋ねた。「～はどうですか？」= How about ～?。(3) ① ジョーは「携帯扇風機」が良いと考えている。② ジョーは日本で「人気がある」ものをあげるべきだと考えている。③ アミは「伝統的な」ものが良いと考えている。④ ジョーは「扇子」が日よけのために使うことができることを知った。

【答】問題A. (1) エ (2) ウ 問題B. (1) ア (2) how about (3) エ

◀全訳▶ 問題A.

昨日，私は水田に稲を植えました。それは最初難しかったですが，米の農家の方が私を手伝ってくれました。働いたあと，私は水田で虫を見ました。私はそれらの虫が稲に良くないと思ったので，農家の方にそれらのことを話しました。彼女は「稲を傷つける虫もいるけれど，それらの虫を食べる虫もいるの。水田の中と周りの生き物は全てつながっていて大切なの」と言いました。そのような自然環境のおかげで，彼女は良い米を育てています。将来，私は自然から助けを得る農家の方である彼女のようになりたいです。

問題B.

アミ ：キャシーが来月日本の他の学校へ移ることになっているの。

ジョー：本当に？ 僕は彼女がいなくなると寂しいよ。

アミ ：私もよ。実を言うと，私はもう悲しいの。私は彼女のために何かしてあげたいわ。

ジョー：それは良い考えだね。日本の夏は本当に暑いと彼女はよく言っている。夏に役立つものを彼女にあげよう。

アミ ：じゃあ，扇子はどうかな？ それは日本の伝統的な品物よ。人々は日よけのためにそれを使うことができるのよ。

ジョー：へえ，僕たちがそれをそのようにして使うことができると僕は知らなかったよ。

アミ ：だから，私は扇子が良いと思う。ジョー，あなたはどう？

ジョー：そうだな，僕には違うアイデアがある。携帯扇風機は良いし，人気があるよ。日本でたくさんの若者が携帯扇風機を使っている。

アミ ：どちらの品物が良いかしら？ 決めるのが難しいわね。

ジョー：僕たちは明日彼女に会うよね？ そのときに彼女に尋ねよう。

アミ ：いいわね。

4 【解き方】(1) この掲示物では，フェスティバルの手伝いをするボランティアを募集している。ウの「ボランティアが必要です」が適切。

(2)「生徒の声」を見る。アキナが「もしあなたが将来教えたいのなら，このフェスティバルは良い機会です」と述べている。また，フミの夢は教師になることである。

(3) ロイはケーキや他の甘い食べ物を作るのが好きだと述べている。クッキーを焼くイベントである「イージークッキーズ」が適切。

(4) ア．キッズフェスティバルは毎月ではなく，毎年８月に開催される。イ．子どもたちは４つのイベントのうちの１つを選んで参加する。ウ．「生徒の声」を見る。ワンダフルカラーズのイベントについて述べているのは，マサミではなくディエゴである。エ．「7月10日に，フミとロイは学生センターへ行くつもりである」。会話より，二人は７月10日の会議に参加するつもりであり，会議は学生センターで行われる。最も適当である。

【答】(1) ウ　(2) イ　(3) ウ　(4) エ

◀全訳▶

第15回キタ高校キッズフェスティバル

私たちはフェスティバルのためのボランティアが必要です！

7月2日

キタ高校生徒会

親愛なるキタ高校の生徒のみなさん，

私たちの学校は毎年８月にキッズフェスティバルを開催しています。今年は８月２日に子どもたちが私たちの学校へ来ます。私たちは第15回キッズフェスティバルを私たちが開催するのを手伝うことができる生徒のボランティアを探しています。子どもたちは４つのイベントのうちの１つを選んで参加し，あなたたちは彼らがその活動を行うのを助けます。

8月2日の第15回キッズフェスティバルでのイベント		
イベント	題名	活動
1	ワンダフルカラーズ	・インクの色を見つけよう。
2	ファンタスティックミュージック	・自分の楽器を作ろう。
3	イージークッキーズ	・クッキーを焼こう。
4	エキサイティングラグビー	・特別なラグビーをしよう。

＊私たちは第14回キッズフェスティバルで同じ４つの活動を行いました。

あなたたちの仕事についてもっと説明するために，私たちは会議を開く予定です。7月10日，午後４時30分にその会議のために学生センターへ来てください。

第14回キッズフェスティバルで私たちを助けてくれた生徒の声

・「ワンダフルカラーズ」のイベントは本当におもしろかったです。高校生でさえ色について学ぶことができます。—ディエゴ

・もしあなたが将来教えたいのなら，このフェスティバルは良い機会です。あなたは子どもたちから多くを学ぶことができます。—アキナ

・子どもたちと私は，私たちが作った楽器で音楽を演奏しました。それらはとても創造的でした。—マサミ

フミ：私は子どもたちがフェスティバルを楽しむのを手伝いたいわ。私の夢は教師になることなの。掲示物で，このフェスティバルは私のような生徒にとって良いとアキナが言っている。

ロイ：いいね。僕はこのイベントに参加したいよ。僕はケーキや他の甘い食べ物を作るのが好きで，子どもた

ちにそれらを作ることを楽しんでもらいたいよ。

フミ：私はもっと情報を得るためにその会議に参加するつもりよ。あなたは会議に参加するの，ロイ？

ロイ：もちろん，僕は参加するよ。一緒に行こう。

5 【解き方】(1) 直後の文を見る。自動販売機が無料でくれるものは「短い物語」である。

(2) 第2段落で自動販売機について説明されている。「印刷される字の大きさ」については述べられていない。

(3) 自動販売機で短い物語を得ることがわくわくする理由。第3段落の中ごろを見る。「あなたはあなたが得る短い物語を選ぶことができない。自動販売機があなたのために1つを選ぶ」と述べられている。ウの「人々はどんな短い物語が出てくるのかわからない」が適切。

(4) 下線部は直前の文の to make people happy with the new vending machine を指している。make A B =「A を B にする」。with =「～で」。

(5) A such as B =「B のような A」。such as のあとにフランス語，英語，スペイン語があるので，空欄には「言語」が入る。複数形になることに注意。

(6) ア．第2段落の7文目を見る。「あなたはその細長い一片を持ち去ることができる」と述べられている。イ．アンと四人の人たちが新しいおやつの自動販売機を発明したとは述べられていない。ウ．「四人の人たちは彼らの会話から新しいアイデアのひらめきを得た」。第4段落の中ごろを見る。四人が話をしていたときに，短い物語の自動販売機のアイデアを思いついた。内容と合っている。エ．最終段落の1文目を見る。短い物語の自動販売機は世界の多くの地域で使われている。オ．「もし人々が願いを持てば，彼らはアイデアを実現するために一生懸命努力することができる」。最終段落の後半を見る。「願いはアイデアを実現するために，私たちが一生懸命働く手助けをすることができる」と述べられている。内容と合っている。

【答】(1) a short story　(2) エ　(3) ウ　(4) 人々を幸せにする（同意可）　(5) languages　(6) ウ・オ

◀全訳▶　自動販売機はふつう飲むためのものあるいは食べるためのものを売ります。あなたは読むためのものを無料でくれる自動販売機があることを知っていますか？　あなたはその機械から短い物語を得ることができます。ここに短い物語を提供する自動販売機についての話があります。

その自動販売機で短い物語を手に入れるのは簡単です。ボタンを押してください，そうすればレシートのような細長い一片の紙が出てきます。ここにその自動販売機のところにいる私の写真があります。1つの短い物語が細長い一片の紙に印刷されています。もしボタンをもう一度押すと，あなたはまた別の一片の紙を得ます。もし欲しいのなら，あなたは2枚もしくはそれ以上を得ることができます。あなたはその細長い一片を持ち去ることができます。全ての短い物語は無料です。その機械には3つのボタンがあり，それぞれのボタンには，1，3あるいは5という数字があります。その数字はその短い物語を読むのに何分必要であるかをあなたに教えています。例えば，もしあなたが3のボタンを押せば，あなたは約3分で読むことができる物語を受け取ります。

その自動販売機で短い物語を得ることは，宝箱を開けるようなものです。あなたは宝箱に何が入っているかを知らないので，それを開けるのに興奮するでしょう。このことはこの特殊な自動販売機にも当てはまります。あなたはあなたが得る短い物語を選ぶことができません。自動販売機があなたのために1つを選びます。また，その機械にはとてもたくさんの物語があるので，同じ短い物語をもう一度得ることはほぼ不可能です。このようにして，その機械はあなたにわくわくするような読書の時間を与えることができます。

その短い物語の自動販売機はフランスのある会社によって発明されました。ある日，その会社の四人の人たちがおやつを買うために自動販売機のところへ行きました。その機械のそばで彼らが話していたとき，彼らの一人が「もし自動販売機が私に物語を与えてくれたら，とても嬉しいのになあ」と言いました。そのことが彼らにひらめきを与え，彼らは無料の短い物語を提供する機械を作るというアイデアを思いつきました。このアイデアを得たとき，彼らにはまた願いがありました。それはその新しい自動販売機で人々を幸せにすることでした。その機械は夢のように思えましたが，彼らの願いは強く，彼らはあきらめませんでした。

今日，短い物語の自動販売機は世界の多くの地域で使用されています。あなたはフランス語，英語，そしてスペイン語のようないくつかの異なる言語で物語を読むことができます。なぜその機械は世界中で人気があるのでしょうか？　その機械によって提供される短い物語を読むことはそのように特殊な体験なので，人々はそれを楽しむのです。その四人は成功したと私は思います。彼らのアイデアは実現しました。彼らから，もし私たちが何か新しいものを生み出したいのなら，ひらめきと願いを持つことが大切であることを私は学びました。ひらめきは私たちの周りにあるどんなものからでも生まれ，私たちに新しいアイデアを与えてくれます。願いはそのアイデアを実現するために，私たちが一生懸命働く手助けをすることができます。その四人のように，ひらめきを得て努力してください。

国　語

1 **【解き方】**(2)「ず」「ぬ」と言いかえることのできる打ち消しの助動詞「ない」を選ぶ。アとエは形容詞「ない」, ウは形容詞「あどけない」の一部。

(5) ① 自分が相手からお話を「聞いた」ので, 自分の動作に謙譲語を用いて「うかがった」となる。②「には身につかない技術や姿勢」と続くので, ほんの短い間という意味を表すものを選ぶ。③「すがすがしい若葉の季節となりました」という挨拶が用いられているので, 若葉の美しい初夏の季節を選ぶ。④ 手紙文の終わりに, 相手の健康などを気づかう言葉が述べられていないので, 補うとよい。「敬具」に対する頭語として「拝啓」を適切に用いており, 訪問のお礼や, 話を聞いて理解できたことなどは述べられている。

【答】(1) ① こんたん　② おお(った)　③ 延期　④ 耕(す)　(2) イ　(3) ア　(4) ① ウ　② エ
(5) ① うかがう　② ア　③ イ　④ エ

2 **【解き方】**(1)「吹きくる風は　花の香ぞする」とあるので, 桜の花は遠くにあるが, 風が香りを運んできてくれるという内容になっている。

(2)「づ」は「ず」にする。

(3)「花見で誰もが山辺に行ってしまい」という説明に注目。花見で山に行く人が多いために, 都は人が少なくなり寂しくなったという和歌であり, 当時は「山まで尋ねて行って桜を間近に見よう」とする花見が広く行われていたことがこの和歌から推測できる。

(4) ① Ⅰの和歌について話しているので,「古今集」が詠まれた時代の桜の楽しみ方について述べている部分に着目する。「『古今集』の時代は, まだ平安京の狭い中にとどまって」すぐそばにある近くの桜を見ていたと述べている。② 解説文で取り上げられた二首は, 桜を見に行く人の様子に焦点を当てている。そして, 裕太さんの取り上げたⅡの和歌も, 桜そのものを詠むのではなく, 自分のことを分けへだてして「花見に誘わなかった君の心」について歌を詠んでいる。

【答】(1) 風　(2) あけばまず　(3) 桜を尋ねて山に行く (同意可)　(4) ① 目前の桜　② イ

3 **【解き方】**(1) 上級生たちと一緒に遊ぼうとする航大に対し, 前日に彼らと「口論」をしたケンゴは「あいつらとじゃあ, 楽しめないよ」と言っている。「やってみないとわからないだろ」と航大は言ったが, ケンゴは「わかるよ」と返しているので, 彼らと遊んでも楽しめないと文句を言っている。

(2) 思い出した記憶の内容が,「小学生のころ, 同級生たちと…」以降に書かれている。上級生たちと遊ぶ戸惑いよりも嬉しい気持ちが勝ち,「上級生相手に勝ってやろうという挑戦心がふつふつと湧いてきた」ことや「一緒に遊んでいるうちに仲良くなっていった」ことなどを思い出している。

(3)「口元を綻ばせる」は, 笑顔になる様子を表している。「想像してみろよ…シュートを決めてやるんだ。痛快だろ？」と言われたので, 上級生たちが悔しがる様子を思い描いて気分がよくなっている。同じように, 航大が小学生のころ,「上級生相手」に対抗する気持ちを抱いていたことに着目する。

(4) X.「期待する自分は考えが甘いと思っていた」と続くので, 航大がケンゴやその上級生たちに期待していることを探す。一緒にサッカーのミニゲームをすることで「小学生のころの自分たちのように…仲良くなってくれればいいな」と願い,「一緒になってひとつのボールを蹴り合うんだ…楽しい記憶で上書きされてしまうに違いない」と青写真を描き, そんな自分に対して「能天気すぎるだろ」と呆れもしている。Y.「誰もが, 逸る気持ちを抑えられていない…試合の開始を今か今かと待っている」とあり, その様子を見て「俺たちは単純だ」と感じている。航大自身もボールを用意しながら,「子供のころのように心が弾んでいることに, 航大は気付いた。早く試合がしたい」と同じように気持ちが逸っている様子が描かれている。

(5)「不敵な笑み」とは, どんな相手も恐れていないような表情を意味するので, 高校生である航大に対し, 坊主頭の少年が臆していない様子を表している。「ハンデはいらない」「そうじゃないと, つまらないじゃん」という少年の言葉からも, 彼の強気な態度がうかがえる。

【答】⑴ エ　⑵ イ　⑶ 勝ってやろうという挑戦心

⑷ X. 一緒にボールを蹴り合うことで仲良くなる（19字）（同意可）　Y. 心が弾んでいる　⑸ ウ

4 【解き方】⑴ X.「そのような意見」について，「このような考え方は，『他者に依存することはよくないこと…』という価値観を前提にしています」という説明が続いている。Y.「ことができる自律性」と続いているので，自律性について「自分を自分で律することができる」と述べていることをおさえる。

⑵ ⓑ「疑問の余地」がある考えの例として，「自律的であるためには他律的であってはならず，また他律的であるならば決して自律的ではない」というものを挙げて，「現実を反映したものではありません」と否定している。ⓒ 子どもが歌うのを聞いて，大人から「うれしそうに微笑んだ」という反応があったことを理由に，その子は「自分には歌をうたうことができるんだ…他の人を喜ばせることもできるんだ」と気がつくという結果が続いている。

⑶「その他律性は，子どもの人生から自律性を奪い去ることを決して意味しません。むしろ反対に」に続いている内容なので，他律性は自律性を奪うどころか，反対に自律性のためによいものだということになる。後にも「つまり，自律性と他律性はつながっています」「自分のアイデンティティを確立するために…他者の力を借りなければならない」とあるので，自律性は他律性によって形成されるという内容のものを選ぶ。

⑷ 自分の個性について，友達に教えてもらって「はじめて自分の個性に気づかされること」があると述べ，逆に筆者自身も教える側になって「あまりにもあたりまえな」長所を伝える際，友達はたいてい「うっすらとした驚き」に包まれるとある。

⑸ 承認欲求とは「アイデンティティを形成したいと願う気持ち」だとしているので，アイデンティティについて述べた部分を探す。「アイデンティティとは，言い換えれば…『自分にはどんな可能性があるのか』ということについての自分なりの理解」だと述べた上で子どもを例に出し，大人から「さまざまな可能性を提示され…試していくことによって，自分を少しずつ知っていく」と筆者は説明している。

⑹ 自分の個性や可能性に「他者」との関わりの中で気づき，他者の影響を受けながら「自分は何者なのか」という意識を確立していくことが「アイデンティティの形成」だと筆者は考えている。よって，他者との関わりによって，「自分」について考えるようになった例を選ぶ。

【答】⑴ X. 依存　Y. 自分で律する　⑵ ウ　⑶ ア　⑷ あたりまえ

⑸ 自分ひとりの力では気づけない自らの可能性（20字）（同意可）　⑹ エ

岡山県公立高等学校
(特別入学者選抜)

2023年度
入学試験問題

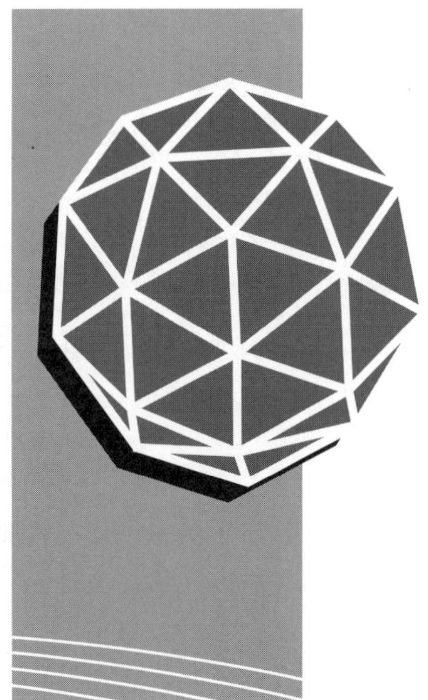

数学

時間　45分　　　　満点　70点

(注)　1　答えに$\sqrt{}$が含まれるときは，$\sqrt{}$をつけたままで答えなさい。また，$\sqrt{}$の中の数は，できるだけ小さい自然数にしなさい。

2　円周率はπを用いなさい。

1　次の(1)～(4)の計算をしなさい。(5)，(6)は指示に従って答えなさい。

(1)　$9-(-2)$　(　　　)

(2)　$\left(-\dfrac{5}{3}\right)\times\dfrac{9}{10}$　(　　　)

(3)　$6ab^3\times 2a\div 3ab^2$　(　　　)

(4)　$\sqrt{54}-\sqrt{6}$　(　　　)

(5)　x^2-49を因数分解しなさい。(　　　)

(6)　方程式$x^2-3x+1=0$を解きなさい。(　　　)

2　次の(1)～(5)に答えなさい。

(1)　次の文の［　　］に当てはまる式として最も適当なのは，ア～エのうちではどれですか。一つ答えなさい。ただし，消費税は考えないものとします。(　　　)

定価がa円の品物を1割引きで買ったときの代金は，［　　］円である。

ア　$\dfrac{1}{10}a$　　イ　$\dfrac{1}{100}a$　　ウ　$\dfrac{9}{10}a$　　エ　$\dfrac{9}{100}a$

(2)　右の図は，立方体の展開図です。これを組み立ててできる立方体において，面Xと平行になる面は，ア～オのうちではどれですか。一つ答えなさい。

(　　　)

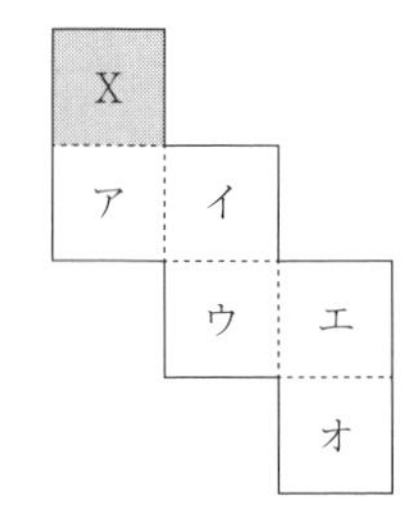

(3)　次のア～エは関数を表しています。$x>0$の範囲において，xの値が増加するとき，yの値が増加するのは，ア～エのうちではどれですか。当てはまるものをすべて答えなさい。(　　　)

ア　$y=2x^2$　　イ　$y=-2x^2$　　ウ　$y=\dfrac{2}{x}$　　エ　$y=-\dfrac{2}{x}$

(4)　大小2つのさいころを同時に投げるとき，出た目の数の積が20以上となる確率を求めなさい。ただし，さいころの1から6までの目の出方は，同様に確からしいものとします。(　　　)

(5)　図のような，$\angle ABC = 140°$ のひし形 ABCD があります。次の【条件】を満たす点 P を，定規とコンパスを使って作図しなさい。作図に使った線は残しておきなさい。

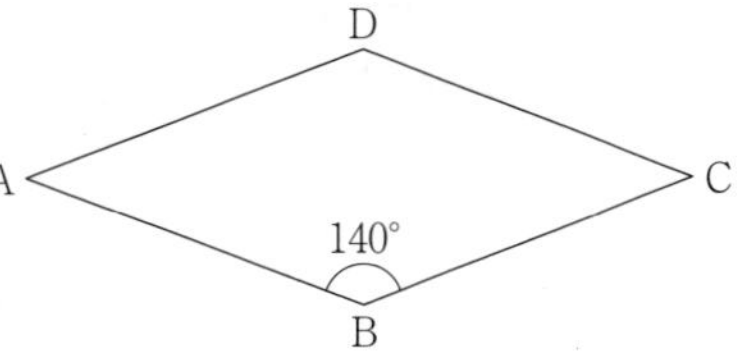

【条件】

点 P は辺 CD 上にあり，$\angle PBC = 35°$ である。

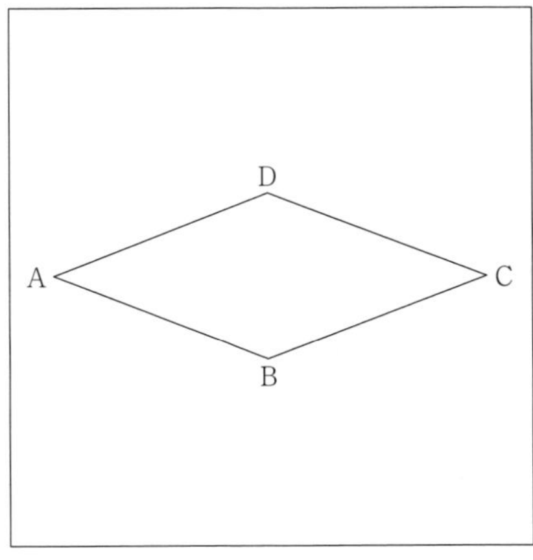

③　問題Ⅰ，問題Ⅱに答えなさい。

問題Ⅰ　次の表は，ある一次関数について，x の値とそれに対応する y の値を表しています。(1)，(2)に答えなさい。

x	…	1	3	5	7	…
y	…	-2	□	6	10	…

(1)　□に適当な数を書きなさい。(　　　)

(2)　この一次関数のグラフとして最も適当なのは，ア～エのうちではどれですか。一つ答えなさい。ただし，原点をOとします。(　　　)

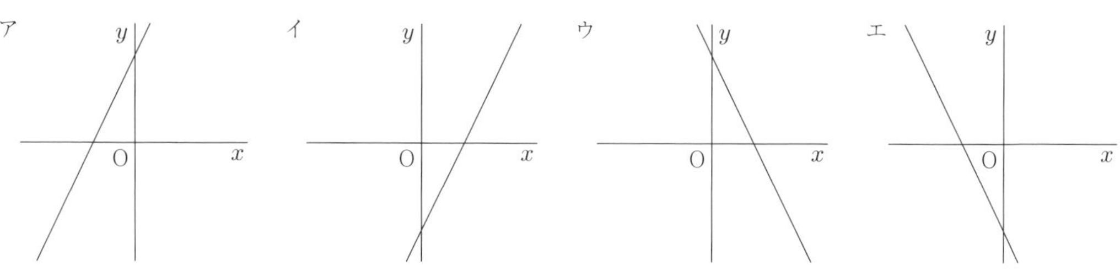

問題Ⅱ　図のように，一次関数 $y = -2x + 1$ のグラフを直線 ℓ とし，点A $(-1,\ 0)$ を通り，y 軸に平行な直線を m とします。また，直線 ℓ と直線 m との交点をBとし，原点をOとします。(1)～(3)に答えなさい。

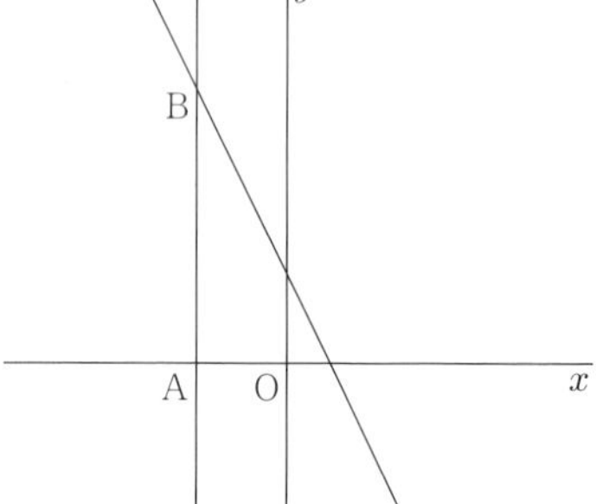

(1)　直線 m の式として最も適当なのは，ア～エのうちではどれですか。一つ答えなさい。(　　　)

ア　$y = 1$　　イ　$y = -1$　　ウ　$x = 1$　　エ　$x = -1$

(2)　点Bの座標を求めなさい。(　　　)

(3)　直線 ℓ と x 軸との交点をCとします。△ABCを直線 m を軸として1回転させてできる立体について，①，②に答えなさい。

①　この立体の見取図として最も適当なのは，ア～エのうちではどれですか。一つ答えなさい。(　　　)

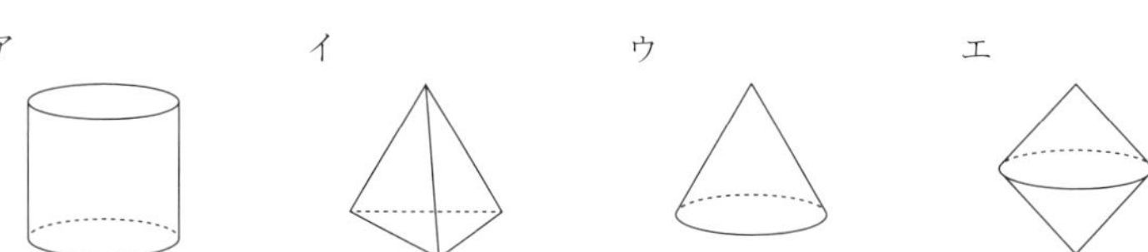

②　この立体の体積を求めなさい。ただし，原点Oから点 $(1,\ 0)$ までの距離，原点Oから点 $(0,\ 1)$ までの距離をそれぞれ1cmとします。(　　　cm^3)

4　ある県で，水泳の県大会に向けた地区予選会が行われました。A 地区の予選会で 50m 自由形に出場した桃子さんは，出場した 20 人の 50m 自由形の記録をノートにまとめました。(1)，(2)に答えなさい。

〈桃子さんのノート〉

・自分の記録は 33.8 秒だった。

・20 人の記録を階級の幅の異なるヒストグラム（図 1，図 2）に表した。

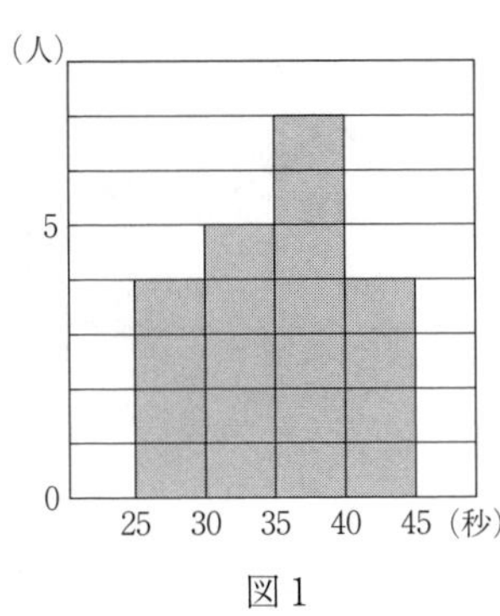

図 1

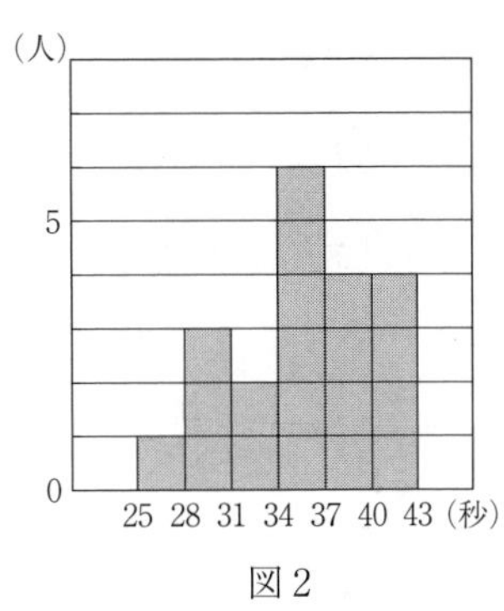

図 2

・図 1 では，自分の記録が入っている階級の度数は［(あ)］人だった。

・図 2 では，階級の幅を［(い)］秒にした。

・階級の幅を変えると，読み取れる傾向が異なると思った。

※例えば，図 1 の 25～30 の区間は，25 秒以上 30 秒未満の階級を表す。

(1)　［(あ)］，［(い)］に適する数を書きなさい。(あ)(　　　)　(い)(　　　)

(2)　桃子さんは，B 地区の予選会で 50m 自由形に出場した 60 人の記録も調べ，右のような度数分布表に整理しました。①，②に答えなさい。

記録(秒)	A 地区 度数(人)	B 地区 度数(人)
以上　未満		
25 ～ 28	1	1
28 ～ 31	3	9
31 ～ 34	2	5
34 ～ 37	6	19
37 ～ 40	4	16
40 ～ 43	4	10
合計	20	60

①　桃子さんは，A 地区と B 地区を比較し，次のように考えました。度数分布表から読み取れることとして必ず正しいといえるのは，ア～エのうちではどれですか。一つ答えなさい。(　　　)

ア　記録の範囲は，A 地区よりも B 地区の方が大きい。

イ　記録の最頻値は，A 地区よりも B 地区の方が大きい。

ウ　記録の最小値は，A 地区も B 地区も同じ値である。

エ　記録の中央値は，A 地区も B 地区も同じ階級に入っている。

②　予選会の記録が 34 秒未満の人が全員，県大会へ出場できることになりました。桃子さんは，A 地区と B 地区のうち，県大会へ出場できる人数の割合が大きいのは A 地区であると判断しました。桃子さんがこのように判断した理由を，累積相対度数の値を用いて説明しなさい。

(　　　　　　　　　　　　　　　　　　　　　　　　　　　　　)

5　太郎さんと花子さんは，〈ルール〉に従って□を黒く塗りつぶすことで，どんな模様ができるかを考えています。(1)～(3)に答えなさい。

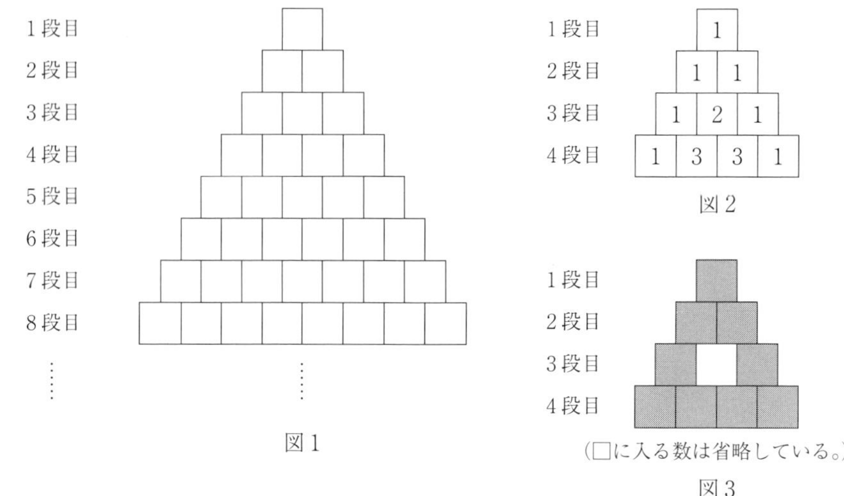

図1　図2　図3

〈ルール〉

- 図1のように，上から順に1段目に1個，2段目に2個，3段目に3個，……と，同じ大きさの□を規則正しく並べる。
- 図2のように，□には自然数が入る。まず，1段目と2段目の□に1が入る。3段目以降は両端の□に1が入り，両端以外の□は，その□と接している上段の2つの□に入る数の和が入る。
- 図3のように，□に入る数が奇数の場合，その□を黒く塗りつぶして模様をつくる。

花子：4段目まで数を入れたから，次は5段目に数を入れると，左から1，4，6，4，1となるよ。

太郎：次は6段目だね。両端は黒く塗りつぶすことがすぐにわかるけれど，それ以外は□に数を入れないとわからないのかな。ちょっと大変そう。

花子：黒く塗りつぶす□は，その□に入る数が奇数だとわかればよいのだから，もっと効率的に見つけられないかな。

太郎：そういえば，［①］と偶数の和は偶数になって，奇数と奇数の和も偶数になるよね。ここでは，和が奇数になるときを考えればいいね。

花子：なるほど。そうすると，両端以外で黒く塗りつぶす□は，その□と接している上段の2つの□に入る数が［②］の場合だね。

太郎：この性質を使えば，効率的に黒く塗りつぶすところがわかるね。

(1)　［①］，［②］に当てはまることばの組み合わせとして最も適当なのは，ア～エのうちではどれですか。一つ答えなさい。(　　　)

ア　①　偶数　　②　一方が奇数でもう一方が偶数　　イ　①　偶数　　②　両方とも奇数

ウ　①　奇数　　②　一方が奇数でもう一方が偶数　　エ　①　奇数　　②　両方とも奇数

(2)　下線部について，太郎さんは，文字を使って次のように説明しました。［　　］に説明の続きを書き，説明を完成させなさい。

〈太郎さんの説明〉

> m，n を整数とすると，奇数は $2m+1$，$2n+1$ と表される。
> このとき，奇数と奇数の和は，
>
> | |
> |---|
> | |
>
> したがって，奇数と奇数の和は偶数になる。

(3) 〈ルール〉に従って，1段目から16段目までの□を黒く塗りつぶしたときの模様として最も適当なのは，ア～エのうちではどれですか。一つ答えなさい。(　　　)

ア

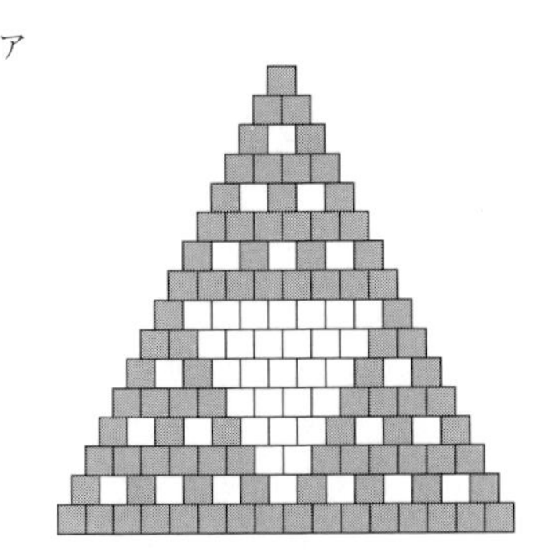

イ

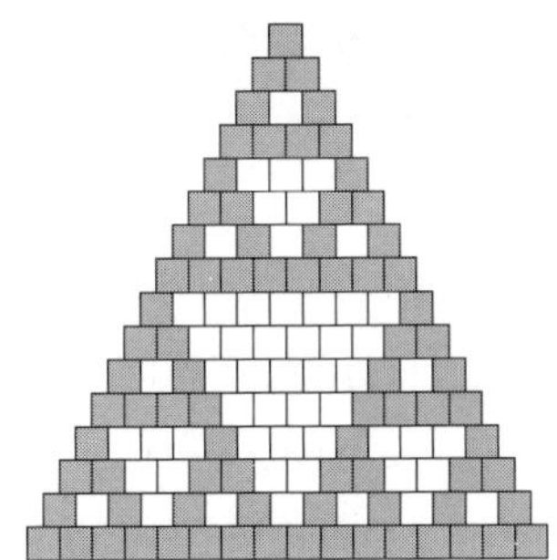

ウ

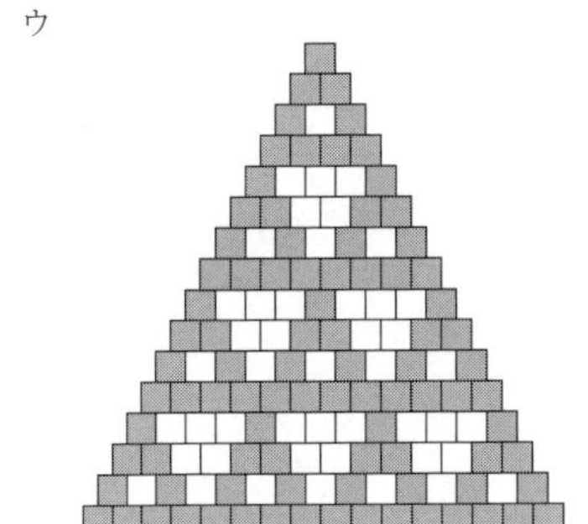

エ

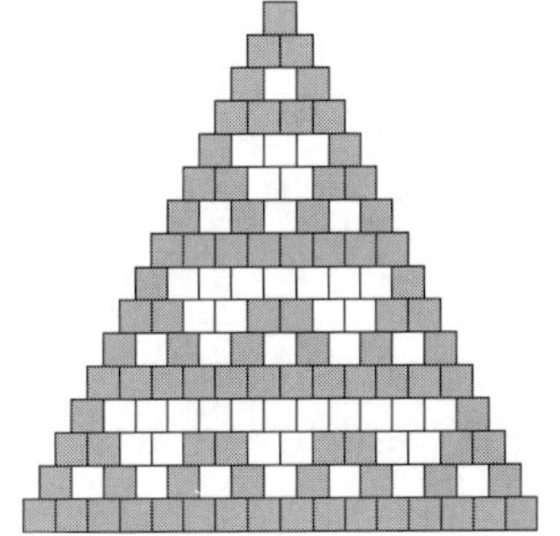

6　図のように，線分ADを直径とする円Oがあります。2点B，Cは円Oの周上の点で，△ABCは鋭角三角形です。頂点Aから辺BCにひいた垂線と辺BCとの交点をHとし，点Cと点Dを結びます。(1)，(2)に答えなさい。

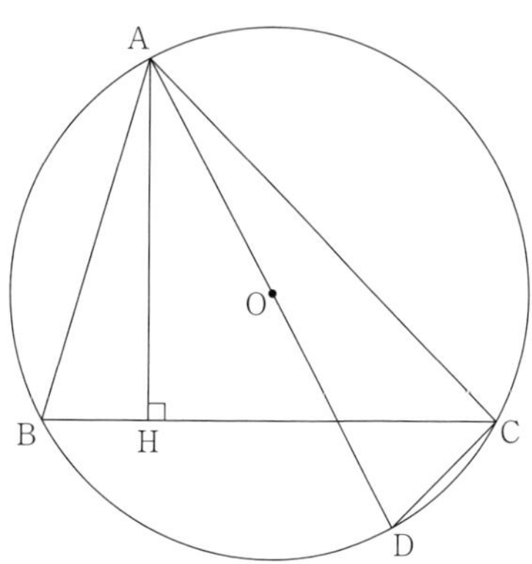

(1)　△ABH∽△ADCであることは，次のように証明することができます。(あ)，(い)に当てはまるものとして最も適当なのは，ア～カのうちではどれですか。それぞれ一つ答えなさい。(あ)(　　　)　(い)(　　　)

〈証明〉

> △ABHと△ADCにおいて，
> 仮定から，
> 　∠AHB = 90°……①
> 半円の弧に対する円周角は直角だから，
> 　(あ) = 90°……②
> ①，②から，
> 　∠AHB = (あ)……③
> また，(い)に対する円周角は等しいから，
> 　∠ABH = ∠ADC……④
> ③，④から，2組の角がそれぞれ等しいので，
> 　△ABH∽△ADC

ア　∠ABH　　イ　∠ACD　　ウ　∠ADC　　エ　$\overset{\frown}{AB}$　　オ　$\overset{\frown}{BD}$　　カ　$\overset{\frown}{AC}$

(2)　BC = 8 cm，AH = CH = 6 cmのとき，①～④に答えなさい。

①　∠ACHの大きさを求めなさい。(　　　)

②　線分ABの長さを求めなさい。(　　　cm)

③　円Oの半径を求めなさい。(　　　cm)

④　線分ADと線分BCとの交点をEとします。また，点Bと点Dを結びます。このとき，四角形ABDCと△CEDの面積の比を最も簡単な整数の比で表しなさい。(　　　)

英語

時間 45分　　満点 70点

(編集部注) 放送問題の放送原稿は英語の末尾に掲載しています。
音声の再生についてはもくじをご覧ください。

(注) 1 英語で書くところは，活字体，筆記体のどちらで書いてもかまいません。
2 語数が指定されている設問では，「,」や「.」などの符号は語数に含めません。また，「don't」などの短縮形は，1語とします。

1 この問題は聞き取り検査です。問題A～問題Cに答えなさい。すべての問題で英語は2回ずつ読まれます。途中でメモをとってもかまいません。

問題A (1)～(3)のそれぞれの英文で説明されている内容として最も適当なのは，ア～エのうちではどれですか。一つ答えなさい。(1)(　　) (2)(　　) (3)(　　)

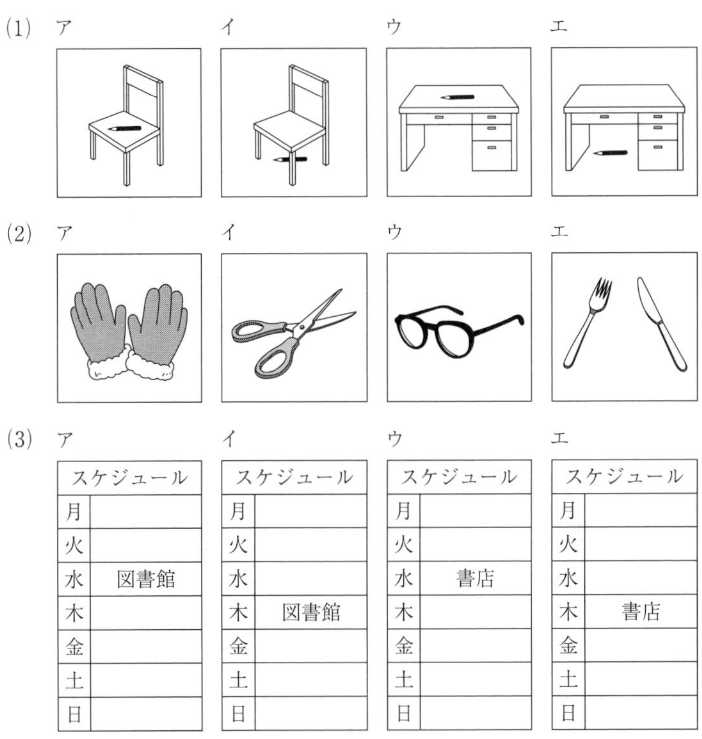

ア

スケジュール	
月	
火	
水	図書館
木	
金	
土	
日	

イ

スケジュール	
月	
火	
水	
木	図書館
金	
土	
日	

ウ

スケジュール	
月	
火	
水	書店
木	
金	
土	
日	

エ

スケジュール	
月	
火	
水	
木	書店
金	
土	
日	

問題B (1)，(2)のそれぞれの会話の最後の文に対する応答部分でチャイムが鳴ります。そのチャイムの部分に入れるのに最も適当なのは，ア～エのうちではどれですか。一つ答えなさい。

(1)(　　) (2)(　　)

(1) ア Nice to meet you, too.　イ How was it?　ウ You're welcome.
エ That will be nice.

(2) ア Really? I visited the hot spring, too.　イ Well, he is thirty years old.
ウ Then, let's buy some juice.　エ Yes. He is called Sam by his friends.

問題C　中学生のGenはメモを取りながら，野球選手として活躍しているMarc選手の講演を聞いています。(1)～(3)に答えなさい。

［Genのメモの一部］

みんなにしてもらいたいこと
1つ目　しっかりと［(あ)］―Marc選手は［(い)］時間

(1)　［(あ)］，［(い)］に入れる内容の組み合わせとして最も適当なのは，ア～エのうちではどれですか。一つ答えなさい。(　　　)

ア　(あ)　練習をする　(い)　6　　イ　(あ)　睡眠をとる　(い)　6

ウ　(あ)　練習をする　(い)　8　　エ　(あ)　睡眠をとる　(い)　8

(2)　講演の中で，コミュニケーションについてMarc選手が述べた内容として，<u>当てはまらないもの</u>は，ア～エのうちではどれですか。一つ答えなさい。(　　　)

ア　仲間とのコミュニケーションは，頻繁にとるようにする。

イ　仲間とのコミュニケーションでは，端的に情報を伝えるようにする。

ウ　コミュニケーションのおかげで，チームとしてうまくやっていける。

エ　コミュニケーションのおかげで，仲間の考えを理解できる。

(3)　講演の最後にMarc選手がした質問に対して，どのように答えますか。あなたがGenになったつもりで，書き出しに続けて，［　　］に3語以上の英語を書き，英文を完成させなさい。

(　　　　　　　　　　　　　　　　　　　　)

I can ［　　］.

2 Ryo, Mina, Eri は英語クラブに所属しており，原先生 (Mr. Hara) がそのクラブを担当しています。クラブの活動日に学校で，近くの大学に留学している Darsha との交流会 (exchange meeting) が行われました。(1)~(6)に答えなさい。

(1) 交流会の準備中に，原先生が生徒と話をしました。［(あ)］，［(い)］に入れるのに最も適当なのは，ア～エのうちではどれですか。それぞれ一つ答えなさい。(あ)(　　　) (い)(　　　)

Mr. Hara： What is your presentation about?

Ryo　　： It is about ［(あ)］ from our town, such as carrots and onions. They are delicious. Has Darsha eaten them yet?

(あ) ア rooms　イ magazines　ウ shoes　エ vegetables

Mina　　： How long will Darsha be with us on the day of the exchange meeting?

Mr. Hara： ［(い)］ an hour.

(い) ア For　イ Until　ウ During　エ By

(2) 交流会で Darsha に話してもらいたいことについて日本語で作成したメモを，Eri が英語にしました。日本語のメモの内容に合うように，［(う)］，［(え)］に最も適当な英語1語をそれぞれ入れ，メモを完成させなさい。ただし，［　　］内の_には記入例にならい，1文字ずつ書くものとします。(う)_ _ _ _ _ _ _　(え)_ _ _ _ _ _

記入例 c a p

日本語のメモ	Eri が英語にしたメモ
・好きな食べ物，歌，動物 ・将来の夢	・your favorite food, song and ［(う) _ _ _ _ _ _ _］ ・your future ［(え) _ _ _ _ _ _］

(3) Ryo が，交流会で自分たちの町を Darsha に紹介しました。必要があれば（　）内の語を適当な形に変えたり，不足している語を補ったりなどして，それぞれ意味が通るように英文を完成させなさい。

① You can learn how (　　　　　　　　　　　　　　　　　　　) them there.

② The bridge (　　　　　　　　　　　　　　　　　　　) about 100 years ago.

① If you like paper cranes, you should visit the Origami Museum. You can learn how (make) them there.

② Momiji Bridge is beautiful. The bridge (build) about 100 years ago.

(4) Mina と Ryo が，交流会で Darsha と話をしました。［(お)］，［(か)］に入れるのに最も適当な英語1語をそれぞれ書きなさい。(お)(　　　) (か)(　　　)

Mina　　： In this photo, you're holding a little girl. Darsha, ［(お)］ is this girl?

Darsha： Oh, she is my sister's daughter.

Ryo　　： I like this singer very much.

Darsha： Really? I'm a big ［(か)］ of the singer, too.

(5) Darsha と Eri が交流会の後に話をしました。下線部の語をすべて用いて，意味が通るように並べ替えなさい。

(　　　　　　　　　　　　　　　　　　　　　　　　　　　　　　　　　　　　)

Darsha：Thank you (for / to / me / inviting) the exchange meeting today. I enjoyed the meeting.

Eri　　：I'm glad to hear that.

(6) 交流会を終えて，Mina は振り返りをノートに書きました。Mina が考えている振り返りの内容に合うように，書き出しに続けて，□ に5語以上の英語を書き，Mina のノートの英文を完成させなさい。

(　　　　　　　　　　　　　　　　　　　　　　　　　　　　　　　　　　　　)

Darsha がクラブに来てくれた。
交流会では，英語で彼女と話をした。
いい会だったな。

[Mina]

Mina のノート

Darsha came to our club.
At the exchange meeting, I □.
It was a nice meeting.

3　問題A，問題Bに答えなさい。

問題A　Toshiが英語の授業でスピーチをしました。次の英文は，そのスピーチです。(1)，(2)に答えなさい。

I went to Momiji River with my father yesterday. First, we had lunch. After lunch, we watched wild birds. They were swimming in the river. Then, we enjoyed fishing. We caught a lot of fish. In the evening, we cooked the fish for dinner. We wanted to watch fireflies, so we walked along the river. Soon it started raining, and we ran back to the car. I'm sad that we didn't find any, so I want to try that again. I hope that I will see some next time.

〔注〕 wild　野生の　　firefly　ほたる

(1) Toshiがスピーチで述べた内容として，当てはまらないものは，ア～エのうちではどれですか。一つ答えなさい。(　　　)

(2) 下線部の内容として最も適当なのは，ア～エのうちではどれですか。一つ答えなさい。(　　　)

ア　eat lunch by the river　　イ　walk along the river to see flowers

ウ　catch a lot of fish in the river　　エ　go to the river to watch fireflies

問題B　Ayuの留学先の学校で実施した，運動（exercise）に関するアンケート調査（survey）の結果を見ながら，TedとAyuが話し合いをしています。次は，そのアンケート調査の結果と話し合いの英文です。(1)～(3)に答えなさい。

Ted：Look at this. About [(あ)] students say that they usually don't get exercise.

Ayu：However, about 180 students think that exercise is good for their health. What were your answers to these two questions?

Ted：I answered "yes" to those two questions.

Ayu：What exercise do you do for your health? I want to get some exercise.

Ted：I often join a "plogging" team. Plogging is an interesting way of jogging. While you are jogging, you pick up trash on the street. Our team usually spends more than an hour on plogging, but you can decide how long you want to spend. We collected

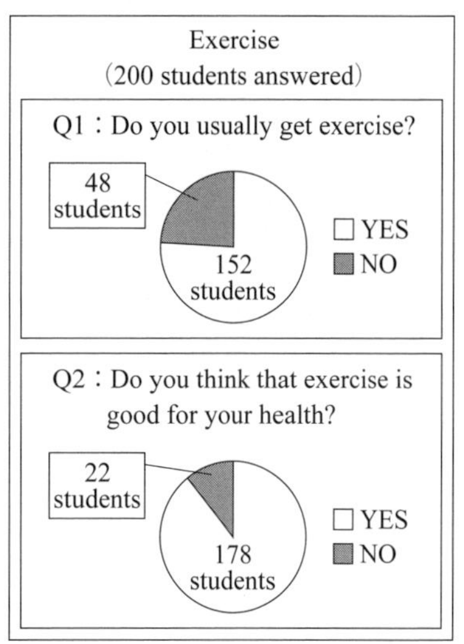

survey results

a lot of trash last week. I felt good to see the [(い)] town after plogging.

Ayu： That's interesting. We can [(う)] our town by plogging. I've never done plogging. I want to try it.

〔注〕 plogging　プロギング　　jog　ジョギングする　　trash　ごみ
spend ～ on …　～を…に費やす

(1) [(あ)] に入れるのに最も適当なのは，ア～エのうちではどれですか。一つ答えなさい。
(　　)

ア　20　　イ　50　　ウ　150　　エ　180

(2) [(い)]，[(う)] に共通して入る同じつづりの英語１語を書きなさい。(　　　)

(3) 話し合いおよびアンケート調査の結果からわかる内容として最も適当なのは，ア～エのうちではどれですか。一つ答えなさい。(　　　)

ア　Ted often gets exercise for his health.

イ　Ted and Ayu must not spend over 60 minutes on plogging.

ウ　Ayu usually does plogging for her health.

エ　About 35% of the 200 students answered "no" to Question 2.

4 Kaoriと留学生のDiegoは，学校で配付された，ALT（外国語指導助手）のAlex先生が書いた新聞（newsletter）について話をしています。次は，その新聞と会話の英文です。(1)～(4)に答えなさい。

新聞

Alex's Newsletter No.13 / Monday, September 25

Let's [(あ)] with Alex!
Momiji City is going to have a world festival next month.

Let's make a "lamington" together at the festival.
A lamington is a kind of cake from Australia.
People in Australia love it.

There are a lot of events at this festival, and my event is one of them.
Learn about foreign countries and their cultures at this festival.

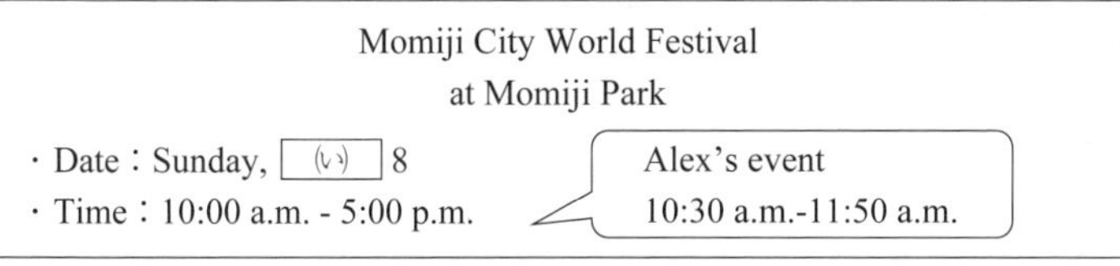
Momiji City World Festival
at Momiji Park

・Date：Sunday, [(い)] 8
・Time：10:00 a.m. - 5:00 p.m.

Alex's event
10:30 a.m.-11:50 a.m.

・To join my event, come to the information center in Momiji Park before 10:20 a.m.
・My event is open to everyone for free. You don't need to buy a ticket.
・For more information about the festival, visit Momiji City's website.

Kaori： Did you read the newsletter? Why don't we join Alex's event?

Diego： Sure. We can take a bus from Sakura Station to Momiji Park, right? Let's check the bus timetable.

Kaori： The bus takes fifteen minutes to go from Sakura Station to the Momiji Park bus stop. Also, we need five minutes to walk from the bus stop to the information center.

Diego： Then, if we take (う) this bus, we'll arrive at the bus stop at 10:05 a.m.

Kaori： Right, and we'll be at the information center at 10:10 a.m. How about meeting at Sakura Station?

Diego： OK.

〔注〕 lamington ラミントン　for free 無料で　timetable 時刻表　bus stop バス停

(1) [(あ)] に入れるのに最も適当なのは，ア～エのうちではどれですか。一つ答えなさい。

（　　）

ア design a garden　イ design a website　ウ make a cake　エ make a bag

(2) [(い)] に入るのは何月ですか。最も適当な月を英語1語で書きなさい。（　　）

(3) 新聞からわかる内容として最も適当なのは，ア～エのうちではどれですか。一つ答えなさい。

（　　）

ア The world festival has only one event.

イ Alex's event is going to start in the afternoon.

ウ　It is necessary to buy a ticket for Alex's event.

エ　Information about the world festival is given on the Internet.

(4)　次の時刻表で，下線部(う)の出発時刻として最も適当なのは，ア～エのうちではどれですか。一つ答えなさい。(　　　)

Kaori と Diego が見ている時刻表の一部

さくら駅 発

行き先	もみじ公園 行き			
	平日		土・日・祝日	
	時	分	時	分
午前	9	10　30　45　55	9	15　50
	10	10　25　45	10	05　45

ア　午前9時45分　　イ　午前9時50分　　ウ　午前9時55分　　エ　午前10時5分

5 Hanaがカスタネット（castanets）の写真を見せながら，英語の授業でスピーチをしました。次は，そのスピーチとHanaが見せた写真です。(1)～(6)に答えなさい。

picture

Look at this picture. It shows castanets made of wood. How do you play them? It is easy. Tap the disks together, and you can make a [(あ)]. Small children often play these instruments in music classes in Japan. The castanets shown here were invented and born in Japan, and a man makes them at a workshop in a mountain area in Japan.

Many years ago, the man's father had the workshop, and made wooden products there. Around 1947, a music teacher visited the father. The teacher wanted to create an instrument that small children could easily play. The teacher explained (い) <u>his idea</u> to the father and asked him for help. The father and the teacher worked together, and the castanets were born. The castanets became popular, and they were used at many schools in Japan.

Later, the man took over the workshop from his father, and kept making the castanets. However, the situation was slowly changing. The man could not get wood for the castanets, and he closed the workshop in the spring of 2013. Several months later, he started making the castanets again. What helped him (う) <u>do so</u>? The answer was a project working in the mountains near the workshop.

The project started in 2003 to create rich forests and to develop the communities around them. The condition of the forests was bad, so the project team [(え)] their condition. The team had to cut down trees to make rich forests, but the team did not waste those trees. In the summer of 2013, the team asked the man to make the castanets with the wood made of those trees. He [(お)] the idea, and opened his workshop to make the castanets again. He has used the wood provided by the project since then.

Actually, it is hard for him to make disks from such wood, but he uses it. He has (か) <u>some reasons for that</u>. First, he wants to do something for his town. He believes that using the wood for his castanets can help the project, the forests and the town. The forests will be a special gift for the town. Second, he wants to do something for children. He thinks that his castanets can teach children about trees in the forests. When children visit his workshop, he says, "Each disk has its own natural color. I don't paint disks. Let's find the color differences in them." He hopes that children will be interested in trees and learn about them.

Tap the disks together. You can hear the voice of the trees.

〔注〕 tap ～ together　～を軽くたたき合わせる　　disk　円盤　　instrument　楽器
invent ～　～を考案する　　be born　誕生する　　workshop　工房，工場
wooden　木製の　　around 1947　1947年頃　　take over ～　～を引き継ぐ
project　プロジェクト，計画　　rich　豊かな　　develop ～　～をつくる　　condition　状態
cut down ～　～を切り倒す　　make ～ from …　～を…から作る
paint ～　～に色を塗る

(1) ［(あ)］に入れるのに最も適当なのは，ア～エのうちではどれですか。一つ答えなさい。
(　　)

ア　diary　イ　wall　ウ　sound　エ　hole

(2) 下線部(い)の具体的内容を説明する次の文の［　　］に適当な日本語を入れなさい。
(　　　　　　　　　　　　　)

小さな子どもが，［　　］ことができる楽器をつくりたいということ。

(3) 下線部(う)の内容として最も適当なのは，ア～エのうちではどれですか。一つ答えなさい。
(　　)

ア　invent the castanets　イ　close the workshop again　ウ　visit the teacher
エ　make the castanets again

(4) ［(え)］，［(お)］に入れる英語の組み合わせとして最も適当なのは，ア～エのうちではどれですか。一つ答えなさい。(　　)

ア　(え)　wanted to improve　(お)　agreed with
イ　(え)　wanted to improve　(お)　did not accept
ウ　(え)　did not change　(お)　agreed with
エ　(え)　did not change　(お)　did not accept

(5) 下線部(か)について，当てはまらないものは，ア～エのうちではどれですか。一つ答えなさい。
(　　)

ア　The man wants the project to create rich forests.
イ　The man wants the project team to stop cutting down trees in the forests.
ウ　The man wants the town to receive a gift from the forests.
エ　The man wants children to learn about trees in the forests.

(6) 本文の内容と合っているのは，ア～オのうちではどれですか。当てはまるものをすべて答えなさい。(　　)

ア　The castanets shown in the picture were created in Japan.
イ　The music teacher had a music class for his child at the workshop.
ウ　The project decided to open a new workshop, and closed the man's workshop.
エ　The man easily makes disks from the wood provided by the project.
オ　Natural colors of the wood appear on wooden disks which are not painted.

〈放送原稿〉

2023年度岡山県公立高等学校特別入学者選抜入学試験英語の聞き取り検査を行います。

問題A　次の英文が2回読まれるのを聞いて，問題用紙の指示に従って答えなさい。

(1) I found my pencil under the desk.

(繰り返す)

(2) You can wear these to keep your hands warm.

(繰り返す)

(3) It is Thursday today. I went to a bookstore to buy some books yesterday.

(繰り返す)

問題B　次の会話が2回読まれるのを聞いて，問題用紙の指示に従って答えなさい。

(1) A： What is your plan for tomorrow?

B： I am going to see a movie with my brother.

A： (チャイム)

(繰り返す)

(2) A： It is very hot today, and I am thirsty.

B： Me, too. I want to drink something cold.

A： (チャイム)

(繰り返す)

問題C　次の英文が2回読まれるのを聞いて，問題用紙の指示に従って答えなさい。

I want you to do three things. First, sleep well at night. I usually sleep from ten p.m. to six a.m. It is important to sleep well at night to practice hard. Second, communicate with your team members often. By doing so, all the members can work well as a team. You can also understand what they think. Third, start your day with a nice morning. For example, you can open a window and feel good when fresh air comes in. What else can you do in the morning to start a good day?

(繰り返す)

これで聞き取り検査を終わります。

(2)　［ⓑ］、［ⓔ］に共通して入れることばとして最も適当なのは、ア～エのうちではどれですか。一つ答えなさい。(　　)

ア　しかし　　イ　つまり

ウ　あるいは　　エ　なぜなら

(3)　「ⓒ人間の……なり得ません」とありますが、筆者がこのように述べる理由を説明した次の文の［　］に入れるのに適当なことばを、文章中から十三字で抜き出して書きなさい。

［　　　　　　　　　　　　　］

AIが、課題解決のために［　］方法の中から最適解を導き出すのに対して、人間は、創造的思考によりまったく新しい方法を生み出して、新たな困難にも対処することができるから。

(4)　「ⓓプロ野球の大谷翔平選手」とありますが、この例が果たしている役割を説明したものとして最も適当なのは、ア～エのうちではどれですか。一つ答えなさい。(　　)

ア　創造的思考による直感があらゆる選択の場面において有効であることを証明する役割。

イ　自己の創造的思考の結果を尊重してくれる協力者が必要であることを説明する役割。

ウ　論理的思考のみにとらわれず創造的思考を働かせることによる効果を明確にする役割。

エ　時と場に応じて創造的思考と論理的思考とを使い分けることの意義を強調する役割。

(5)　「ⓕクリエイティブな生き方」とありますが、筆者の考える「クリエイティブな生き方」について説明した次の文の［　］に入れるのに適当なことばを、十五字以内で書きなさい。

［　　　　　　　　　　　　　　　］

興味・関心を原動力として決断し、［　］ことにより、理想とする姿の実現に向け、自分を信じて努力を続ける生き方。

ピッチャーとバッターの両方での起用を発表したとき、一部のプロ野球の業界関係者やスポーツ関連の評論家などからは「そんな非常識なことをさせて、逸材である大谷選手の将来を潰す気か！」という内容の激しい批判や非難の声がたくさん上がりました。(中略)

常識の範囲で考えたときに「正しい」とされる「解」にできるかぎり確実かつ最短で到達しようとする論理的思考に従えば「ピッチングに専念して将来の大投手を目指す」か「バッティングだけに集中して大打者になる」のいずれかを選ぶ方が、「ピッチングにもバッティングにも全力を尽くしてチャレンジする」という茨の道を選ぶよりも、成功する可能性が高くなるでしょう。

ⓔ、大谷選手はあえて「成功する可能性の高い選択肢」を選びませんでした。

大谷選手は自分が「やりたい！」と思ったこと、「なりたい！」と願った姿を目指して、決断し、挑戦したのです。かつては「常識はずれ」や「無謀」などと揶揄(やゆ)され、誰も成功するとは想像すらできなかった大谷選手のチャレンジがなければ、今の素晴らしい活躍を私たちが目にすることはなかったでしょう。そんな大谷選手こそ「ⓕクリエイティブな生き方」を実践している若者だと私は思うのです。

スポーツにかぎらず、あらゆる「創造的(クリエイティブ)な偉業」を達成したひとたちは、世間では「絶対に変えられないもの」と考えられていた「常識」の壁を突破した者たちです。そして、当時の常識では無謀とも考えられた挑戦に彼らを駆り立てたものは、純粋に「おもしろそう！」「楽しそう！」という想(おも)いであり、その想いこそが最も大きな原動力になったのだろうと私は推測します。

たとえ前例のないモノやコトであったとしても、「そっちの方がなんだかおもしろそう！」とか「ふつうはこんなことやらないのだろうけど、でも、やりたいからやってみよう！」とひらめいたとき、その「ひらめき(アイデア)」を実現するために、自分自身を信じて、一生懸命に努力を続けることが何より大切なのです。

(畑村洋太郎「やらかした時にどうするか」より)

(注) 棋譜——将棋の対局の手順を示した記録。
ノイマン型——現在の、ほとんどの一般的なコンピューターにおける基本システム。
スパコン——スーパーコンピューターの省略形。
機械学習——データからコンピューターが自動的に何らかの規則や判断基準を学習し、それに基づき解決策を予測・判断する技術。
ディープラーニング——深層学習。機械学習の分析手法を拡張し、高精度の分析や活用を可能にした手法。
揶揄——皮肉を言ってからかうこと。

(1) 「ⓐ人間がコンピューターに勝てない時代」とありますが、「人間がAIに勝てない」とはどういうことかを説明したものとして最も適当なのは、ア～エのうちではどれですか。一つ答えなさい。(　　)

ア　人間は、その時の感情で判断基準が変わるため、AIのように事実を客観的に捉えるのが苦手だということ。
イ　人間は、膨大なデータを迅速に処理し、効率的に答えを求める能力においてAIには及ばないということ。
ウ　人間は、常に深い思考力を発揮するように努めなければ、AIを上手に活用することはできないということ。
エ　人間は、様々な経験を積むことで、はじめてAIと同じく一歩先を見据えた選択が可能になるということ。

4　次の文章を読んで、(1)～(5)に答えなさい。

AIを搭載したコンピューター将棋のプログラム「Ponanza（ポナンザ）」が、二〇一七年の第二期将棋電王戦で、将棋のプロ棋士で二十代目名人の佐藤天彦九段に勝利したとき、世間は「ついに〝ⓐ人間がコンピューターに勝てない時代〟が到来した」と騒然となりました。

いまの将棋のプロの対戦をテレビやネットで観戦すると、棋士が一手さすごとに、画面の端にAIが計算（予測）したそれぞれの棋士の「勝率（その局面での優勢度合い）」が瞬時に表示されます。実際に対戦している棋士自身が分からなかったとしても、その一手でどれほど勝利（または敗北）に近づいたのか、AIは即座に勝率を割り出して、具体的な数値で表示するのです。（中略）

ポナンザが勝てたのも、プロ棋士たちが残してきた過去の膨大な棋譜（データ）をもとにして、対局中に対戦相手から一手指されるごとに、一致する局面を検索・照合して、そこから先の勝ちパターンへの組み合わせを検討し、「この局面になったら次はこう指して、その次はこう指せば優勢になる（最後は王手にたどり着く）」という指し筋をものすごい速さで計算し読み切ったからです。

「優れたプロ棋士は一手を指すとき、その何十手先までも読んでいる」と言われますが、AIは、これまでに棋士たちによって残された何万という棋譜のデータを参考にしながら、棋士のはるか先まで瞬時に指し手（正解）を計算しているのです。そのような「蓄積されたデータ数と計算速度」を競わなければならないとしたら、人間が将棋でAIに勝つのはほぼ不可能と言えるでしょう。

［ⓑ］、だからと言って「何かを思考するとき、もう人間はAIに勝てない」などと嘆き悲しむ必要はありません。（中略）

AIが超高速で求めることができるのは、あくまでも「勝つためにすでに実践されたことのある『解』への最短距離」であって、決して「誰もがまだ成し遂げたことのない創造的（クリエイティブ）な偉業」ではないのです。

それゆえに、AIが飛躍的な進歩を遂げた現在に至っても、弱冠一九歳で五冠を達成した藤井聡太竜王（王位・叡王・王将・棋聖）のような一流のプロ棋士たちは、AIによってかなりの劣勢と判断された窮地も一気にひっくり返してしまう起死回生の一手を指せるのです。だからこそ、ひととひととが死力を尽くして戦う将棋の人気が衰えることはないのです。

ノイマン型のコンピューターが論理的思考を究極まで進歩させてスパコンに発展しようとも、機械学習やディープラーニングという新たな手法で飛躍的に進化したAIが登場しようとも、ⓒ人間の創造的思考の代わりにはなり得ません。

では、どうすれば創造的思考を身につけることができるのでしょうか。

「これはできそうだ」「こうすればうまくいく」という成功・失敗を基準に、論理的に〝成功する確率が高められる方法〟を求めているだけでは、創造的思考を身につけることなどできません。

創造的思考へのアプローチは「おもしろそう！」「楽しそう！」という素直な気持ちに従うことから始まるのです。

ⓓプロ野球の大谷翔平選手はピッチャーとバッターの「二刀流」でメジャーリーグ（MLB）でも目覚ましい活躍を見せ、数々の賞を総なめにしました。

今でこそ大谷選手の二刀流は称賛されていますが、二〇一三年に日本ハム・ファイターズで栗山英樹監督（当時）が大谷選手の意向を汲んで

いだして興奮を覚えている。

イ　黒く塗りつぶしてしまった絵に心を奪われ、このままにしておくほうがよいと納得している。

ウ　日常の風景を描くことの素晴らしさを再確認し、早く絵を元に戻そうと焦燥に駆られている。

エ　にぎやかな様子に心を弾ませながら、自分も人を楽しませる絵を描こうと決意を固めている。

(4)　「ⓓこれは……生け捕れ」とありますが、この表現が何をたとえているのかを説明した次の文の［　　］に入れるのに適当なことばを、二十字以内で書きなさい。［　　　　　　　　　　］

僕の、［　　］とする積極的な姿勢。

(5)　「A今の僕ら」、「B今の僕ら」が象徴しているものとして最も適当なのは、ア～オのうちではどれですか。それぞれ一つずつ答えなさい。

A（　　）　B（　　）

ア　かつての栄光にこだわり、自分の力で新たな道を切り開くこともできない未練がましい姿。

イ　押しつけられたものをおとなしく受け入れ、目標を見失ってやる気をなくしてしまった姿。

ウ　周囲に認められなくても地道に努力を重ね、いつか躍動できる機会を辛抱強く待ち続ける姿。

エ　苦境に立たされても臨機応変に対応し、周囲の人々と協力しながら乗り越えようとする姿。

オ　物事が思い通りに進まなくてもただ耐えるのではなく、自分なりにできることに取り組む姿。

(6)　この文章の表現と内容について説明したものとして最も適当なのは、ア～エのうちではどれですか。一つ答えなさい。（　　）

ア　「一ミリだって使っていない、色。」という体言止めを用いた表現は、黒色への僕の強い憧れを浮き彫りにしている。

イ　「黒く、黒く。全部、全部、黒く。」という反復を用いた表現は、集中して絵を塗りつぶす僕の姿をきわ立たせている。

ウ　「蜂蜜のようにまろやかな」という比喩を用いた表現は、穏やかな日々の到来を信じる僕の内心を印象づけている。

エ　「ガリガリと薄く削られ」という擬態語を用いた表現は、初めての技法で絵を描く僕の技術の未熟さを強調している。

パレットナイフを短く持った指先に伝わる、下絵の凹凸に少しずつ引っかかる感覚。足元にガリガリと薄く削られて落ちる黒のアクリルガッシュの細い破片。

——スクラッチ技法。

黒い絵の具の中から、僕が描いていたあざやかな色合いが、虹色が、細く細く顔をのぞかせる。

削れ。削れ。削りだせ。

これが僕だ。B今の僕らだ。

塗りつぶされて、憤(いきどお)って、うまくいかなくて、失敗して、大声で泣いてわめいて、かすかな抵抗をする。

僕の心臓はどきどきしてくる。体温が上がる。いいぞ。慎重につかみ取れ。決して逃(に)がすな。対象を捉えろ、この鈴音の爆発を捉えろ、削り出し、描け。描け描け描け描け!!!

ⓓこれは狩猟だ。獲物を捕まえろ。生け捕れ。

こんな好戦的な気持ちで絵を描いたのは生まれて初めてだ。

何が変わるわけじゃないけれど、うそをつくよりか、全力で泣いている鈴音のほうが、よっぽど生きている感じがする。

ああ、これだ。

僕は。

僕はこれが描きたい。

(歌代(うたしろ)　朔(さく)「スクラッチ」より)

(注) アクリルガッシュ——絵の具の一種。速乾性や耐水性に優れている。

『暗闇の牛』——物の判別がつかないこと、また、動作の鈍いことのたとえ。

ネイビーブルー——濃紺色。

イーゼル——絵を描くときにカンバスや画板を立てかけ固定する台。

パレットナイフ——パレット上で絵の具を練る小刀。いったん塗られた絵の具のそぎ落としなどにも用いられる。

(1) 「ⓐ不思議な……いった」とありますが、このときの「僕」の様子について説明した次の文の X 、 Y に入れるのに適当なことばを、 X は七字、 Y は五字で、それぞれ文章中から抜き出して書きなさい。X □□□□□□□ Y □□□□□

自分の描いた絵を黒く塗りつぶしていくうち、今の運動部員たちの姿を、 X を詰め込んだあざやかな絵で表現する必要はないことに思い至り、以前から、自分の描く絵を Y と感じていたことに合点(がてん)のいった様子。

(2) 「ⓑ急に凍りついたような顔になった」とありますが、このときの「鈴音」の心情を説明したものとして最も適当なのは、ア～エのうちではどれですか。一つ答えなさい。(　)

ア　自分への当て付けに絵を台無しにしたと考え、憎らしく思っている。

イ　自分の失敗を厳しく追及されることを警戒し、不安を募らせている。

ウ　自分自身がモデルとなった絵を二度と見られず、怒りを覚えている。

エ　自分が深刻な事態を引き起こしたと思い込み、罪悪感を抱いている。

(3) 「ⓒ……いける!」とありますが、このときの「僕」の心情を説明したものとして最も適当なのは、ア～エのうちではどれですか。一つ答えなさい。(　)

ア　感情の発露の美しさに感動するとともに、絵を仕上げる方策を見

ざやかだった絵の上に転がしていく。黒く、黒く。全部、全部、黒く。ⓐ不思議なことに、少しずつ、少しずつ、僕の気持ちは落ち着いていった。

そうだよな。

と、僕は思った。

そうだ、なんかこの絵はうそっぽいって心のどこかでずっと思っていたんだ。

だったらいっそ真っ黒に塗りつぶせ。そんなうそなんて。うその塊なんて。

『暗闇の牛』ならぬ、暗闇の運動部員たち。

審査も体育祭での展示もないんなら、誰にも遠慮することはないだろう。うそをついてきれいな絵を描く必要だってないはずだ。

考えてみたら、僕はもう何年もうその絵ばかり描いていた気がする。（中略）

鈴音に汚されたこの絵を全部黒く塗ったとき、僕は満ち足りていた。ああ。

アクリルガッシュが乾くまで、しばらくこの黒さを眺めていたい。

これは真っ黒じゃない。僕は知っている。この黒の下にたくさんの色彩が詰まっている。

どのくらいそうしていただろう。窓からの日差しは傾いて、西日特有の、蜂蜜のようにまろやかな光が、薄汚れたシンクに差しこんでいる。

がたん、と部室のドアが開いた。部活が終わったばかりなんだろう。バレー部のネイビーブルーのユニフォームを着たままの鈴音がひどく青ざめた顔をして僕を見た。マスクを持ったこぶしを固く握りしめて、真夏なのに少し震えているようにも見えた。そして大股で、一直線に僕に近づいてきて、何かを言いかけて、ⓑ急に凍りついたような顔になった。視線の先には真っ黒なキャンバス。

「……!!」

息を吸いこむ音と同時に、鈴音は、破裂したように大声で泣き出した。

うわぁあああああああ（中略）

まっくろぉおおおお!!

「絵っ、……絵、汚して、だか、……だからそんなっ、」

と、また鈴音が激しく泣き出した。

まっくろ……真っ黒？　いや。いやいやいや、違う。そうじゃない。確かにきっかけはあの汚れだけど。そうじゃない。

僕は自分の意志で、この絵を黒く塗った。そしてそれは、僕を少し救いもしたんだ。

どう説明すればいい？　僕は困って頭をかいた。それからふと、大声で泣いている鈴音の涙や鼻水が、西日できらきらしていることに気づいた。わんわん泣いている姿が、きれいだと思った。思ってしまった。悲しみや衝撃に無になるんじゃない。もうまっすぐに、感情を爆発させている姿だ。

「……ちょっとここに立って」

僕は鈴音の腕を引いて、イーゼルの後ろに立たせた。鈴音は言われるままに立って、泣き続けた。

僕は絵の具セットから、パレットナイフを取り出す。黒のキャンバスに手を置く。もう乾いている。大丈夫。

僕の毛穴がぶわっと一気に開いたような感覚になった。

ⓒ……いける！

そっと慎重に、それから静かに力をこめて、僕は黒を削り出していく。

ア～エのうちではどれですか。一つ答えなさい。(　　)

ア　Y　去来　Z　風流人　イ　Y　風流人　Z　去来

ウ　Y　芭蕉　Z　風流人　エ　Y　風流人　Z　芭蕉

(4)「ⓓ実作を……くれます」とありますが、筆者がこのように考える理由を説明したものとして最も適当なのは、ア～エのうちではどれですか。一つ答えなさい。(　　)

ア　文学作品は、作者の意に沿った読み方をすることで、テーマの正確な理解が可能になるものだから。

イ　文学作品は、作品世界に没入することで、新たな視点で作品を捉え直すことができるものだから。

ウ　文学作品は、読者の自由な想像をもとに、幅広い読みを許容する豊かな可能性をもつものだから。

エ　文学作品は、一つ一つの表現やことばに注目しつつ、作品の世界観を丁寧に味わうべきものだから。

3　次の文章は、美術部に所属する「僕」が、自分の描いた絵をじっと見つめている場面です。「僕」は、感染症対策として対外試合が取りやめになる中、「鈴音」たち運動部員の練習する姿を描きましたが、その絵が「鈴音」の不注意により墨で汚されてしまった上に、出品を予定していた市郡展での審査や体育祭での展示も中止になってしまいました。これを読んで、(1)～(6)に答えなさい。

黒。

僕がめったに使うことのない、黒だ。この絵を描くにあたっては、一度も、一ミリだって使っていない、色。

あざやかで躍動感あふれる選手たち。

……実際のところ彼らは、大会がなくなって、ふてくされて練習に身が入らなくなっている。

僕だってそうだ。市郡展の審査がないっていうことが、思いのほか響いていて、うまく絵が描けなくなっていた。

なんだかイライラして、それをモデルのせいにして、体育館で鈴音に言いがかりをつけた。無様でかっこ悪くて。

……この墨で汚されたのは、A今の僕らそのものじゃないか。

僕はもう一度、練りこまれた墨をなぞる。

……あぁ、そうか。

僕の頭に詰まっていた、垂れこめたもやのようなものの中に、色あざやかな何かが差しこんだ。

それは細い細い線のようで、かぼそくて、……それでも。

僕は黒のアクリルガッシュを取り出した。箱入りのセットとは別の、一度も使っていなかった特大の黒チューブを金属製のトレーに乗せて、版画で使うローラーにべったりとつけた。はじから慎重に、しっかりと。あ

ると、岩の突端に、やはり月をめでている風流人がいた、それで嬉しくなって作った、というものでした。しかし芭蕉は、

いや、そうではない。「月の客」というのは、自分自身のことなのだ。自分が月に向って、ここにひとりあなたを愛でている風狂の人がいるよ、と名乗り出た句と解するからおもしろくなるのだよ。私も気に入って手控えに記しておいたくらいなのだから。

と答えたのです。芭蕉は、去来の意図になかった、あるいはそれを超えた解釈を示したわけです。(中略)

私たちは「文学作品」に接する場合、非常にしばしば、作者の意図はどのようであったのか、ということに関心を持ちます。また、近代以降の作者であれば、いろいろな機会に自作解説を試みていますから、それを読むことによってなるほどと納得し、それでわかった気になることが多いと思います。

しかし、この例が示唆しているのは、作者の意図が作品のすべてではないということです。作者をも納得させてしまう、作者の意図になかった解釈を提示することは可能であるし、ときにはそれを作者自身が納得し受け容れる場合もある、ということです。(中略)

そうして、このことは我々のような、ⓓ実作をしない、読むことだけに従事しているものに、大きな勇気を与えてくれます。作者の意図は絶対ではない。軽んじていいわけではないが、その意図を超えた読みは追求可能だし、そこにこそ文学作品の豊かな解釈は存している、という可能性を教えてくれているからです。

(木越　治「読まなければなにもはじまらない　いまから古典を〈読む〉ために」より)

(注)『笈の小文』――ここでは芭蕉の自選の句集のこと。

狂者――風雅を強く求める人。後の「風狂の人」も同意。

(1)「ⓐ岩鼻やここにもひとり月の客」について、この句がよまれた季節を書きなさい。(　　)

(2)「ⓑおもひ」の読みを、現代かなづかいを用いてひらがなで書きなさい。(　　)

(3)「ⓒここで……解釈です」とありますが、「月の客」という表現について、「洒堂」、「去来」、「芭蕉(先師)」の考えをノートにまとめました。次の【ノートの一部】を読んで、①、②に答えなさい。

【ノートの一部】

○「月の客」について

・洒堂の考え……「月の猿」に改めるほうがよい。

理由　月と猿という X の組み合わせを踏まえたもの。

・去来の考え……「月の客」のままでよい。

理由　月をめでる Y がいてうれしくなった。

・芭蕉(先師)の考え……「月の客」のほうがよい。

理由　「月の客」は Z を指し、自称の句と考えるのがおもしろい。

① 「洒堂の考え」について、 X に入れるのに適当なことばを、文章中から六字で抜き出して書きなさい。(　　　　　　)

② Y 、 Z に入れる人物の組み合わせとして最も適当なのは、

上げることを表すことばは、ア～エのうちではどれですか。一つ答えなさい。(　　)

ア　矛盾　イ　杞憂　ウ　蛇足　エ　推敲

② □に入れることばとして最も適当なのは、ア～エのうちではどれですか。一つ答えなさい。(　　)

ア　文節　イ　単語　ウ　体言　エ　自立語

③ 「読点を……する」とありますが、健太さんが書いた次の文について、「弟が自転車に乗っている」ことが明確になるように読点を打つとき、その位置として最も適当なのは、ア～オのうちではどれですか。一つ答えなさい。(　　)

姉がア　自転車でイ　図書館にウ　出かけたエ　弟をオ　追いかけた。

④ 【班での話し合い】における発言の特徴を説明したものとして最も適当なのは、ア～エのうちではどれですか。一つ答えなさい。

(　　)

ア　健太は、亜紀と伸一の発言の共通点を見いだし、自分なりの結論を導き出している。

イ　亜紀は、自らの経験を具体例として提示し、発言の内容に説得力をもたせている。

ウ　伸一は、健太と亜紀の発言から、問題点を明確にして修正の方針を打ち出している。

エ　三人は、お互いの発言内容を復唱して、議論に偏りが生じないよう注意している。

2 次の文章は、江戸時代の俳人で松尾芭蕉の門人である向井去来の俳論『去来抄』の一節について、原文を引用しつつ書かれた解説文です。これを読んで、(1)～(4)に答えなさい。

ⓐ岩鼻やここにもひとり月の客　去来

先師上洛の時、去来曰く「洒堂はこの句を『月の猿』と申し侍れど、予は『客』勝りなんと申す。いかが侍るや」。先師曰く「猿とは何事ぞ。汝、この句をいかにⓑおもひて作せるや」。去来曰く「明月に乗じ山野吟歩し侍るに、岩頭また一人の騒客を見付けたる」と申す。先師曰く「『ここにもひとり月の客』と、己と名乗り出でたらんこそ、いくばくの風流ならん。ただ自称の句となすべし。この句は我も珍重して、『笈の小文』に書き入れける」となん。予が趣向は、なほ二三等もくだり侍りなん。先師の意を以て見れば、少し狂者の感もあるにや。(中略)

ⓒここで問題になっているのは、去来の岩鼻やここにもひとり月の客という句の解釈です。去来は、同じ芭蕉の門人である洒堂に、下の句を「月の猿」にした方がいいのではないかと言われました。猿と月という取り合わせ、あるいは名月をながめる猿という組み合わせは、中国絵画や漢詩などによく出て来る伝統的な素材です。洒堂は去来の句がそういう伝統を踏まえてよまれたものだと理解し、それだったら、「月の猿」と言った方がいいのではないかという意見を述べたわけです。去来は、たぶんそこに一理あると感じつつも、しかし「月の客」でいいと思って、芭蕉が京都に来たときに質問したのでした。

芭蕉は、まず、この句でどういう光景を表現しようとしたのかを去来に聞いています。去来の返事は、中秋の名月に誘われて山野を歩いてい

国語

時間　四五分
満点　七〇点

(注)　字数が指定されている設問では、「、」や「。」も一ます使いなさい。

1　次の(1)~(5)に答えなさい。

(1)　①~④の——の部分について、①、②は漢字の読みを書きなさい。また、③、④は漢字に直して楷書で書きなさい。

①　この遺跡は文化財に指定されている。（　）

②　成功の暁にはみんなでお祝いしよう。（　）

③　直射日光を避け、涼しい場所でホカンする。□

④　海鮮料理にシタつづみを打つ。□

(2)　次の文章の——の部分について、品詞の種類が他の三つと異なるのは、ア~エのうちではどれですか。一つ答えなさい。（　）

ア静かな山中を歩いていると、一本のイ大きな木を見つけた。私はその木陰で、ウ大好きなお菓子を食べながら、しばらく休憩をとった。ふと耳を澄ませば、小鳥のさえずりが聞こえてきた。それはエすてきな歌声のようであった。

(3)　次の文の□に入れることばとして最も適当なのは、ア~エのうちではどれですか。一つ答えなさい。（　）

彼は、図書館なら□読みたい本も見つかるだろうと教えてくれた。

ア　まるで　イ　よもや　ウ　どうか　エ　きっと

(4)　次の(例)と同じ関係になるように、□に入れるのに適当な敬語を、一単語で書きなさい。（　）

(例)　来る——いらっしゃる

言う——□

(5)　国語の授業で家族のことを作文に書いた健太さんは、同じ班のメンバーから作文の一部について助言をもらっています。次の【班での話し合い】を読んで、①~④に答えなさい。

【班での話し合い】

健太　私の作文を読んで、気になるところがあれば教えてください。

亜紀　この「姉が自転車で図書館に出かけた弟を追いかけた。」というところが気になります。どことなく読みづらいし、自転車に乗っているのが誰なのかがわかりにくいと思います。

伸一　確かに二通りの解釈が可能ですね。「自転車で」という□が、「出かけた」にかかる場合は弟が自転車に乗っていることになり、「追いかけた」にかかる場合は姉が自転車に乗っていることになります。

健太　読みやすく、しかも、内容をわかりやすくするためには、どうすればいいでしょうか。

伸一　読点を付けて、意味のまとまりを明確にするといいと思います。

亜紀　なるほど、読点を付けるだけでも、わかりやすくなりますね。私も、内容が正しく伝わるような文を書くよう気をつけたいと思います。

①　【班での話し合い】のように、表現を練り直してよりよいものに仕

2023年度／解答

数　学

1 【解き方】(1) 与式 $= 9 + 2 = 11$

(2) 与式 $= -\dfrac{5\times9}{3\times10} = -\dfrac{3}{2}$

(3) 与式 $= \dfrac{6ab^3\times2a}{3ab^2} = 4ab$

(4) 与式 $= \sqrt{3^2\times6} - \sqrt{6} = 3\sqrt{6} - \sqrt{6} = 2\sqrt{6}$

(5) 与式 $= x^2 - 7^2 = (x+7)(x-7)$

(6) 解の公式より，$x = \dfrac{-(-3)\pm\sqrt{(-3)^2-4\times1\times1}}{2\times1} = \dfrac{3\pm\sqrt{5}}{2}$

【答】(1) 11　(2) $-\dfrac{3}{2}$　(3) $4ab$　(4) $2\sqrt{6}$　(5) $(x+7)(x-7)$　(6) $x = \dfrac{3\pm\sqrt{5}}{2}$

2 【解き方】(1) $a\times\dfrac{10-1}{10} = \dfrac{9}{10}a$ (円)

(2) アとエ，イとオ，ウとXと平行となる。

(3) 条件を満たすのは，2次関数では比例定数が正のとき，反比例では比例定数が負のときとなる。

(4) 大小のさいころの目の数をそれぞれ a，b とすると，$a\times b \geqq 20$ となるのは，$(a,\ b) = (4,\ 5)$，$(4,\ 6)$，$(5,\ 4)$，$(5,\ 5)$，$(5,\ 6)$，$(6,\ 4)$，$(6,\ 5)$，$(6,\ 6)$ の8通り。a，b の組み合わせは全部で，$6\times6 = 36$ (通り) だから，確率は，$\dfrac{8}{36} = \dfrac{2}{9}$

(5) $\angle\text{CBD} = 140^\circ\times\dfrac{1}{2} = 70^\circ$ だから，$\angle$CBD の二等分線と CD との交点が P となる。

(例)

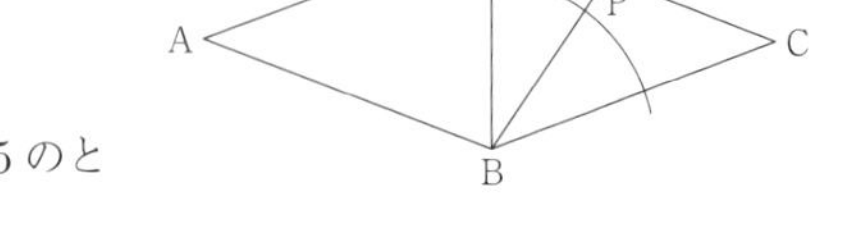

【答】(1) ウ　(2) ウ　(3) ア，エ　(4) $\dfrac{2}{9}$　(5) (右図)

3 【解き方】問題Ⅰ. (1) 一次関数の式を $y = ax + b$ とすると，$x = 5$ のとき $y = 6$，$x = 7$ のとき $y = 10$ だから，$\begin{cases} 6 = 5a + b \\ 10 = 7a + b \end{cases}$ が成り立つ。これを解いて，$a = 2$，$b = -4$　よって，$y = 2x - 4$ に $x = 3$ を代入すると，$y = 2\times3 - 4 = 2$　(2) 傾きが正，y 切片が負だから，イのグラフが適当。

問題Ⅱ. (1) y 軸に平行な直線上の x の値は常に等しいから，直線 m の式は $x = -1$ となる。(2) $y = -2x + 1$ に，$x = -1$ を代入して，$y = (-2)\times(-1) + 1 = 3$　よって，B $(-1,\ 3)$　(3) ① 底面の半径が AC，高さが AB の円すいができる。② $y = -2x + 1$ に，$y = 0$ を代入して，$0 = -2x + 1$ より，$x = \dfrac{1}{2}$ だから，C$\left(\dfrac{1}{2},\ 0\right)$　よって，AC $= \dfrac{1}{2} - (-1) = \dfrac{3}{2}$ (cm)，AB $= 3$ cm だから，求める体積は，$\dfrac{1}{3}\times\pi\times\left(\dfrac{3}{2}\right)^2\times3 = \dfrac{9}{4}\pi$ (cm^3)

【答】問題Ⅰ. (1) 2　(2) イ　問題Ⅱ. (1) エ　(2) $(-1,\ 3)$　(3) ① ウ　② $\dfrac{9}{4}\pi$ (cm^3)

4 【解き方】(1) 33.8 秒は，30 秒以上 35 秒未満の階級に入る。ヒストグラムより，この階級の人数は 5 人。また，28 − 25 = 3 (秒)より，図 2 の階級の幅は 3 秒。

(2) ① ア・ウ．A 地区も B 地区も，最小値は 25 秒以上 28 秒未満の階級，最大値は 40 秒以上 43 秒未満の階級にそれぞれ含まれるが，個別の値がわからないので，最小値と最大値はわからず，範囲の比較もできない。イ．度数が最も多いのは，A 地区も B 地区も 34 秒以上 37 秒未満の階級だから，最頻値も等しくなる。エ．A 地区は，1 + 3 + 2 = 6 (人)，6 + 6 = 12 (人)より，記録の小さいほうから 10 番目と 11 番目の値はともに 34 秒以上 37 秒未満の階級に含まれるので，中央値もこの階級に含まれる。B 地区も，1 + 9 + 5 = 15 (人)，15 + 19 = 34 (人)より，記録の小さいほうから 30 番目と 31 番目の値はともに 34 秒以上 37 秒未満の階級に含まれるので，中央値もこの階級に含まれる。② 31 秒以上 34 秒未満の階級の累積度数は，A 地区が 6 人，B 地区が 15 人となる。

【答】(1) (あ) 5　(い) 3

(2) ① エ　② 記録が 31 秒以上 34 秒未満の階級の累積相対度数をそれぞれ求めると，A 地区が，$\frac{6}{20} = 0.30$，B 地区が，$\frac{15}{60} = 0.25$ となり，A 地区の値の方が大きいから。

5 【解き方】(1) 偶数＋偶数＝偶数，偶数＋奇数＝奇数，奇数＋奇数＝偶数となる。

(3) 4 段目はすべて奇数だから，5 段目は両端のみが 1 で奇数，それ以外は偶数になる。よって，アは誤り。イ〜エは 8 段目までが同じで，8 段目はすべて黒で奇数だから，9 段目は両端のみが 1 で奇数，それ以外は偶数になる。よって，ウは誤り。9 段目から考えると，10 段目で奇数になるのは両端の 2 個ずつとわかるから，エは誤り。よって，正しいのはイ。

【答】(1) ア

(2) $(2m + 1) + (2n + 1) = 2m + 2n + 2 = 2(m + n + 1)$　$m + n + 1$ は整数だから，$2(m + n + 1)$ は偶数である。

(3) イ

6 【解き方】(2) ① △ACH は直角二等辺三角形だから，∠ACH = 45°　② BH = 8 − 6 = 2 (cm)　△ABH において，三平方の定理より，AB = $\sqrt{6^2 + 2^2} = 2\sqrt{10}$ (cm)　③ △ABH ∽ △ADC より，AB : AD = AH : AC　AC = $\sqrt{2}$AH = $6\sqrt{2}$ (cm)より，$2\sqrt{10}$: AD = 6 : $6\sqrt{2}$　これを解いて，AD = $4\sqrt{5}$ (cm)　よって，円 O の半径は $2\sqrt{5}$ cm。④ ∠ABD = 90°，∠ADB = ∠ACB = 45° だから，△ABD は直角二等辺三角形で，BD = AB = $2\sqrt{10}$ cm　よって，△ABD = $\frac{1}{2} \times 2\sqrt{10} \times 2\sqrt{10} = 20$ (cm²)　また，△ABH ∽ △ADC より，BH : DC = AH : AC = 6 : $6\sqrt{2}$ = 1 : $\sqrt{2}$ だから，DC = $\sqrt{2}$BH = $2\sqrt{2}$ (cm)　したがって，△ACD = $\frac{1}{2} \times 2\sqrt{2} \times 6\sqrt{2} = 12$ (cm²)だから，四角形 ABDC = 20 + 12 = 32 (cm²)　ここで，前図のように，D から BC に垂線 DI をひくと，∠BCD = 45° より，△CDI は直角二等辺三角形で，DI = CI = $\frac{\mathrm{CD}}{\sqrt{2}} = 2$ (cm)　AH ∥ ID より，AE : ED = AH : DI = 6 : 2 = 3 : 1 だから，△CED = △ACD × $\frac{1}{3 + 1} = 12 \times \frac{1}{4} = 3$ (cm²)　したがって，四角形 ABDC : △CED = 32 : 3

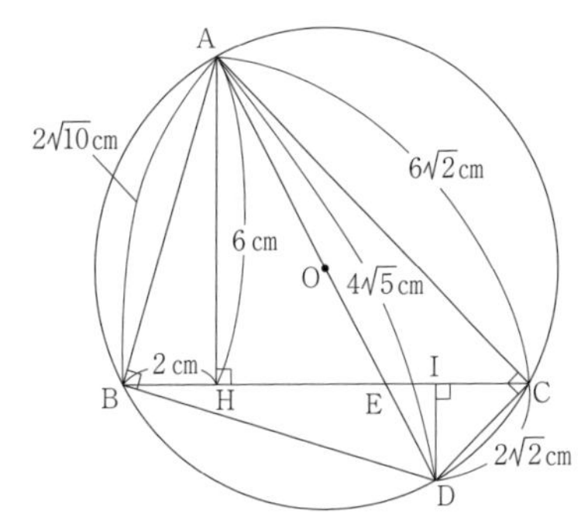

【答】(1) (あ) イ　(い) カ　(2) ① 45°　② $2\sqrt{10}$ (cm)　③ $2\sqrt{5}$ (cm)　④ 32 : 3

英　語

1 【解き方】問題A. (1)「机の下で鉛筆を見つけた」と言っている。(2) 手を暖かく保つために身に着けるものを選ぶ。(3) 今日が木曜日で昨日書店に行ったため，水曜日に書店に行くスケジュールを選ぶ。

問題B. (1) 明日，映画を見るという発言に対する応答。That will be nice.＝「それは楽しいでしょうね」。(2)「何か冷たいものが飲みたい」という発言に対する応答。juice＝「ジュース」。

問題C. (1)「1つ目は，夜しっかりと睡眠をとること」，「午後10時から午前6時まで眠る」と言っている。(2) 2つ目のコミュニケーションの話の中で，「頻繁にコミュニケーションをとる」，「チームとしてうまくやっていける」，「仲間の考えを理解できる」については述べている。(3)「よい一日を始めるために，あなたが朝できることは他に何がありますか？」という質問に対する返答。解答例は「私は顔を洗うことができます」という意味。

【答】問題A. (1) エ　(2) ア　(3) ウ　問題B. (1) エ　(2) ウ　問題C. (1) エ　(2) イ　(3) (例) wash my face

◀全訳▶　問題A.

(1) 私は机の下で私の鉛筆を見つけました。

(2) あなたは手を暖かく保つためにこれらを身に着けることができます。

(3) 今日は木曜日です。私は昨日，本を数冊買うために書店に行きました。

問題B.

(1)

A：あなたの明日の予定は何ですか？

B：私は兄と映画を見る予定です。

A：それは楽しいでしょうね。

(2)

A：今日はとても暑いです，私はのどが渇きました。

B：私もです。何か冷たいものが飲みたいです。

A：では，ジュースを買いましょう。

問題C. 私はあなたたちに3つのことをしてもらいたいです。1つ目は，夜しっかりと睡眠をとることです。私はたいてい午後10時から午前6時まで眠ります。練習をがんばるためには夜しっかりと睡眠をとることが大切です。2つ目は，チームのメンバーと頻繁にコミュニケーションをとることです。そうすることで，メンバー全員がチームとしてうまくやっていけることができます。また，あなたは彼らが何を考えているのかを理解することができます。3つ目は，気持ちのよい朝で一日を始めることです。例えば，窓を開けて新鮮な空気が入ると気持ちよく感じられます。よい一日を始めるために，あなたが朝できることは他に何がありますか？

2 【解き方】(1) (あ)「あなたの発表は何についてですか？」という質問に対する返答。「にんじんや玉ねぎのような，私たちの町の『野菜』についてです」となる。「～のような～」＝ such as ～。(い)「交流会の日，どのくらいの間ダーシャは私たちといっしょにいますか？」という質問に対する返答。「1時間です」＝ For an hour。時間の長さを表すときはforを使う。

(2) (う)「動物」＝ animal。(え)「夢」＝ dream。

(3) ①「あなたはそこでそれらの作り方を学ぶことができます」となる。「～のしかた」＝ how to ～。②「その橋は約100年前に建てられました」となる。「～される」は受動態〈be動詞＋過去分詞〉を使う。

(4) (お) ダーシャが「彼女は姉の娘です」と返事をしていることから「この女の子は『誰』ですか？」という質問となる。(か) リョウの「この歌手がとても好きです」という発言への応答。「私もその歌手の大『ファン』です」となる。

(5) 下線部を含む文は「今日は私を交流会へ招待してくれてありがとう」という意味となる。「～してくれてありがとう」= Thank you for ～ing。「～を…に招待する」= invite ～ to …。

(6)「～と話す」= talk with ～。「英語で」= in English。

【答】 (1) (あ) エ　(い) ア　(2) (う) animal　(え) dream　(3) (例) ① to make　② was built　(4) (お) who　(か) fan　(5) for inviting me to　(6) (例) talked with her in English

3 **【解き方】** 問題 A. (1)「釣りを楽しみました」,「走って車に戻りました」,「野生の鳥を見ました。それらは川で泳いでいました」と述べている。(2) スピーチの後半でほたるを見に行ったことが述べられており，下線部を含む文の前半には「1 匹も見つけられなかったのが悲しい」とある。トシがもう一度したいことは，エの「ほたるを見に川へ行く」が最も適当。

問題 B. (1) Q1 のグラフを見る。「普段運動をしていますか？」という質問に対して 48 人が「いいえ」と回答している。about =「約」。(2) (い) プロギングのあとの「きれいな」町。(う) プロギングで町を「きれいにする」ことができる。(3) ア.「テッドはよく健康のために運動をしている」。テッドの 2 番目のせりふを見る。テッドはアンケート調査の 2 つの質問に「はい」と答えた。正しい。イ. テッドの 3 番目のせりふを見る。プロギングではどのくらいの時間をかけるかを自分で決めることができる。ウ. アユの最後のせりふを見る。「プロギングを一度もしたことがない」と言っている。エ. Q2 のグラフを見る。200 人のうち「いいえ」と答えたのは 22 人。約 35 %ではなく約 10 %である。

【答】 問題 A. (1) ウ　(2) エ　問題 B. (1) イ　(2) clean　(3) ア

◀全訳▶　問題 A. 私は昨日，父とモミジ川に行きました。私たちは最初に昼食を食べました。昼食のあとに，私たちは野生の鳥を見ました。それらは川で泳いでいました。それから，私たちは釣りを楽しみました。私たちはたくさんの魚を釣りました。夕方，私たちは夕飯のためにその魚を料理しました。私たちはほたるを見たかったので，川に沿って歩きました。すぐに雨が降り始めたので，私たちは走って車に戻りました。私は 1 匹も見つけられなかったのが悲しいので，またやってみたいです。次は何匹か見られるといいなと思います。

問題 B.

テッド：これを見てください。約 50 人の生徒が普段運動をしていないと言っています。

アユ：でも，約 180 人の生徒が運動は彼らの健康によいと思っていますね。これら 2 つの質問へのあなたの回答は何でしたか？

テッド：僕はそれら 2 つの質問に「はい」と答えました。

アユ：あなたは健康のためにどんな運動をしていますか？　私も運動をしたいです。

テッド：僕はよく「プロギング」チームに参加します。プロギングとはジョギングのおもしろい方法です。ジョギングをしながら，道路のごみを拾います。僕たちのチームはたいていプロギングに 1 時間以上かけますが，どのくらいの時間をかけるかを決めることができます。僕たちは先週たくさんのごみを集めました。僕はプロギングのあとのきれいな町を見てよい気分になりました。

アユ：それはおもしろいですね。私たちはプロギングによって町をきれいにすることができるんですね。私はプロギングを一度もしたことがありません。私はそれをやってみたいです。

4 **【解き方】** (1) 新聞のふきだしの中に「一緒にラミントンを作りましょう。ラミントンはオーストラリア発祥のケーキの一種です」と書かれている。

(2) 新聞の発行日は 9 月 25 日。ワールドフェスティバルが開催されるのは来月と書かれている。

(3) ア. 新聞の中ほどを見る。「このお祭りではたくさんのイベントがある」と書かれている。イ. アレックスのイベントは午前 10 時 30 分に始まる。ウ. 新聞の最後から 2 行目を見る。アレックスのイベントは無料であり，チケットを購入する必要はない。エ.「ワールドフェスティバルについての情報はインターネット上で与えられている」。新聞の最後の行を見る。正しい。

(4) イベントは日曜日に行われる。また，下線部を含む文で「このバスに乗って行くと，僕たちは午前 10 時 5 分にバス停に着く」と言っている。直前のカオリのせりふで「サクラ駅からモミジ公園のバス停まで 15 分かかる」とあるので，出発時刻は15分前の午前9時50分となる。

【答】(1) ウ　(2) October　(3) エ　(4) イ

◀**全訳**▶

アレックスの新聞 No.13／9月25日月曜日

アレックスとケーキを作りましょう！

モミジ市は来月ワールドフェスティバルを開催します。

「お祭りで一緒に『ラミントン』を作りましょう。ラミントンはオーストラリア発祥のケーキの一種です。オーストラリアの人々はそれが大好きです」

このお祭りではたくさんのイベントがあり，私のイベントはそのうちの一つです。

このお祭りで外国とその文化について学んでください。

モミジ市ワールドフェスティバル

モミジ公園にて

・日付：10月8日日曜日
・時間：午前10:00～午後5:00

アレックスのイベント
午前10:30～午前11:50

・私のイベントに参加するためには，午前10:20までにモミジ公園のインフォメーションセンターへお越しください。
・私のイベントは誰でも無料で参加できます。チケットを購入する必要はありません。
・お祭りについての詳細は，モミジ市のウェブサイトをご覧ください。

カオリ　：新聞を読んだ？　アレックスのイベントに参加しない？

ディエゴ：もちろん。僕たちはサクラ駅からモミジ公園へバスに乗ることができるよね？　バスの時刻表を確認してみよう。

カオリ　：そのバスはサクラ駅からモミジ公園のバス停まで行くのに15分かかるね。また，私たちはバス停からインフォメーションセンターまで歩くのに5分必要だよ。

ディエゴ：じゃあ，もしこのバスに乗って行くと，僕たちは午前10時5分にバス停に着くね。

カオリ　：そうだね，そして私たちはインフォメーションセンターに午前10時10分に着くね。サクラ駅で集合するのはどう？

ディエゴ：いいよ。

5 **【解き方】**(1) カスタネットは円盤をたたき合わせて「音」を出すもの。

(2) 直前の文を見る。音楽の先生は小さな子どもたちが「容易に演奏する」ことができる楽器を作りたいと思っていた。

(3) 直前の文にある「彼は再びカスタネットを作り始めた」を指している。

(4) (え) 森を豊かにするために始まったプロジェクトは，森の悪い状態を「よくしたいと思っている」。「よくする，向上させる」= improve。(お) 男性は切り倒した木の木材でカスタネットを作るという考えに「賛成した」。「～に賛成する」= agree with ～。

(5) ア．第5段落の4文目を見る。男性は「カスタネットに木材を使用することでそのプロジェクトや森，町を助けることができる」と思っている。第4段落の1文目にプロジェクトの目的は「豊かな森を生み出すこと」とある。イ．「男性はプロジェクトチームに森の木々を切り倒すのをやめてほしいと思っている」。本文にそのような記述はない。ウ．第５段落の５文目を見る。「森は町にとって特別な贈り物になる」と述べられている。エ．第５段落の中ほどを見る。男性は「カスタネットは子どもたちに森の木々について教えることができる」と思っている。

(6) ア．「写真で示されているカスタネットは日本で作られた」。第１段落の最終文を見る。合っている。イ．「音楽の先生が工房で彼の子どものために音楽の授業をした」という記述はない。ウ．「プロジェクトが新しい工房を開き，男性の工房を閉じることを決めた」という記述はない。エ．第５段落の１文目を見る。男性にとって，プロジェクトから与えられた木材で円盤を作ることは難しかった。オ．「色を塗られていない木材の円盤には，木材の自然な色合いが現れる」。第５段落後半の男性のせりふ部分を見る。「それぞれの円盤が自然の色をしているのです。私は円盤に色を塗りません」とある。合っている。

【答】 (1) ウ　(2) 容易に演奏する（同意可）　(3) エ　(4) ア　(5) イ　(6) ア・オ

◀全訳▶　この写真を見てください。これは木で作られたカスタネットを示しています。どのようにしてそれらを演奏するのでしょうか？　それは簡単です。円盤を軽くたたき合わせると音を出すことができます。日本では音楽の授業で小さな子どもたちがよくこの楽器を演奏します。ここで示されているカスタネットは，日本で考案されて誕生し，ある男性が日本の山間部にある工房で作っています。

何年も前にその男性の父親がその工房を持ち，そこで木製の製品を作っていました。1947年頃，ある音楽の先生がその父親のところを訪問しました。その先生は，小さな子どもたちが容易に演奏することができる楽器を作りたいと思っていました。先生は自分の考えを父親に説明し，彼に助けを求めました。父親と先生が一緒に取り組み，カスタネットが誕生しました。カスタネットは人気になり，日本の多くの学校で使われました。

その後，男性が父親から工房を引き継ぎ，カスタネットを作り続けました。しかし，状況は少しずつ変わっていました。男性はカスタネットのための木材を手に入れられなくなり，彼は2013年の春に工房を閉じてしまいました。数か月後，彼は再びカスタネットを作り始めました。彼がそうするのを何が助けたのでしょうか？その答えは工房の近くの山々で活動しているプロジェクトでした。

そのプロジェクトは，豊かな森を作り出し，それらの周辺に地域社会をつくるために2003年に始まりました。森の状態が悪かったので，プロジェクトチームがその状態をよくしたいと思っていました。チームは豊かな森を作るために木々を切り倒さなければなりませんでしたが，それらの木々を無駄にしませんでした。2013年の夏，チームは男性にそれらの木々で作られた木材でカスタネットを作るよう頼みました。彼はその考えに賛成し，再びカスタネットを作るために工房を開けました。彼はそれ以来，プロジェクトから提供された木材を使っています。

実際，円盤をそのような木材から作ることは彼にとって難しいことですが，彼はそれを使います。彼にはその理由がいくつかあります。１つ目は，彼は自分の町のために何かしたいと思っています。彼は自分のカスタネットにその木材を使用することはそのプロジェクトや森，町を助けることができると信じています。森は町にとって特別な贈り物になるでしょう。２つ目は，彼は子どもたちのために何かしたいと思っています。彼は，カスタネットは子どもたちに森の木々について教えることができると思っています。子どもたちが彼の工房を訪れたときに，彼は「それぞれの円盤が自然の色をしているのです。私は円盤に色を塗りません。それらの色の違いを見つけましょう」と言います。彼は子どもたちが木々に興味を持ち，それらについて学んでくれることを願っています。

円盤を軽くたたき合わせてください。木々の声が聞こえますよ。

国　語

1 【解き方】(2) 活用のない自立語で，体言を修飾する連体詞。ア・ウ・エは活用のある自立語で，言い切りの形が「～だ」となる形容動詞。

(3) 後ろに推量を示す「だろう」があることから，それに対応する副詞を考える。

(4) 例文の「いらっしゃる」は「来る」の尊敬語なので，「言う」の尊敬語を考える。

(5) ① アはつじつまが合わないこと，イは不要な心配をすること，ウは余計なもの，エは文章を練り直す，という意味の故事成語。②「自転車で」は，文を不自然ではないところで区切ったまとまりのうちのひとつ。③前で，「自転車で」という言葉が「出かけた」にかかると「弟が自転車に乗っていることにな」ると述べていることをふまえて考える。④ 亜紀が，「どことなく読みづらい」「自転車に乗っているのが誰なのかがわかりにくい」と述べたあとで，伸一は「二通りの解釈が可能」であることについてくわしく説明している。また，「内容をわかりやすくするためには，どうすればいいでしょうか」と健太に問われた際に，伸一は「読点を付けて，意味のまとまりを明確にするといい」と具体的なアドバイスをしている。

【答】(1) ① いせき　② あかつき　③ 保管　④ 舌　(2) イ　(3) エ　(4) おっしゃる

(5) ① エ　② ア　③ ア　④ ウ

2 【解き方】(1) 季語は「月の客」で，月を眺めにきた人を表すことから考える。なお，「月」単体であっても秋の季語である。

(2) 語頭以外の「は・ひ・ふ・へ・ほ」は「わ・い・う・え・お」にする。

(3) ①「酒堂」は，「去来」の句が「伝統を踏まえてよまれたもの」だと理解し，「それだったら，『月の猿』と言った方がいいのではないか」と意見しているので，「猿と月という取り合わせ」の説明に着目する。② Y. 自身の句で表現しようとした光景について，「去来」は「中秋の名月に誘われて山野を歩いていると…それで嬉しくなって作った」と答えている。Z.「芭蕉」は，「去来」の考えを否定しており，「月の客」は「自分自身のこと」だという解釈を示している。

(4)「文学作品」においては「作者の意図は絶対ではな」く，作者の「意図を超えた読みは追求可能だし，そこにこそ文学作品の豊かな解釈は存している，という可能性を教えてくれているから」と続けていることに着目する。

【答】(1) 秋　(2) おもい　(3) ① 伝統的な素材　② イ　(4) ウ

3 【解き方】(1) X. 説明した文中の前後にある「今の運動部員たちの姿を」「を詰め込んだあざやかな絵」に注目。本文中で，絵を「真っ黒に塗りつぶ」す前の，「僕」が描いた運動部員の姿について，「黒」を「一度も，一ミリだって使っていない」ことや，「僕」が描いていたものを「あざやかな色合い」「虹色」と表現していることをふまえて探す。Y. あざやかだった絵を全部黒く塗りつぶしながら，「そうだよな。と，僕は思った…心のどこかでずっと思っていたんだ」「いっそ真っ黒に塗りつぶせ…うその塊なんて」と感じている。

(2) 直後で，「真っ黒なキャンバス」を見た「鈴音」が，「破裂したように大声で泣き出し」て，「絵っ，……絵，汚して，だか，……だからそんなっ，」と言ったことと，「鈴音」が「運動部員の練習する姿」の絵を墨で汚してしまったことをあわせて考える。

(3)「鈴音」の「まっすぐに，感情を爆発させている姿」を見た「僕」が，その姿を「きれい」だと思っていることをおさえる。また，その姿を見た後で，「僕」が真っ黒なキャンバスの「黒を削り出してい」き，「黒い絵の具の中」から「僕が描いていたあざやかな色合い」を出していることをふまえて考える。

(4)「これは」とあるので，直前の「いいぞ。慎重につかみ取れ。決して逃すな。対象を捉えろ，この鈴音の爆発を捉えろ，削り出し，描け」に注目。

(5) A.「運動部員」たちが「大会がなくなって，ふてくされて練習に身が入らなくなっている」ように，「僕」自身も「市郡展の審査がない」ことが響き，「うまく絵が描けなくなっていた」と感じている。B. 削り出しながら,「塗りつぶされて, 憤って…かすかな抵抗をする」「何が変わるわけじゃないけれど…全力で泣いている鈴音のほうが, よっぽど生きている感じがする」と思っていることに注目。大会がなくなった「鈴音」たち運動部員は「ふてくされて練習に身が入らなくなって」いたり, 市郡展の審査がなくなった「僕」もなんだか「イライラして」いたりしていたが, ここでは, 真っ黒に塗りつぶされた絵にショックを受けた「鈴音」が「感情を爆発させ」て全力で泣いており, その姿を見た「僕」は, 生まれて初めてなほどの「好戦的な気持ち」で絵を描いている。

(6)「あざやかだった絵」をしっかりと「真っ黒に塗りつぶ」すことで, 少しずつ「落ち着いて」いき,「なんかこの絵はうそっぽい」と自分の本心に気づいている。

【答】(1) X. たくさんの色彩 Y. うそっぽい (2) エ (3) ア

(4) 感情を爆発させる鈴音の姿をそのまま描こう (20字) (同意可) (5) A. イ B. オ (6) イ

4 **【解き方】**(1)「優れたプロ棋士は一手を指すとき, その何十手先までも読んでいる」と言われるが,「AI」は「棋士のはるか先まで瞬時に指し手 (正解) を計算」している。そのため,「蓄積されたデータ数と計算速度」を競うとしたら「人間が将棋でAIに勝つのはほぼ不可能」と述べている。

(2) ⓑでは,「人間が将棋でAIに勝つのはほぼ不可能」と言えることに対して,「だからと言って,『何かを思考するとき, もう人間はAIに勝てない』などと嘆き悲しむ必要はありません」と, 相反することを述べている。ⓔでは,「ピッチングに専念」したり「バッティングだけに集中」したりすれば「成功する可能性が高くなる」ことに反して, 大谷選手はあえて「成功する可能性の高い選択肢」を選ばなかったと述べている。

(3)「『何かを思考するとき, もう人間はAIに勝てない』などと嘆き悲しむ必要はありません」と述べた後で, その理由について説明している。AIは「勝つためにすでに実践されたことのある『解』への最短距離」を求めることはできるが,「誰もがまだ成し遂げたことのない創造的…な偉業」はできないと述べている。

(4) 直前に,「創造的思考へのアプローチ」は,「おもしろそう!」「楽しそう!」といった「素直な気持ちに従うことから始まる」とあることに注目。そのあとで大谷選手の例を紹介し,「大谷選手は自分が…『なりたい!』と願った姿を目指して, 決断し, 挑戦した」「そんな大谷選手こそ『クリエイティブな生き方』を実践している若者だと私は思う」とまとめていることをおさえる。

(5)「あらゆる『創造的 (クリエイティブ) な偉業』を達成したひとたちは, 世間では『絶対に変えられないもの』と考えられていた『常識』の壁を突破した者たち」と述べていることに着目する。

【答】(1) イ (2) ア (3) すでに実践されたことのある (4) ウ

(5) 常識にとらわれないで挑戦する (14字) (同意可)

~MEMO~

岡山県公立高等学校
（特別入学者選抜）

2022年度
入学試験問題

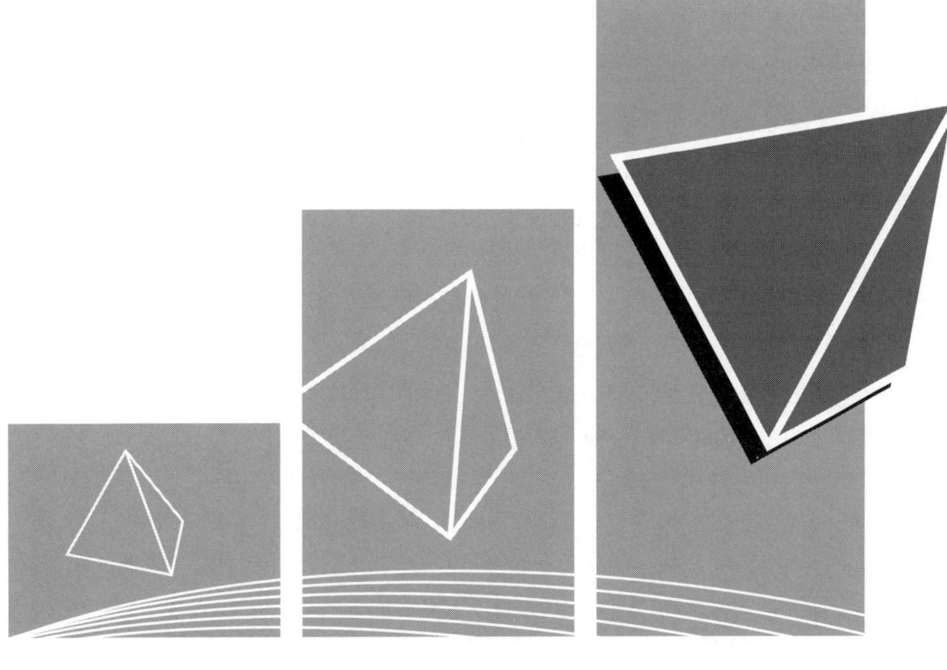

数学

時間　45分　　　　満点　70点

(注)　1　答えに $\sqrt{\ }$ が含まれるときは，$\sqrt{\ }$ をつけたままで答えなさい。また，$\sqrt{\ }$ の中の数は，できるだけ小さい自然数にしなさい。

2　円周率は π を用いなさい。

1　次の①～⑤の計算をしなさい。⑥，⑦は指示に従って答えなさい。

① $-5+2\times3$　(　　　)

② $\left(-\frac{4}{9}\right)\times\frac{3}{8}$　(　　　)

③ $(-3)^2-7$　(　　　)

④ $15a^4b^3\div3a^2b\div ab^2$　(　　　)

⑤ $\sqrt{8}-\frac{6}{\sqrt{2}}$　(　　　)

⑥ $(x+6)(x-5)$ を展開しなさい。(　　　)

⑦ 方程式 $2x^2+x-2=0$ を解きなさい。(　　　)

2　次の①～⑤に答えなさい。

① 次の【問題】は，方程式 $6x-10=4x+20$ により解くことができる問題の一つです。 (1) ， (2) に当てはまることばの組み合わせとして最も適当なのは，ア～エのうちではどれですか。一つ答えなさい。(　　　)

【問題】

> 鉛筆を何人かの子供に配ります。1人に6本ずつ配ると10本 (1) ，1人に4本ずつ配ると20本 (2) ます。
>
> 子供の人数を x 人として，x を求めなさい。

ア　(1)　余り　(2)　余り　　イ　(1)　余り　(2)　不足し　　ウ　(1)　不足し　(2)　余り

エ　(1)　不足し　(2)　不足し

② 右の投影図で表される円柱について，立面図は縦7cm，横6cmの長方形です。この円柱の体積を求めなさい。(　　　cm^3)

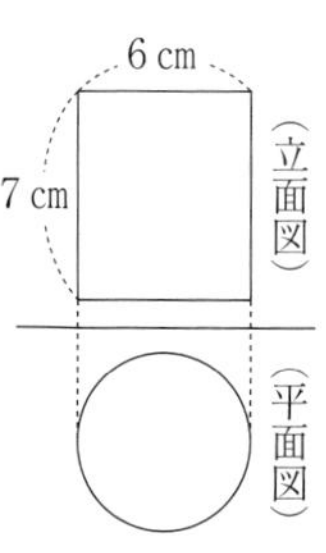

③ あたりくじ3本，はずれくじ2本の合計5本が入った箱があります。A，Bの2人がこの順に箱から1本ずつ引くとき，2人ともあたりくじを引く確率を求めなさい。ただし，1回引いたくじは箱の中に戻さないものとし，どのくじが引かれることも同様に確からしいものとします。(　　　)

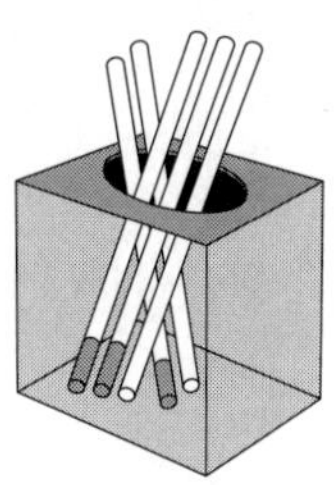

④ $2.5 < \sqrt{a} < 3$ をみたす自然数 a の値をすべて求めなさい。(　　　)

⑤ 右の図のような，線分ABとその中点M，直線 ℓ について，【条件】をみたす△ABCを，定規とコンパスを使って作図しなさい。作図に使った線は残しておきなさい。

【条件】

> 頂点Cは直線 ℓ 上にあり，$\angle ACB = 90°$，$AC < BC$ である。

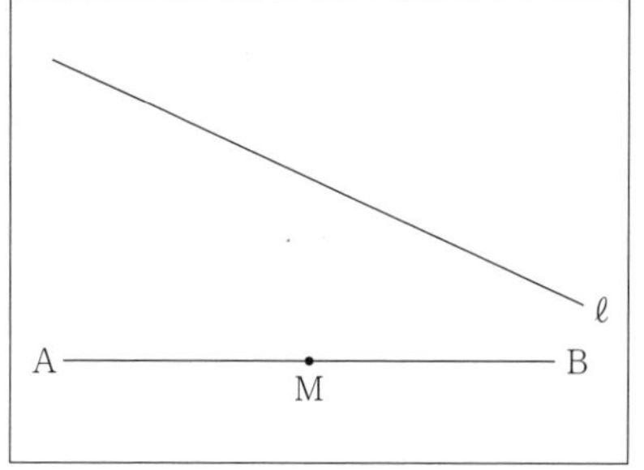

3 右の図のように，関数 $y = x + 2$，$y = 2x + 1$ のグラフをそれぞれ直線 ℓ，m とし，直線 ℓ と x 軸との交点をA，直線 m と y 軸との交点をB，直線 ℓ と直線 m との交点をCとします。①～④に答えなさい。ただし，原点Oから点(1, 0)までの距離，原点Oから点(0, 1)までの距離をそれぞれ1cmとします。

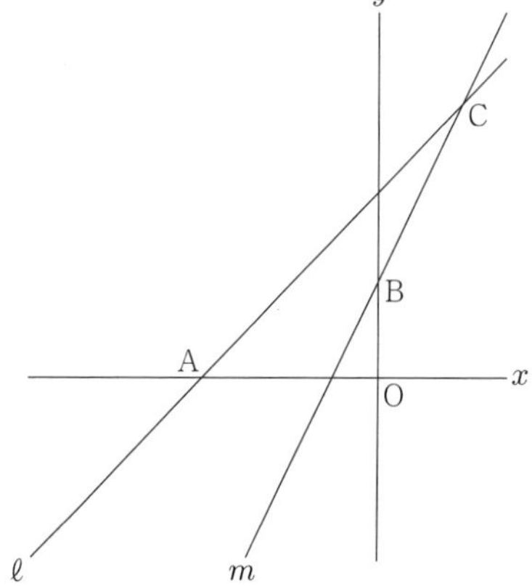

① 関数 $y = 2x + 1$ について，ことがらⅠ，Ⅱの内容の正誤を表したものとして最も適当なのは，ア～エのうちではどれですか。一つ答えなさい。(　　　)

Ⅰ　y は x の一次関数である。　　Ⅱ　y は x に比例する。

ア　Ⅰ，Ⅱのどちらも正しい。　　イ　Ⅰのみ正しい。

ウ　Ⅱのみ正しい。　　エ　Ⅰ，Ⅱのどちらも誤っている。

② 関数 $y = 2x + 1$ について，x の増加量が4のとき，y の増加量を求めなさい。(　　　)

③ 点Cの座標を求めなさい。(　　　)

④ 点Bから直線 ℓ にひいた垂線と直線 ℓ との交点をPとするとき，線分BPの長さは次のように求めることができます。［(1)］，［(2)］に適当な数を書きなさい。(1)(　　　)　(2)(　　　)

点Aと点Bを結ぶとき，線分ABの長さは［(1)］cmである。線分BCの長さを求めると，△ABCが二等辺三角形であることがわかるので，線分BPの長さは［(2)］cmである。

4　次の図1は，あるつり橋のケーブルの断面と，素線（針金の一種）を正六角形の形に束ねた「ストランド」の断面を表しています。また，図2，3は，同じ種類の素線を1周目，2周目と束ねたストランドの断面の模式図です。このようにして，断面が直径5mmの円である素線を，芯となる素線の周りに1周目，2周目，…と正六角形の形に束ねていくとき，模式図で一辺に並ぶ円の個数とストランドの太さ，素線の本数について，①～③に答えなさい。

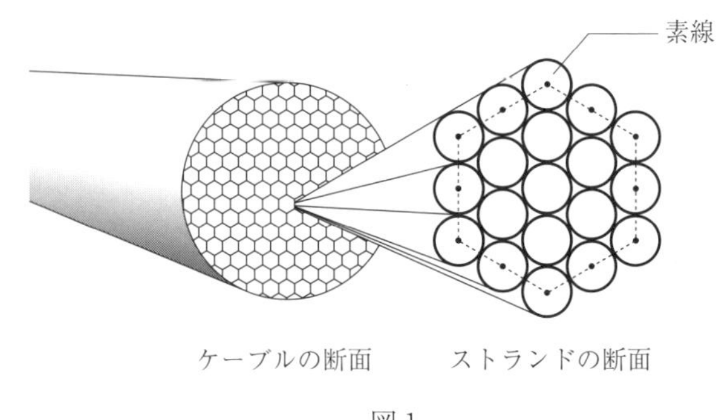

図1

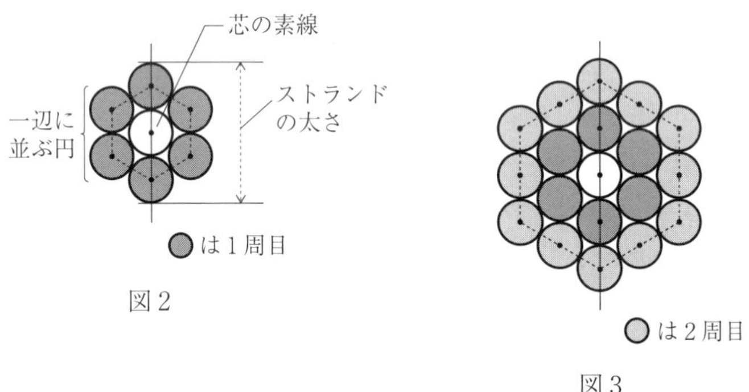

図2

図3

【ストランドの太さについて】

・縦一列に並ぶ円の中心は，すべて同じ直線上にある。
・ストランドの太さは，芯の素線を含む縦一列に並ぶ円の直径の和とする。例えば，図2で表されるストランドの太さは15mmである。

①　表の (あ) ～ (う) に適当な数を書きなさい。(あ)(　　　)　(い)(　　　)　(う)(　　　)

周(周目)	1	2	3	…	(い)	…
一辺に並ぶ円の個数(個)	2	3	4	…	(う)	…
ストランドの太さ(mm)	15	25	(あ)	…	65	…

②　nが自然数のとき，ストランドのn周目にある素線の本数を表す式は，次のように求めることができます。 (え) ， (お) に適当な式を書きなさい。(え)(　　　)　(お)(　　　)

・n 周目の模式図で，一辺に並ぶ円を図4のように囲むと，1つの囲みに円が ［(え)］ 個ある。

・同じ囲みが6つあるから，この囲みで数えた円は，6 ×（［(え)］）個になる。

・各頂点の円を2回数えているから，n 周目のすべての円は，6 ×（［(え)］）個より頂点の数だけ少ない。よって，n 周目にある円の個数を表す式は，［(お)］ である。

したがって，ストランドの n 周目にある素線の本数を表す式は，［(お)］ になる。

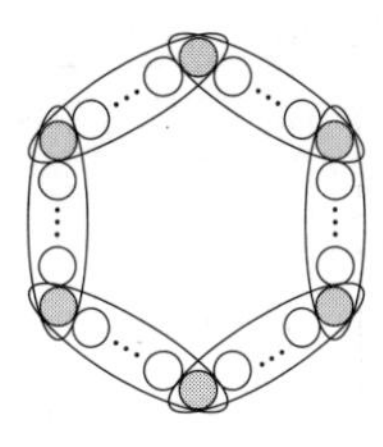

図4

③　太さ65mmのストランドに使われている素線は，全部で何本になるかを求めなさい。ただし，芯の素線も含みます。(　　　　本)

5 次は，1年生の図書委員のレポートです。①，②に答えなさい。

図書室利用と読書時間について

1年図書委員

1 目的

読書時間を増やすため，1年生（70名）の現状を分析します。

2 調査Ⅰ

クラスごとに，各個人の1か月間の図書室の利用回数をヒストグラムに表しました。

例えば，どちらのクラスも，利用回数が10回以上12回未満の階級に入っている生徒は3人であることがわかります。

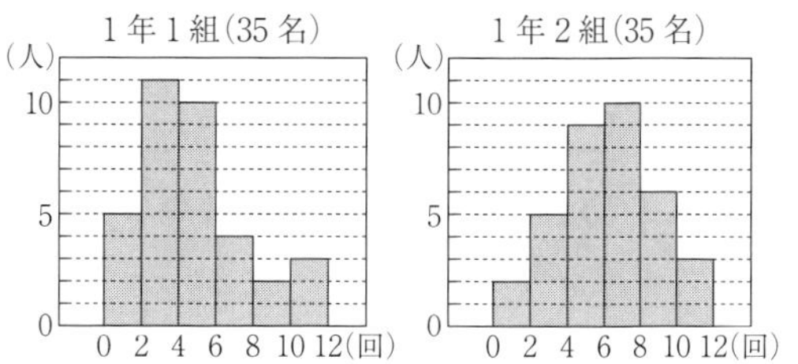

3 調査Ⅱ

1年生全員を対象に，調査Ⅰの利用回数が，

6回未満をAグループ

6回以上をBグループ

に分け，各個人の1日あたりの読書時間を度数分布表に表しました。

度数分布表(1日あたりの読書時間)

階級(分)	Aグループ		Bグループ	
	度数(人)	相対度数	度数(人)	相対度数
以上 未満 0 ～ 10	6	0.14	0	0.00
10 ～ 20	18	0.43	2	0.07
20 ～ 30	8	0.19	8	0.29
30 ～ 40	6	0.14	10	0.36
40 ～ 50	4	0.10	6	0.21
50 ～ 60	0	0.00	2	0.07
合計	42	1.00	28	1.00

4 まとめ

調査Ⅰから1組の生徒の図書室の利用回数は2組と比べて少ない傾向でした。また，調査Ⅱから利用回数が多い人ほど1日あたりの読書時間が多い傾向であると思います。

よって，図書室の利用回数を増やせば読書時間の増加が期待できると思います。今後も，図書室の利用を促す活動をしていきます。

① 調査Ⅰについて，(1)，(2)に答えなさい。

(1) 1年1組について，中央値が入っている階級を答えなさい。（　　　回以上　　　回未満）

(2) 2つのヒストグラムから読みとれることとして必ず正しいといえるのは，ア～エのうちではどれですか。当てはまるものをすべて答えなさい。（　　　）

ア 1年1組は1年2組より，利用回数が8回以上の人数が少ない。

イ 1年1組は1年2組より，利用回数の分布の範囲が小さい。

ウ 1年1組は1年2組より，ヒストグラムからわかる最頻値が小さい。

エ どちらのヒストグラムも階級の幅は12回である。

② 調査Ⅱについて，(1)，(2)に答えなさい。

(1) 度数分布表をもとに表される，縦軸を相対度数とした度数分布多角形（度数折れ線）として最も適当なのは，ア～エのうちではどれですか。一つ答えなさい。(　　　)

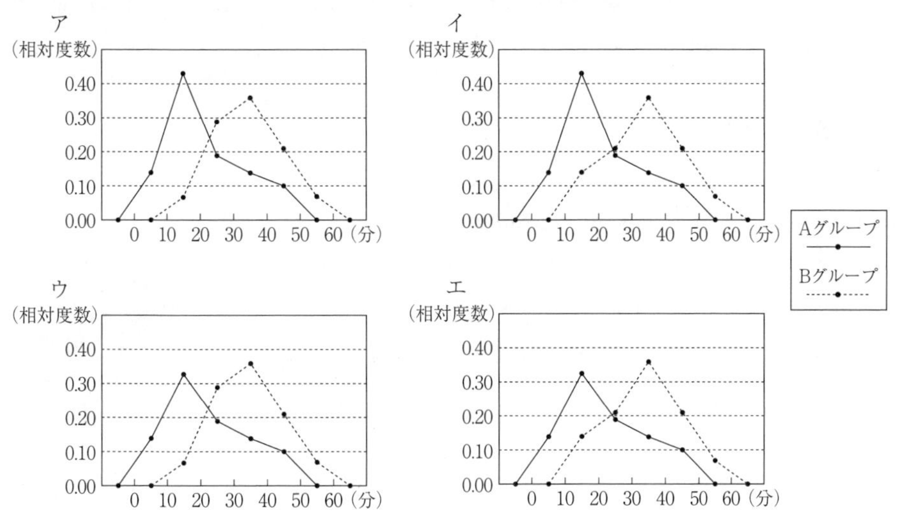

(2) 1日あたりの読書時間の平均値は，Aグループがちょうど20分，Bグループがちょうど35分でした。1年生全員の1日あたりの読書時間の平均値を求めなさい。ただし，答えを求めるまでの過程も書きなさい。

(　　　　　　　　　　　　　　　　　　　　　　　　　　　　　　　　　)

6 次の図1のように，合同な正方形ABCDと正方形OEFGがあり，頂点Oは正方形ABCDの対角線の交点に重なり，辺BCと辺OEは垂直に交わっています。次に，正方形OEFGを，点Oを中心として回転移動させます。図2は，反時計回りに45°だけ回転移動させた図です。太郎さんは，〈気付きと予想〉について確認しました。①～③に答えなさい。ただし，点Pは辺BCと辺OEとの交点，点Qは辺CDと辺OGとの交点とします。

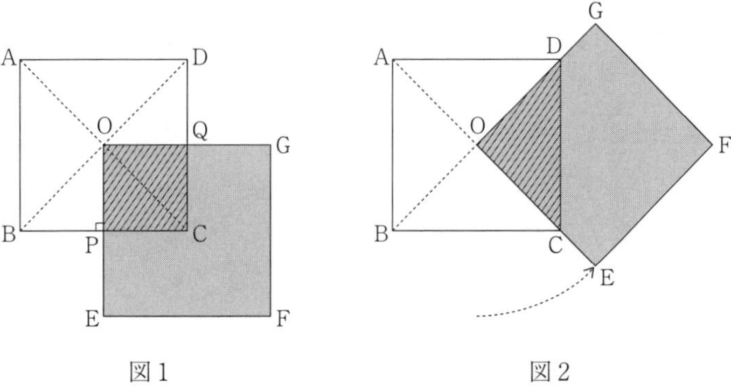

図1　　　　図2

〈気付きと予想〉

> 図1，2で，2つの正方形が重なる部分（▨）の面積は，どちらも正方形ABCDの面積の［(あ)］倍です。正方形OEFGを図1から図2の状態まで回転移動させる間は，2つの正方形が重なる部分の面積は変化しない，と予想します。

① ［(あ)］に適当な数を書きなさい。(　　　)

② 太郎さんは，予想を確認するために，正方形OEFGをある角度だけ回転移動させた図3で，△OPCと△OQDに着目しました。次の〈太郎さんの確認資料〉について，［(い)］に∠POC＝∠QODを導くまでの過程を書きなさい。また，［(う)］に当てはまるものとして最も適当なのは，ア～エのうちではどれですか。一つ答えなさい。

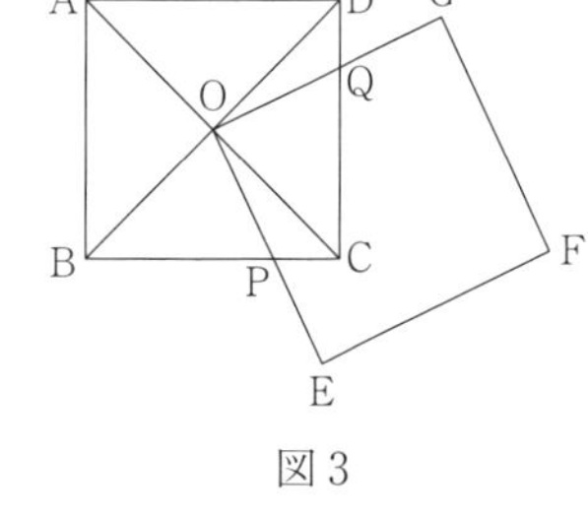

図3

(い)(　　　　　　　　　　　　　　　　　　　　　　　　)

(う)(　　　　)

〈太郎さんの確認資料〉

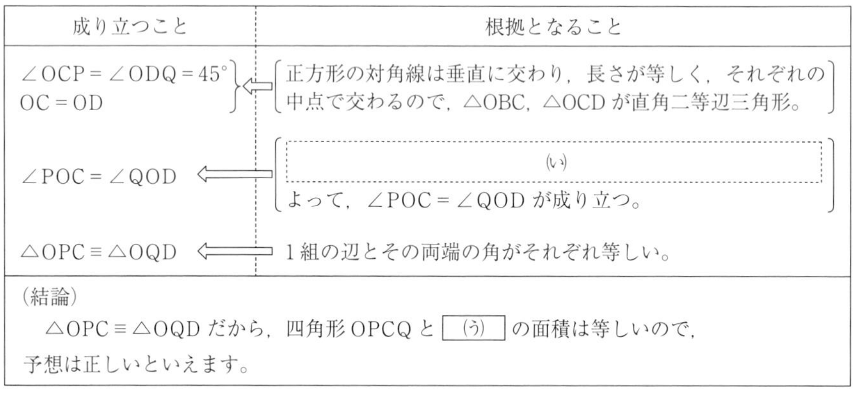

成り立つこと	根拠となること
∠OCP＝∠ODQ＝45° OC＝OD	正方形の対角線は垂直に交わり，長さが等しく，それぞれの中点で交わるので，△OBC，△OCDが直角二等辺三角形。
∠POC＝∠QOD	［(い)］ よって，∠POC＝∠QODが成り立つ。
△OPC≡△OQD	1組の辺とその両端の角がそれぞれ等しい。

(結論)

△OPC≡△OQDだから，四角形OPCQと［(う)］の面積は等しいので，予想は正しいといえます。

ア　四角形OABP　　イ　四角形OQDA　　ウ　△BCD　　エ　△OCD

③ 右の図4は，辺CDをCの方に延長した半直線DCと点Eが重なるように，正方形OEFGを回転移動させた図です。正方形ABCDの一辺の長さが6cmのとき，(1)，(2)に答えなさい。

(1) ∠PECの大きさを求めなさい。(　　　)

(2) △PECの面積を求めなさい。(　　　cm^2)

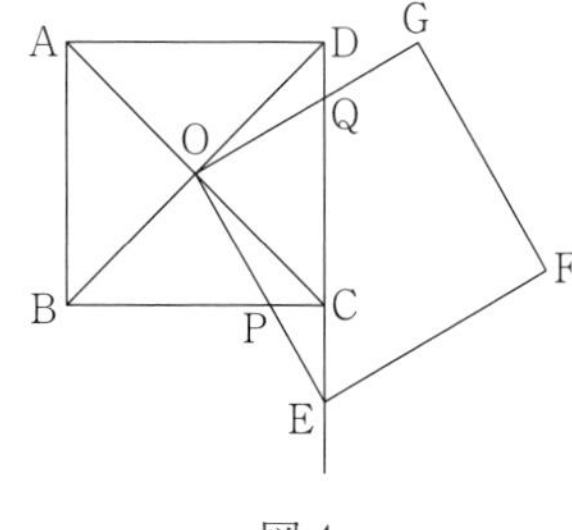

図4

英語

時間 45分　　満点 70点

(編集部注) 放送問題の放送原稿は英語の末尾に掲載しています。
音声の再生についてはもくじをご覧ください。

(注) 1 英語で書くところは，活字体，筆記体のどちらで書いてもかまいません。

2 語数が指定されている設問では，「,」や「.」などの符号は語数に含めません。また，「don't」などの短縮形は，1語とします。

1 この問題は聞き取り検査です。問題A～問題Cに答えなさい。すべての問題で英語は2回ずつ読まれます。途中でメモをとってもかまいません。

問題A (1)～(3)のそれぞれの英文で説明されている内容として最も適当なのは，ア～エのうちではどれですか。一つ答えなさい。(1)(　　) (2)(　　) (3)(　　)

(1) ア　イ　ウ　エ

(2)

ア

時間割	
1	体育
2	国語
3	社会
4	理科
昼食 (12:00～12:45)	
5	数学
6	英語

イ

時間割	
1	国語
2	数学
3	社会
4	理科
昼食 (12:00～12:45)	
5	体育
6	英語

ウ

時間割	
1	数学
2	英語
3	社会
4	理科
昼食 (12:00～12:45)	
5	体育
6	国語

エ

時間割	
1	体育
2	理科
3	英語
4	国語
昼食 (12:00～12:45)	
5	数学
6	社会

(3)

ア 50M走の順位
1位 Aya
2位 Yoko
3位 Mika

イ 50M走の順位
1位 Yoko
2位 Aya
3位 Mika

ウ 50M走の順位
1位 Mika
2位 Yoko
3位 Aya

エ 50M走の順位
1位 Mika
2位 Aya
3位 Yoko

問題B (1)，(2)のそれぞれの会話の最後の文に対する応答部分でチャイムが鳴ります。そのチャイムの部分に入れるのに最も適当なのは，ア～エのうちではどれですか。一つ答えなさい。

(1)(　　) (2)(　　)

(1) ア I see. I have been there.　イ I like it. It has many books.
ウ No. I didn't go there by car.　エ Me too. The museum was really good.

(2) ア You have just eaten dinner. So you can have it.
イ Do you want to make one? Tell me if you need any help.
ウ No. You can eat it after dinner. That will be better.

エ　Yes. You need to have it for breakfast tomorrow.

問題C　中学生の Taro のスピーチが英語で読まれます。(1)～(3)に答えなさい。

(1)　スピーチの中で Taro が最初に紹介している写真として最も適当なのは，ア～エのうちではどれですか。一つ答えなさい。(　　　)

ア

イ

ウ

エ

(2)　スピーチの中で Taro が今必要だと思っていることとして最も適当なのは，ア～エのうちではどれですか。一つ答えなさい。(　　　)

ア　家族や友人と過ごすこと　　イ　友人をつくること　　ウ　踊りの歴史を学ぶこと

エ　英語を勉強すること

(3)　スピーチの最後に Taro がした質問に対して，あなたならどのように答えますか。［　　］にあなたの答えを英語4語以上で書きなさい。

(　　　　　　　　　　　　　　　　　　　　　　　　　　　　　)

I think you should ［　　］.

2 中学生のRikoとDan，留学生のJustinは同じクラスで，谷先生（Ms. Tani）が英語の授業を担当しています。①～⑤に答えなさい。

① 谷先生が，授業の始めに生徒と話をしました。 (あ) ， (い) に入れるのに最も適当なのは，ア～エのうちではどれですか。それぞれ一つ答えなさい。(あ)(　　　)　(い)(　　　)

Ms. Tani： What did you do after you got up?

Dan　　： I washed my face and changed my (あ) in my room.

(あ) ア clothes　イ classes　ウ buses　エ potatoes

Ms. Tani： How was your weekend?

Riko　　： I enjoyed it (い) I watched a basketball game.

(い) ア so　イ but　ウ because　エ if

② Rikoが自分たちの住むみどり町をJustinに紹介しました。Rikoが書いたメモの一部を参考にして， (う) ， (え) に最も適当な英語1語をそれぞれ入れ，紹介文の一部を完成させなさい。

(う)(　　　)　(え)(　　　)

メモの一部

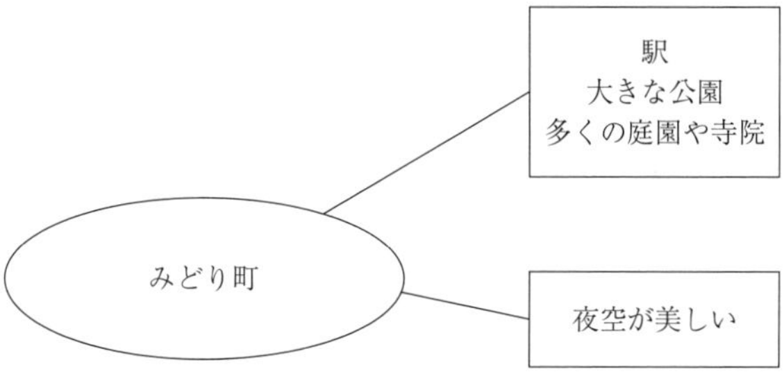

みどり町
- 駅
- 大きな公園
- 多くの庭園や寺院
- 夜空が美しい

みどり町の紹介文の一部

Midori Town has a station, a big (う) , and many gardens and temples.

The sky at (え) is beautiful.

③ 谷先生が，授業中に生徒からの質問にそれぞれ答えました。 (お) ， (か) に入れるのに最も適当な英語1語をそれぞれ書きなさい。(お)(　　　)　(か)(　　　)

Dan　　： Do you know this book?

Ms. Tani： *Yukiguni*. It is a book (お) by Kawabata Yasunari.

Riko　　： What does “aunt” mean?

Ms. Tani： The (か) of someone’s father or mother.

④ 次の(1)，(2)のそれぞれについて，必要があれば（　）内の語を適当な形に変えたり，不足している語を補ったりなどして，〈　〉の状況で自然な会話になるように英文を完成させなさい。

(1) I like (　　　　　　　　) there.

(2) I (　　　　　　　　) for you for one hour.

(1) 〈登校中〉

Justin： Where is your favorite place in this town?

Dan　： Green Soccer Stadium. I like (go) there.

(2) 〈放課後〉

Riko： Oh, Dan! Where have you been? I (look) for you for one hour.

Dan ： I have been here since this afternoon.

⑤ Dan と Riko がボランティアについてのポスターを見ながら話をしました。ポスターの情報をもとに，あなたが Riko になったつもりで，次の会話の [ ] に適当な英語 4 語を書きなさい。

(　　　　　　　　　　　　　　　　　　　　)

Dan ： Which activity are you going to join?

Riko： I want to teach children [ ].

ポスター

ボランティア募集！
次から一つ選んで，子供達に教えてみませんか？

野球	写真撮影

3 英語クラブの部員のEmiとMatが，部長のFumikaからの連絡用紙を見ながら話をしています。次は，その連絡用紙と会話の英文です。①～④に答えなさい。

連絡用紙

July 15

The plan for Ms. Demby's farewell party

Time：At (あ) p.m. on July 29
・Our club meeting finishes at 3:30 p.m. every Friday.
So we will have thirty minutes to prepare for the party.
Place：Nagomi Room

Things to bring：
・A thank-you letter
We will write it at the club meeting next Friday. If you cannot come, please write your letter and bring it to the party.
・A present
It should be something Japanese. Tell me about your idea next Wednesday.

Things to remember：
・Prepare for the party at Nagomi Room after eating lunch at the school cafeteria on July 28.
・Don't tell her about the party. We hope that she will be surprised.

Fumika

Emi： You were not at the club meeting last Friday. Here is the message from Fumika. Ms. Demby will leave.

Mat： Oh, really? Our ALT? I will miss her.

Emi： Me too. Well, what should we give her?

Mat： How about an *uchiwa*? She can use it when it is (い) in the summer.

Emi： That sounds good. We must tell Fumika about our idea tomorrow.

〔注〕 farewell party お別れ会　club meeting 部会，部のミーティング
thank-you letter お礼の手紙　present プレゼント　school cafeteria 食堂
miss ～ ～がいなくて寂しい　*uchiwa* うちわ

① (あ) に入れるのに最も適当なのは，ア～エのうちではどれですか。一つ答えなさい。
(　　)

ア 3:00　イ 3:30　ウ 3:45　エ 4:00

② 連絡用紙からわかる内容として最も適当なのは，ア～エのうちではどれですか。一つ答えなさい。(　　)

ア The club members are going to meet a new ALT in July.

イ The club members have to write a letter at the party.

ウ　The club members can prepare for the party at the school cafeteria on July 28.

エ　The club members must not tell Ms. Demby about the party.

③　あなたがMatになったつもりで，（い）に適当な英語1語を書きなさい。(　　　)

④　次のカレンダーでEmiとMatが会話している日として最も適当なのは，ア～エのうちでは，どれですか。一つ答えなさい。(　　　)

7月						
日	月	火	水	木	金	土
					1	2
3	4	5	6	7	8	9
10	11	12	13	14	15	16
17	18	19	20	21	22	23
24	25	26	27	28	29	30
31						

ア　7月15日　　イ　7月19日　　ウ　7月20日　　エ　7月22日

4 Yuyaは，漁船漁業（capture fisheries）と養殖業（aquaculture）を合わせた魚の生産量（fish production）についてのグラフ（graph）を見せながら発表をしました。次の英文は，その発表と，発表を聞いたSakiとの会話の一部です。①～⑤に答えなさい。

■ 発表

How much fish do you eat in a year? Now people in the world are eating more fish. So, it's necessary to keep stable fish production.

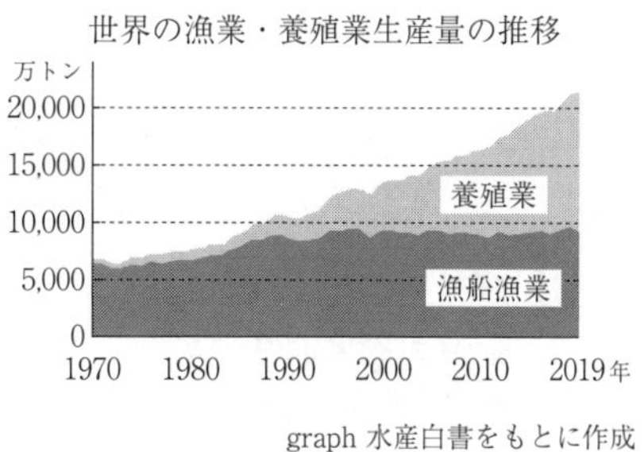

graph 水産白書をもとに作成

Look at the graph. Production from capture fisheries has been almost the same since about 1985. However, aquaculture production is becoming larger and about [(あ)] % of fish production came from aquaculture in 2019. Why? I think that aquaculture with new technology has brought success to fish production. I'll show you some examples.

Farmers usually need lights to raise fish. Some of them use green LED lights for *hirame*. With more effective lights, *hirame* can swim more in the water, get more food, and grow faster. Before, raising *hirame* took about twelve months, but now it takes about nine months. Farmers can save money because of the green LED lights and the shorter period of raising *hirame*. We may eat cheaper *hirame* in the future.

I have also found another example. Most of the money is used for feeding fish. By using (い)AI technology, farmers can check how much food the fish eats, the weather, and the environment in the sea. The farmers get all the data about them through their smartphones. Then they can decide the right amount of food to give to the fish and when to feed them. Now they just use their smartphones to feed fish. Feeding them well is important because farmers can keep clean water in the sea.

New technology is changing the ways of aquaculture. That may help farmers keep fish production and save money for raising fish. That may also help people keep eating fish and protect the environment.

■ 会話の一部

Saki ： Yuya, I am surprised to know that the period of raising *hirame* is shorter. The difference is about [(う)] months!

Yuya ： You are right.

Saki ： That's amazing. By the way, [(え)]

Yuya ： Well, the sun light mainly has red, green, and blue light. Each light has different waves that can reach different depths in the sea. Farmers say that *hirame* can get bigger in the water especially with the green lights.

Saki ： That's interesting!

〔注〕 stable　安定した　farmer　養殖業者　light　照明，光　raise ～　～を養殖する
LED light　LED灯　*hirame*　ヒラメ　food　えさ　period　期間
feed ～　～にえさを与える　environment　環境　data　データ
smartphone　スマートフォン　amount　量　difference　差　mainly　主に
wave　波長　reach ～　～に達する　depth　深さ

① [(あ)] に入れるのに最も適当なのは，ア～エのうちではどれですか。一つ答えなさい。
(　　　)

ア　5　　イ　25　　ウ　55　　エ　85

② Sakiは発表を聞きながら，下線部(い)によっておこる内容をまとめました。次の [(1)] について当てはまるものは，ア～エのうちではどれですか。二つ答えなさい。また，[(2)] に適当な日本語を入れなさい。(1)(　　　)　(2)(　　　　　　　　)

繁殖業者が確認する

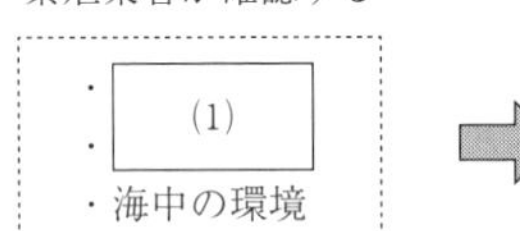

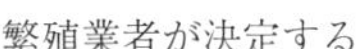

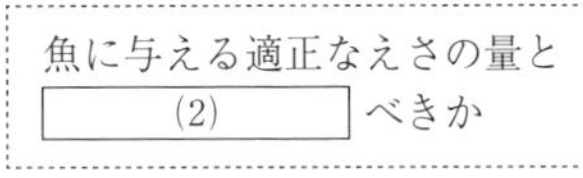

ア　魚の体長　　イ　食べるえさの量　　ウ　食べるえさの形状　　エ　天気

③ [(う)] に入れるのに最も適当な英語1語を書きなさい。(　　　)

④ [(え)] に入れるのに最も適当なのは，ア～エのうちではどれですか。一つ答えなさい。
(　　　)

ア　when was the green light made?
イ　how is the green light used in the water?
ウ　where do farmers feed *hirame*?
エ　why do farmers choose the green light?

⑤ 発表の中でYuyaが伝えたい内容として最も適当なのは，ア～エのうちではどれですか。一つ答えなさい。(　　　)

ア　Production from capture fisheries will be bigger because of new technology.
イ　New technology used for aquaculture is dangerous for people's health.
ウ　Using new technology for aquaculture may be useful for both people and nature.
エ　All farmers must use new technology if they want to solve problems about feeding.

5 次の英文を読んで，①〜⑥に答えなさい。

Can you imagine your life without medicine? Many people around the world cannot buy medicine or go to a (あ) when they are sick. Here's a story about one Japanese woman helping those people in Africa.

When she was a university student, she became a volunteer in India. She learned that there were a lot of poor people who could not get medical care. After that, she went to Niger to join another volunteer work. Though she kept telling people there that medicine was important, they still could not get it. There were (い)some reasons for that. Medical costs were too high for them. People in remote villages also had to use time and pay money to get to hospitals in cities. People had to wait for hours at hospitals, too. She began to think, "What can I do to carry medicine to the people who need it? How can I make a sustainable system which local people can use?" To find the answers, she went back to Japan and studied more about medicine and business. Finally, she got an idea called the *okigusuri* system.

Have you ever heard of *okigusuri*? It's the traditional Japanese " (う) " medicine system which started about 300 years ago. During the Edo period, people could not go to cities easily and families were quite large. So people used *okigusuri* boxes full of medicine. These boxes were put at homes and money was collected after medicine was used. This system became popular. The life in Niger now reminded her of life in the Edo period. She thought that *okigusuri* was useful for people in Niger, too.

In 2014, she made a NPO team with other members to spread the *okigusuri* system in Africa. Her team chose the medicine which local people needed and put it in their *okigusuri* boxes. Then its members started to transport the boxes to remote villages. Transporting medicine took a lot of time because *okigusuri* was a new system. It was difficult and expensive. However, later more villages joined this system and the transport procedure became easier. That made the transport costs (え) . The team also gave people in those villages in Africa medical advice. Now the people there can live with safe medicine because of the *okigusuri* system. This system helps people solve some medical problems.

She said, "All the people in Africa should get medicine. In the future, I hope that local people can (お) by using this *okigusuri* system. That's my goal. For their better lives, we really want more people in the world to know about our activity and to support us." Her dream has just begun.

〔注〕 medicine 薬　medical 治療の，医療の　Niger ニジェール（アフリカの国名）
cost 費用　remote 離れたところにある　village 村　pay 〜 〜を支払う
sustainable 持続可能な　business ビジネス，経済，経営　the Edo period 江戸時代
NPO 非営利組織　spread 〜 〜を広める　transport 輸送する，輸送
procedure 手順，方法　safe 安全な

① (あ) に入れるのに適当な職業を表す英語1語を書きなさい。(　　　)

② 下線部(い)について，当てはまらないものは，ア～エのうちではどれですか。一つ答えなさい。
(　　　)

ア 病院でのボランティアが足りないこと　　イ 医療費が高いこと

ウ 病院に行くまでに時間やお金がかかること　　エ 病院での待ち時間が長いこと

③ [(う)]，[(え)] に入れる英語の組み合わせとして最も適当なのは，ア～エのうちではどれですか。一つ答えなさい。(　　　)

ア (う) pay first, use later　(え) higher　イ (う) use first, pay later　(え) lower

ウ (う) use first, pay later　(え) higher　エ (う) pay first, use later　(え) lower

④ [(お)] に入れるのに最も適当なのは，ア～エのうちではどれですか。一つ答えなさい。
(　　　)

ア travel to many foreign countries　イ introduce Africa to the world

ウ live longer with no medicine　エ take care of themselves in Africa

⑤ 紹介されている日本人女性に関する出来事を，次のア～エのように表した。英文で書かれている順にア～エを並べ替えなさい。(　　→　　→　　→　　)

ア She started a NPO in Africa.

イ She did volunteer activities in Niger.

ウ She got an idea about the *okigusuri* system.

エ She worked as a volunteer in India.

⑥ 本文の内容と合っているのは，ア～オのうちではどれですか。当てはまるものをすべて答えなさい。(　　　)

ア People in Niger started to get medicine soon after she asked for it.

イ An idea about a medicine system came to her during her stay in Niger.

ウ She remembered life in the Edo period when she saw the life in Niger now.

エ People in Africa got useful advice about their health from her NPO team.

オ She has already finished spreading the *okigusuri* system all over Africa.

〈放送原稿〉

2022年度岡山県公立高等学校特別入学者選抜入学試験英語の聞き取り検査を行います。

問題A　次の英文が2回読まれるのを聞いて，問題用紙の指示に従って答えなさい。

(1) There are two cats sleeping on the bed.

(繰り返す)

(2) I have a math class in the morning and an English class in the afternoon.

(繰り返す)

(3) Yoko runs faster than Mika, but Yoko doesn't run as fast as Aya.

(繰り返す)

問題B　次の会話が2回読まれるのを聞いて，問題用紙の指示に従って答えなさい。

(1) A： Yesterday I went to the new library near the museum.
B： How was it?
A： (チャイム)

(繰り返す)

(2) A： Dinner will be ready soon.
B： Oh, I am so hungry. Can I eat this ice cream now?
A： (チャイム)

(繰り返す)

問題C　次の英文が2回読まれるのを聞いて，問題用紙の指示に従って答えなさい。

I am going to talk about my experience in the summer. On July 25, I went to Sun Beach. Look at the first picture. The boy swimming with me is my brother, Daiki. We enjoyed swimming. On August 5, I went to the summer festival with my friend, Mike. Here's the second picture. When Mike saw many dancers, he asked me about the history of the dance. I knew something about it, but I couldn't answer the question in English. So now I think I have to study English harder. How should I study English?

(繰り返す)

これで聞き取り検査を終わります。

四次元――一般的に、縦・横・高さという空間の三次元に時間の一次元を加えたもの。
トランス――意識が通常とは異なった状態。
ミクロネシア――西太平洋のうち、赤道以北の散在する島々の総称。
シャーマン――精霊などと交信する人物のこと。
プロセス――過程。

① 「ⓐ観光旅行……は違います」とありますが、筆者の考える「旅」として適当なのは、ア～カのうちではどれですか。二つ答えなさい。（　　）（　　）

ア　他者と同一の行動をすること。
イ　あえて危険をおかすこと。
ウ　まだ知り得ていない世界に身を置くこと。
エ　目前の問題に適切に対処すること。
オ　地理的に遠い場所に行くこと。
カ　日常において新たな経験を積むこと。

② ⓑ、ⓓにそれぞれ入れることばの組み合わせとして最も適当なのは、ア～エのうちではどれですか。一つ答えなさい。（　　）

ア　ⓑ　それから　ⓓ　たとえ
イ　ⓑ　一方　ⓓ　もし
ウ　ⓑ　だから　ⓓ　全然
エ　ⓑ　たとえば　ⓓ　さらに

③ 「ⓒ洞窟の……なさそうです」とありますが、洞窟壁画を描くことの意味についての筆者の考えを説明した次の文の□に入れるのに適当なことばを、文章中から十五字で抜き出して書きなさい。

□□□□□□□□□□□□□□□

筆者は、洞窟壁画を描くことには、現実世界を生きる今の自分から離れ、□と現実世界とを行き来する意味があったと考えている。

④ 「ⓔその人が……ばかりです」とありますが、これがどういうことかを説明した次の文の□に入れるのに適当なことばを、十字以内で書きなさい。

□□□□□□□□□□

人は、精神の冒険を繰り返すなかで□ことにより、新しい未知の世界が開かれ、自分の心が揺さぶられる何かに出会える可能性がいくらでも広がるということ。

⑤ 「ⓕいま生きている……できないのです」とありますが、このことばに込められた筆者の思いを説明したものとして最も適当なのは、ア～エのうちではどれですか。一つ答えなさい。（　　）

ア　異文化世界に触れる旅において、そこに存在する文化をありのままの形で受け入れつつ自らの原点を見つめ直すことで、常に自分と向き合いながら生きていこうという決意。
イ　自分が生きている世界とは別の世界にも助けを求めつつ、あらゆる苦難を乗り越えることによって、さまざまな場面で生きていることを実感しながら旅をしようという決意。
ウ　孤独や不安を抱えつつ新しいことに果敢に挑戦するという旅のなかで、自他の違いから生じる問いへの答えを模索し、自己の存在を確認しながら生きていこうという決意。
エ　世界の神秘的な自然美と出会う度に、次元を超えて生きる自然の姿に感動したが、そうした自然が自分の身近にも存在していることを広く伝えながら旅をしようという決意。

どではその最深部に壁画が描かれています。ⓒ洞窟の奥にある壁画は、見られることを前提に描かれたわけではなさそうです。当時は電灯などはありませんでしたし、深い洞窟の奥で松明を燃やし続けるのは危険ですから、大半の洞窟壁画は闇のなかで孤独に描かれていました。

壁画のなかでも「ネガティブハンド」と呼ばれる手の形をしたイメージは、ネガフィルムのように反転画像になっています。どうやって描いたかというと、自分の手を壁に置き、その上から口に含んだ顔料を息と一緒に吹き付けたというのです。

闇のなかで壁に向かって一心不乱に顔料を吹きかけるという行為を通じて、古代の人々は何を伝えたかったのでしょう。［ⓓ］、伝えることを目的としていないならば、洞窟の最深部にひっそりと描かれた動物の絵は、何を表しているのでしょうか。

壁画のなかにはもちろん狩猟のサインのような役割を果たしたものもあるはずですが、闇のなかで描くという行為そのものが、時間と空間を飛び越えた別の世界と自分とをつなぐ身ぶりそのものだったのではないでしょうか。壁に向かって絵を描くことや息を吹きかけるという行為を通じて、ある種のトランス状態のなかで自分と向き合い、あるいは祈りを捧げ、四次元の世界と現実の世界を行き来していたように思えてなりません。（中略）

いまぼくたちが生きている物質的な空間とは別の世界が確かにあって、それは「ここ」や「あそこ」にあるのではなく、あらゆる場所に存在しています。その世界への通路は、いわゆる「聖地」と呼ばれる場所にひらかれていたり、あるいは想起する力によって自分自身の中に引っ張り込むことも可能になるでしょう。ミクロネシアの航海者や洞窟壁画を描いた人々、沖縄ではノロと呼ばれる神事を司る女性、先住民社会のシャーマン、あるいは現代の優れたアーティストなどは、そのような通路を意識せずに自分の中にもっていて、現実の世界で表現し、誰かに伝えられる力をもっているはずです。

現実の世界とは別の世界を探すプロセスは、そのまま精神の冒険であり、心を揺さぶる何かへと向かう想像力の旅へとつながっていきます。それは実際に世界を歩き回るよりもはるかに難しく、重要なことであるとぼくは考えるのですが、みなさんはどう思われますか？　たとえ世界中のあらゆる場所をくまなく見て回ったとしても、ⓔその人が歩き続けていく限り、未知のフィールドはなくならないどころか、無限に広がっていくばかりです。

旅をすることで世界を経験し、想像力の強度を高め、自分自身を未来へと常に投げ出しながら、ようやく近づいてきた新しい世界をぼくはなんとか受け入れていきたいと思っていました。そうすれば、さまざまな境界線をすり抜けて、世界のなかにいるたった一人の「ぼく」として生きていける気がするからです。

いままでに出会ったいくつもの世界や、たくさんの人の顔、なによりも大切な人の笑顔を思い描き、ともに過ごしたかけがえのない時間について心のなかでくり返し問いつづけながら、ⓕいま生きているという冒険にふたたび飛び込んでいくことしか、ぼくにはできないのです。

家の玄関を出て見上げた先にある曇った空こそがすべての空であり、家から駅に向かう途中に感じるかすかな風のなかに、もしかしたら世界のすべてが、そして未知の世界にいたる通路が、かくされているのかもしれません。

（石川直樹「いま生きているという冒険」より）

(注)　ネガフィルム——被写体の明暗や色が反転した画像がつくられる写真の陰画。

いる。

⑤　この文章の表現と内容について説明したものとして最も適当なのは、ア～エのうちではどれですか。一つ答えなさい。（　　）

ア　まゆのことばから他者の目に映る自分を意識したことがわかるが、他者の視線を気にするあまり不安を募らせるまゆのあどけない様子が、比喩を用いて印象的に描かれている。

イ　まゆの言動から気付きを得た実弥子のことばによって、まゆも新たな気付きへと自然に導かれていく様子が、絵画教室に通う人たちの温かな人間関係とともに丁寧に描かれている。

ウ　ルイのことばによって、自分の描いた絵を他人に見せることへの恥ずかしさもすっかり消えたまゆの晴れ晴れとした気持ちが、実弥子やルイとの短い会話のなかに表現されている。

エ　ルイの非凡な才能を感じさせる作品から絵を描く意義を見いだし、自分も芸術家として優れた作品を描こうと決めた実弥子の覚悟のほどが、その回想場面に表現されている。

4　次の文章は、世界各地を旅しながら写真家として活動する石川直樹(いしかわなおき)が書いた文章である。これを読んで、①～⑤に答えなさい。

ⓐ観光旅行に行くことと旅に出ることは違います。観光旅行はガイドブックに紹介された場所や多くの人が何度も見聞きした場所を訪ねることです。そこには実際に見たり触れたりする喜びはあるかもしれませんが、あらかじめ知り得ていた情報を大きく逸脱することはありません。

［ⓑ］、旅に出るというのは、未知の場所に足を踏み入れることです。知っている範囲を超えて、勇気を持って新しい場所へ向かうことです。それは、肉体的、空間的な意味あいだけではなく、精神的な部分も含まれます。むしろ、精神的な意味あいのほうが強いといってもいいでしょう。

人を好きになることや新しい友だちを作ること、はじめて一人暮らしをしたり、会社を立ち上げたり、いつもと違う道を通って家に帰ることだって旅の一部だと思うのです。実際に見知らぬ土地を歩いてみるとわかりますが、旅先では孤独を感じたり、不安や心配がつきまといます。旅人は常に少数派で、異邦人で、自分の世界と他者の世界のはざまにあって、さまざまな状況で問いをつきつけられることになります。多かれ少なかれ、世界中のすべての人は旅をしてきたといえるし、生きることはすなわちそういった冒険の連続ではないでしょうか。（中略）

地球上にもはや地理的な空白がほとんど存在しないとしたら、未知のフィールドを求める旅人は、より遠くへ遠くへと視線を投げかけなければいけないのでしょうか。もちろんそうすることもときに必要ですが、未知の領域は実は一番身近な自分自身のなかにもあり、また、現実を超えたもう一つの世界がすぐそばに存在しているとぼくは思います。（中略）

洞窟はその形状からよく人間の胎内にたとえられます。富士山周辺の洞窟の奥には神を祀(まつ)っているところが多いですが、ヨーロッパの洞窟な

② 「ⓑやだなあ……はずかしすぎる」から「ⓒわかった……いかないよね」までの場面の「まゆ」の心情を整理した【図】を見て、(1)、(2)に答えなさい。

【図】

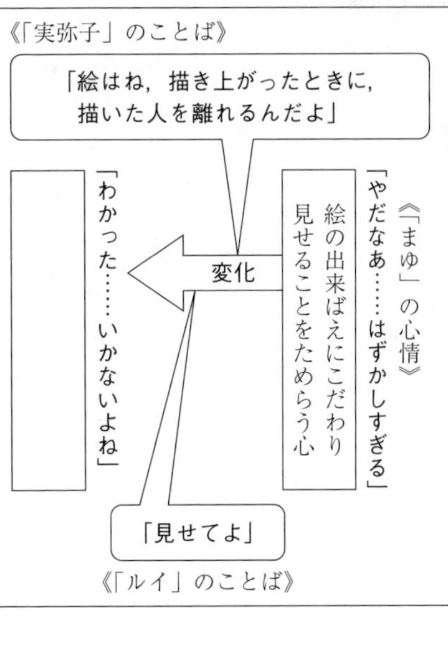

(1) 《「実弥子」のことば》に「絵はね、描き上がったときに、描いた人を離れるんだよ」とありますが、これがどういうことかを説明したものとして最も適当なのは、ア～エのうちではどれですか。一つ答えなさい。(　　)

ア　絵は、その目的や出来ばえに関係なく、作品を見る人を和ませるものだということ。

イ　絵は、描かれた内容に関係なく、作者の個性が強く反映されるものだということ。

ウ　絵は、作者の意志に関係なく、鑑賞作品として人々を引きつけるものだということ。

エ　絵は、作品のテーマに関係なく、鑑賞する人が自由に解釈するものだということ。

(2) 【図】の□に入れることばとして最も適当なのは、ア～エのうちではどれですか。一つ答えなさい。(　　)

ア　自分にはなかった考え方を受け入れてみようとする心

イ　自分の本心を打ち明けてみようとする心

ウ　相手の意図がどこにあるのかを慎重に探ろうとする心

エ　周囲の期待に率先して応えようとする心

③ 「ⓓまゆちゃんが、目を丸くした」とありますが、このときの「まゆ」の様子を説明した次の文の□に入れるのに適当なことばを、十五字以内で書きなさい。□□□□□□□□□□□□□□□

まゆが、自信がなかった自分の絵を□様子。

④ 「ⓔまゆちゃんは、どきどきしてきた」とありますが、このときの「まゆ」の心情を説明したものとして最も適当なのは、ア～エのうちではどれですか。一つ答えなさい。(　　)

ア　ルイが描いた絵を自分に譲ってくれることに感謝しつつ、代わりに自分が描いた絵をルイに譲らなければならないことに緊張を覚えている。

イ　ルイを描いた自分の絵のなかに、何となく見ているだけでは気付けないルイの真の姿が表現されていたことがわかり動揺を隠せずにいる。

ウ　ルイを描いた自分の絵はよい出来ではなかったが、細部まで丁寧に描いた自らの努力をルイがちゃんと見てくれていたことに満足している。

エ　ルイの描いた絵から、自分が存在しているということや生きているということの気付きが得られたことを思い起こし気分が高揚している。

線を送ってから背筋を伸ばした。

「ⓒわかった。モデルのルイくんが見たいって言うなら、見せないわけにはいかないよね」

まゆちゃんは、絵の上を覆っていたてのひらを滑らせるように引いた。

画用紙の中には、こちらをじっと見据えてまっすぐに立つルイが現れた。

（中略）

「やっぱり、それほどでもないし、はずかしい」

くるくると丸めた画用紙を、ルイがつかんだ。

「これ、ほしい」

「ええっ!?」

ⓓまゆちゃんが、目を丸くした。

「ほしいって……、私の、この絵が、気に入った、ってこと?」

ルイが、こくりと頷(うなず)いた。

「そっか、それって、やっぱりまゆちゃんの絵が、とってもすてきだからだよね！」

実弥子がまゆちゃんの肩に、ぽんと手を置いた。

「でも、みなさんの描いた絵は、それぞれ一度持ち帰って、お家(うち)の人に必ず見せて下さいね。そのあとで、どうするかはお母さんたちにも訊いて、みんなでよく相談して決めて下さい」

「相談ってことは、じゃあ、私の絵をルイくんにあげるかわりに、そのルイくんの絵を、私がもらったりしても、いいってこと?」

まゆちゃんが、ローテーブルの上に広げられたままの、自分が描かれたルイの絵を見た。

「いいよ」

ルイがさらりと返事をした。

ⓔまゆちゃんは、どきどきしてきた。ルイが描いた自分の顔が、自分を見ている、とまゆちゃんは思った。ルイが描いた自分。ルイが見ていた自分。自分が、他の人の目に映っているということを初めて知った気がしたのだった。

自分も、ルイを見て、描いた、とまゆちゃんは思う。よおく見ながら描いているうちに、なんとなく見ていたときには気付かなかったことが見えてきた。（中略）

顔には時間をかけてこだわって描いたけれど、身体の形はうまく描けなかった気がして、まゆちゃんは自信がなかった。でも、ルイにこの絵がほしいと言われて、ずいぶんうれしかった。自分も、ルイが描いてくれた自分の絵はとてもきれいだと思った。その絵が、ほしくなった、とても。なんだろう、この感じ。そこには、自分ではない人がいるようで、確かに自分がいる、とも思う。自分が、別の世界にいる……。

絵の道具を片づけながらまゆちゃんは、水に浮かんだゴムボートに乗ってゆられているような、不思議な心地がしていた。

（東(ひがし)　直子(なおこ)「階段にパレット」より）

(注) 希一――実弥子の夫。

① 「ⓐ実弥子ははっとする」とありますが、その理由を説明した次の文の［X］、［Y］に入れるのに適当なことばを、［X］は十六字、［Y］は十字で、文章中から抜き出して書きなさい。

X［　　　　　　　　　　　　　　　　］　Y［　　　　　　　　　　］

実弥子は、まゆちゃんの「［X］」ということばを聞いて、絵に描かれた人物がその絵のなかで［Y］ことに気付き、これまで答えを見つけられずにいた絵を描くことの意味について、ヒントを得たように思ったから。

3 次の文章は、自宅で絵画教室を開いている「実弥子」が、この教室に通う「ルイ」、「まゆ」、「ゆず」にお互いをモデルとして絵を描くという課題を出し、絵が描き上がった後、全員で鑑賞している場面です。これを読んで、①～⑤に答えなさい。

ルイが描いたまゆちゃんは、今にも絵の中から飛び出してきそうだった。細密に描かれた鉛筆の下書きの上に、慎重に絵の具が塗り重ねられていた。筆先を使って髪の毛や眉や睫毛が一本一本描かれ、瞳には淡い光がともっていた。まゆちゃんの顔によく似ていると同時に、その心の奥にある芯の強さを感じさせる。頰や指先、膝がしらには淡い桃色がかすかな青を滲ませながら置かれていた。生き生きと血の通う、エネルギーの充ちた子どもの身体なのだということを、実物以上に伝えているようだった。

「ルイくん、すばらしいね……」

実弥子は、ルイの絵のすばらしさを伝えるための言葉を探そうとしてうまく見つからず、口ごもった。

「わあ、すごい……。これが私……?」

「まゆちゃんに、にてる」

ゆずちゃんが、感心して言った。

「なんだろう、これ……。こんなふうに描いてもらうと、自分が今、ちゃんと生きてここにいるんだって、気がついた気がする……」

まゆちゃんがつぶやいた。ⓐ実弥子ははっとする。

ルイが、まゆちゃんをモデルに絵を描いた。ただそれだけの、シンプルなこと。でも、描かれた絵の中には、今まで見えていなかったその人が見えてくる。言葉では言えない、不思議な存在感を放つ姿が。ルイと希一、それぞれの母親がふと口にした「なんのために絵を描くのか」という問いの答えが、もしかするとこうした絵の中にあるのではないかと、実弥子は思った。

「ねえ、ルイくんって、何年生?」まゆちゃんが訊いた。

「三年」

「うわあ、私より二コも下なんだあ。ⓑやだなあ、こっちは、見せるのはずかしすぎる」

まゆちゃんが自分の絵を隠すように、覆いかぶさった。

「まゆちゃん、絵はね、描き上がったときに、描いた人を離れるんだよ」

実弥子がやさしく言った。

「え? 離れる……? どういうことですか?」

まゆちゃんが、絵の上に手をのせたまま顔を上げた。

「でき上がった絵は、ひとつの作品だから、でき上がった瞬間に、作者の手から離れて、まわりに自分を見てもらいたいな、という意志が生まれるのよ。それは作品自体の心。描いた人の心とは別に、新しく生まれるの」

「……ほんとに?」

まゆちゃんの眉が少し下がり、不安そうに数度まばたきをした。

「そうよ。たとえば、今ルイくんの描いたこの絵は、ルイくんだけのものだって思う? ルイくんだけが見て、満足すれば、それでいいと思う?」

実弥子の質問に、まゆちゃんは長い睫毛を伏せてしばらく考えた。

「そりゃあ、ルイくんの絵は、上手だから……みんなで一緒に見たいなあって思うけど……」

「まゆちゃんの絵も、みんなが一緒に見たいなあって思ってるよ」

実弥子がそう言ったとき、ルイがその言葉にかぶせるように「見せてよ」と言った。

まゆちゃんは、少し照れたような表情を浮かべて、ルイにちらりと視

(注)　ロマンティック――甘美で空想的なこと。
　　リアリスティック――現実的なこと。

① 「ⓐリアリスティックな美しさ」とありますが、これについて説明したものとして最も適当なのは、ア～エのうちではどれですか。一つ答えなさい。(　　)

ア　花は美しく咲いた後に果実を実らせて、咲いていたときよりも深い味わいをかもし出すこと。
イ　花は必ず散ってしまうものだが、再び美しい花を咲かせて新たな感動を人々に呼び起こすこと。
ウ　花はその一つが枯れたとしても、同じ根をもつ別の花が咲き続けることで美しさを保つこと。
エ　花は咲いていないときは誰からも注目されないが、満開のときは多くの人から称賛されること。

② 「ⓑゆゑ」の読みを、現代かなづかいを用いてひらがなで書きなさい。(　　)

③ 「ⓒこの『花の戦略』……いきます」とありますが、これについて説明した次の文の X 、 Y に入れるのに適当なことばを、それぞれ十字以内で書きなさい。

X ＿＿＿＿＿＿＿＿＿＿　Y ＿＿＿＿＿＿＿＿＿＿

演技者には、演技が X ための努力が求められるが、それを Y ことではじめて、演技が人の心を捉えるものになるということ。

④ 「ⓓ時に用ゆる」とありますが、これがどういうことかを説明したものとして最も適当なのは、ア～エのうちではどれですか。一つ答えなさい。(　　)

ア　演技者が、すばらしい演技で観客を魅了するために、舞台に上がる経験を重ねて、演技者としての存在感を大きく示すこと。
イ　演技者が、どのような観客の期待にも応えるために、季節に合わせて演目を変更し、お決まりの演技の型で表現すること。
ウ　演技者が、役者としての高い人気を保持するために、求められる演技を繰り返し披露して、観客からの支持を獲得すること。
エ　演技者が、観客を楽しませるために、観客の好みがさまざまであることを理解し、その都度観客の望む演技で応じること。

⑤ この文章で「花」にたとえられていることとして最も適当なのは、ア～エのうちではどれですか。一つ答えなさい。(　　)

ア　魅力的な演技を創造するための理論
イ　革新が生み出すロマンティックな演技の特徴
ウ　秘技を開放することによる演技への効果
エ　演技者と観客が心を通わせることの是非

2 次の文章は、能を大成した世阿弥(ぜあみ)の『風姿花伝』の一節について、原文を引用しつつ書かれた解説文です。これを読んで、①～⑤に答えなさい。

「秘密にしているからこそ花なのであって、さもなければ花とは言えない」という文言がある。この違いを知ることこそが、もっとも大切な花なのである。

「秘すれば花なり　秘せずは花なるべからず」となり。この分け目を知ること、肝要の花なり。

『風姿花伝』の中で、これはもっとも有名な言葉でしょう。

世阿弥は能の演技のありようを、「花」という言葉で表現しています。その「花」が意味することは、決して「ロマンティックな美しさ」ではなく、散る宿命にあることを凝視した上でなお追究していく「ⓐリアリスティックな美しさ」でした。

それを世阿弥は「まことの花」とも呼んでいます。その厳しさは次の言葉にもよく表れています。

どんな花でも散らないで残るものはない。散るからこそ、また咲く頃になると、美しいと感嘆するのである。能も、同じ表現ばかりに留(とど)まっていないことが花なのだということを、まず知っておくべきである。

いづれの花か散らで残るべき。散るⓑゆゑによりて咲くころあれば、珍しきなり。能も、住するところなきを、まづ花と知るべし。

こうした言葉の中にも、世阿弥の能理論が戦略的な様相を呈していることがわかります。「住する」(停滞する)ことなき努力があってはじめて、「花」としての面白さも魅力も生まれて観客を喜ばせるからです。

ところで、ⓒこの「花の戦略」とも言うべきものは、ついには、はじめに掲げた「秘すれば花」の境地にまで徹底されていきます。

世阿弥自身がこのことを「兵法」にたとえているように、この「秘すれば花」は、あたかも軍事作戦の最高機密にかかわるような話でしょう。「これは花ですよ」ということが観客に知られず、ただ面白いと感じてもらえる場合こそが、演技者にとっての花なのだ、というのです。

しかし、こうした芸当は、必ずしも歯を食いしばって会得(えとく)するようなものではありません。自分の意思を超えた因果の力や時運のようなものもあるからです。また、観客の好みも多種多様なため、おのずとさまざま「花」が要求されることになる。だから、と世阿弥は結論に至ります。

それぞれの人の心によって花もまた多様なものである。だからどの花が真実かは言うことができない。ただその時々の求めに役立つものが、花なのだと知るべきである。

これ、人々心々(にんにんこころごころ)の花なり。いづれをまこととせんや。ただⓓ時に用ゆるをもて花と知るべし。

「人々心々」とは珍しい言葉ですが、つまり、世阿弥が言う「花」は、実体としてどこかにあるものではなく、演技者の演技と観客の心とが通じ合う瞬間に生じるものと言えるのでしょう。

(田畑邦治(たばたくにはる)「『心豊か』に生きるヒントは古典にあり。」より)

るようです。「東風」は春風、「馬耳を射る」は馬の耳を吹き抜けること。李白が優れた詩を作っても、世間から認められないことを、心地よい春風に対する馬の無関心ぶりでたとえているそうです。

ところでみなさん、李白はなぜ、西風や北風ではなく、東風を漢詩句に用いたのでしょうか。東風を用いることの効果について、中国文学の研究者である村上哲見(むらかみてつみ)さんは、著書の中で、せっかくの和やかな春風なのにと、無関心が強調されると述べておられます。日本と同様、中国でも東風は、穏やかな春をイメージさせることばだったのでしょう。春の訪れに心躍らせる人たちの姿が、何の感動も示さない馬の様子をきわ立たせるという効果を考えて、李白は意図的に東風ということばを用いたのだと思います。以上で発表を終わります。

(1)　馬耳東風という四字熟語を使った例文として最も適当なのは、ア～エのうちではどれですか。一つ答えなさい。(　　)

ア　運動の得意な彼がリレーで転倒するとは、馬耳東風だ。
イ　せっかく何度もアドバイスしたのに、彼には馬耳東風だった。
ウ　高性能な携帯端末も、上手に使いこなせない彼には馬耳東風だ。
エ　立ちはだかる困難を、彼は馬耳東風とこなしていく。

(2)　村上哲見さんの書籍からの引用であることがわかるように、「　」をつけるのが適当な部分はどこからどこまでですか。その部分のはじめと終わりの五字を抜き出して書きなさい。

□□□□□～□□□□□

(3)　「李白は……思います」とありますが、太郎さんがこのように考えた理由を説明した次の文の□に入れるのに適当なことばを、【発表原稿】から七字で抜き出して書きなさい。□□□□□□□

東風ということばを用いたほうが、春の訪れを喜ぶ人間の姿との対比から□がきわ立ち、李白の詩が世間に認められないことを印象的に表現できるから。

(4)　太郎さんの書いた【発表原稿】の特徴を説明したものとして最も適当なのは、ア～エのうちではどれですか。一つ答えなさい。(　　)

ア　途中で聞き手に質問を投げかけ、説明だけの単調な発表にならないようにしている。
イ　複数の資料から得た情報を専門家の見解と照合し、発表内容の妥当性を検証している。
ウ　調査のなかで生じた疑問点について、実体験をもとに独自の答えを導き出している。
エ　著作権に配慮し、参考とした書籍の奥付の内容をすべて明示して資料を引用している。

国語

時間　四五分
満点　七〇点

(注)　字数が指定されている設問では、「、」や「。」も一ます使いなさい。

1　次の①～⑤に答えなさい。

①　(1)～(4)の――の部分について、(1)、(2)は漢字の読みを書きなさい。また、(3)、(4)は漢字に直して楷書で書きなさい。

(1)　図書館で貴重な資料を閲覧する。(　　)
(2)　計画の枠ぐみを示す。(　　)
(3)　駅のカイサツ口で待ち合わせる。[　　]
(4)　家の手伝いをココロヨく引き受ける。[　]く

②　(1)、(2)の文の「もつ」の意味として最も適当なのは、【国語辞典の一部】に書かれているア～キのうちではどれですか。それぞれ一つ答えなさい。

(1)　明日まで天気がもつだろうか。(　　)
(2)　新任の先生が一年生のクラスをもつ。(　　)

【国語辞典の一部】

も・つ【持つ】㈠(他五)ア　手のなかに入れて保つ。手に取る。
イ　身につける。携帯する。
ウ　受けもつ。担当する。
エ　性質をそなえる。
オ　心にいだく。
カ　費用を負担する。
㈡(自五)キ　ながくその状態を保つ。

③　次のそれぞれの場面における敬語の使い方として適当なのは、ア～エのうちではどれですか。一つ答えなさい。(　　)

ア　(生徒が職員室で先生の在室を確認するとき)「秋山先生はいらっしゃられますか。」
イ　(博物館の学芸員が来館者に質問を促すとき)「何なりとおうかがいください。」
ウ　(レストランの店員が注文の商品を提供したとき)「ご注文の品はおそろいになりましたでしょうか。」
エ　(駅員が回送列車のアナウンスをするとき)「この列車にはご乗車になれません。」

④　「満足」と熟語の構成(組み立て)が同じものは、ア～カのうちではどれですか。すべて答えなさい。(　　)

ア　拡大　イ　売買　ウ　年長
エ　自立　オ　温暖　カ　最新

⑤　太郎さんは、四字熟語について調べたことを国語の授業で発表することになりました。次の【発表原稿】を読んで、(1)～(4)に答えなさい。

【発表原稿】

私は、馬耳東風という四字熟語について、辞書を使って調べました。辞書によると、この四字熟語は「人の意見や批評などを心にとめずに聞き流すこと」という意味で、中国の詩人、李白(りはく)の漢詩句「東風の馬耳を射るがごとき有り」という表現が元になってい

2022年度／解答

数　学

1 【解き方】① 与式＝－5＋6＝1

② 与式$=-\dfrac{4\times3}{9\times8}=-\dfrac{1}{6}$

③ 与式＝9－7＝2

④ 与式$=\dfrac{15a^4b^3}{3a^2b\times ab^2}=5a$

⑤ 与式$=\sqrt{2^3}-\dfrac{6\times\sqrt{2}}{\sqrt{2}\times\sqrt{2}}=2\sqrt{2}-\dfrac{6\sqrt{2}}{2}=2\sqrt{2}-3\sqrt{2}=-\sqrt{2}$

⑥ 与式$=x^2+(6-5)x+6\times(-5)=x^2+x-30$

⑦ 解の公式より，$x=\dfrac{-1\pm\sqrt{1^2-4\times2\times(-2)}}{2\times2}=\dfrac{-1\pm\sqrt{17}}{4}$

【答】① 1　② $-\dfrac{1}{6}$　③ 2　④ $5a$　⑤ $-\sqrt{2}$　⑥ x^2+x-30　⑦ $x=\dfrac{-1\pm\sqrt{17}}{4}$

2 【解き方】① 方程式の左辺は，鉛筆の本数がx人に6本ずつ配る本数より10本少ないことを表し，右辺は，鉛筆の本数がx人に4本ずつ配る本数より20本多いことを表す。

② 底面の半径が，6÷2＝3 (cm)，高さが7 cmの円柱だから，$\pi\times3^2\times7=63\pi$ (cm^3)

③ あたりくじをP，Q，R，はずれくじをS，Tとする。2人ともあたりくじを引くのは，(A，B)＝(P，Q)，(P，R)，(Q，P)，(Q，R)，(R，P)，(R，Q) の6通り。2人のくじの引き方は全部で，5×4＝20（通り）だから，求める確率は，$\dfrac{6}{20}=\dfrac{3}{10}$

④ $2.5^2<(\sqrt{a})^2<3^2$より，$6.25<a<9$となる。これを満たす自然数aは7，8。

⑤ ∠ACB＝90°より，点CはABを直径とする円周上にある。したがって，点Mを中心とする半径AMの円と直線ℓとの交点のうち，$\overset{\frown}{AC}<\overset{\frown}{BC}$となる方を点Cとすればよい。

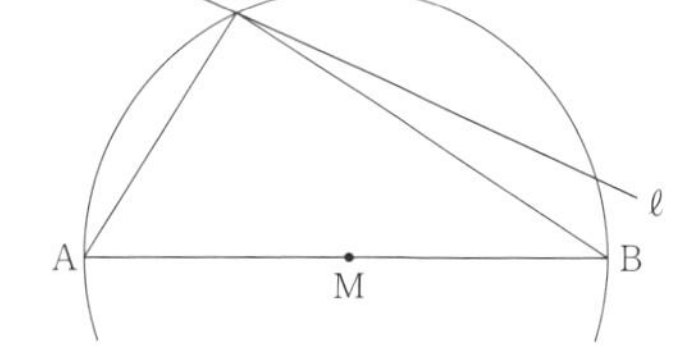

【答】① ウ　② 63π (cm^3)　③ $\dfrac{3}{10}$　④ 7，8　⑤ (右図)

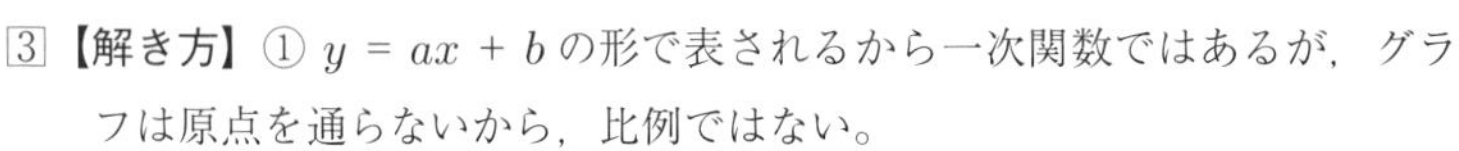

3 【解き方】① $y=ax+b$の形で表されるから一次関数ではあるが，グラフは原点を通らないから，比例ではない。

② (yの増加量)＝(比例定数)×(xの増加量)で求められるから，2×4＝8

③ $\begin{cases}y=2x+1\\y=x+2\end{cases}$を連立方程式として解くと，$x=1$，$y=3$　よって，C (1，3)

④ 右図において，A $(-2, 0)$，B $(0, 1)$だから，三平方の定理より，AB $=\sqrt{\{0-(-2)\}^2+(1-0)^2}=\sqrt{5}$ (cm)　また，BC $=\sqrt{(1-0)^2+(3-1)^2}=\sqrt{5}$ (cm)だから，△ABC は二等辺三角形で，P は AC の中点となる。AC $=\sqrt{\{1-(-2)\}^2+(3-0)^2}=3\sqrt{2}$ (cm)だから，AP $=\dfrac{3\sqrt{2}}{2}$cm　△ABP について，BP $=\sqrt{(\sqrt{5})^2-\left(\dfrac{3\sqrt{2}}{2}\right)^2}=\dfrac{\sqrt{2}}{2}$ (cm)

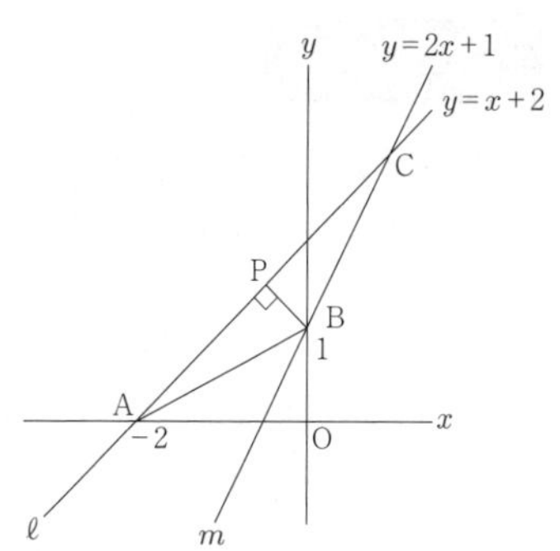

【答】 ① イ　② 8　③ (1，3)　④ (1) $\sqrt{5}$　(2) $\dfrac{\sqrt{2}}{2}$

4 **【解き方】** ① 3 周目のストランドの太さは，$5\times(3\times2+1)=35$ (mm)　また，ストランドの太さが 65mm となるとき，$65\div5=13$ より，1 辺に並ぶ円の個数は，$(13+1)\div2=7$ (個)で，これは 6 周目となる。
② n 周目の模式図で，1 辺に並ぶ円の個数は，$(n+1)$個だから，図 4 の囲みで数えた円は，$6(n+1)$個となる。したがって，n 周目にある円の個数は，$6(n+1)-6=6n$ (個)
③ ストランドの太さが 65mm になるのは 6 周目だから，求める素線の本数は，芯の素線も加えて，$1+6\times1+6\times2+\cdots+6\times6=1+6\times(1+2+\cdots+6)=1+6\times21=127$ (本)

【答】 ① (あ) 35　(い) 6　(う) 7　② (え) $n+1$　(お) $6n$　③ 127 (本)

5 **【解き方】** ① (1) 1 年 1 組の中央値は，回数の少ない方から 18 番目の値となる。4 回未満の生徒は，$5+11=16$ (人)，6 回未満の生徒は，$16+10=26$ (人)だから，中央値は，4 回以上 6 回未満の階級に入っている。
(2) ア．8 回以上の人は，1 組が 5 人，2 組が 9 人だから正しい。イ．正確な分布の範囲は読み取れない。ウ．最頻値は，1 組が 3 回，2 組が 7 回だから正しい。エ．階級の幅はどちらも 2 回。
② (1) A グループはアとイが正しく，B グループはアとウが正しい。

【答】 ① (1) 4 (回以上) 6 (回未満)　(2) ア，ウ　② (1) ア　(2) 1 日あたりの読書時間について，A，B グループそれぞれの平均値を使って 1 年生全員の合計を求めると，$20\times42+35\times28=1820$ (分)　1 年生は全部で 70 人だから，求める平均値は，$\dfrac{1820}{70}=26$ (分)　(答) 26 分

6 **【解き方】** ① (う) 四角形 OPCQ ＝△OPC ＋△OCQ ＝△OQD ＋△OCQ ＝△OCD となる。
③ (1) 右図のように，O から CD に垂線 OH を下ろすと，OH = 3 cm だから，OE：OH = 6：3 = 2：1　よって，△EOH は 30°，60° の直角三角形となるから，∠PEC = 30°　(2) EH $=\sqrt{3}$OH $=3\sqrt{3}$ (cm)，CH = 3 cm より，EC $=3\sqrt{3}-3=\sqrt{3}(3-\sqrt{3})$ (cm)　△PEC も 30°，60° の直角三角形だから，PC $=\dfrac{\text{EC}}{\sqrt{3}}=3-\sqrt{3}$ (cm)　したがって，△PEC $=\dfrac{1}{2}\times\sqrt{3}(3-\sqrt{3})\times(3-\sqrt{3})=\dfrac{\sqrt{3}}{2}(3-\sqrt{3})^2=\dfrac{\sqrt{3}}{2}(9-6\sqrt{3}+3)=\dfrac{\sqrt{3}}{2}(12-6\sqrt{3})=6\sqrt{3}-9$ (cm^2)

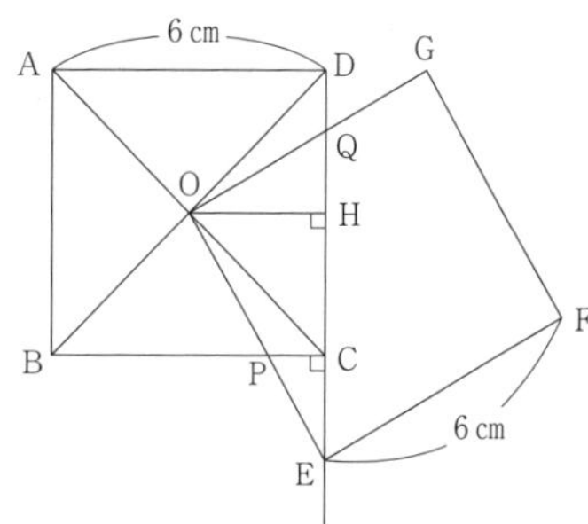

【答】 ① $\dfrac{1}{4}$　② (い) ∠POQ = 90° より，∠POC = 90° －∠COQ　また，∠COD = 90° より，∠QOD = 90° －∠COQ　(う) エ　③ (1) 30°　(2) $6\sqrt{3}-9$ (cm^2)

英　語

1 【解き方】問題A. (1)「ベッドの上で眠っている」,「2匹のネコ」という条件から選ぶ。(2) 午前中に数学，午後に英語の授業がある時間割を選ぶ。(3) ヨウコはミカよりも速いが，アヤほど速くない。

問題B. (1) 昨日訪れた新しい図書館の感想を聞かれている。How was ～?＝「～はどうでしたか」。(2) 夕食前にアイスクリームを食べてもいいかという質問に対する返答を選ぶ。

問題C. (1) 最初の写真はタロウが弟のダイキと一緒に泳いでいる場面。(2) スピーチの後半で「私はもっと熱心に英語を勉強しなければならない」と言っている。(3)「私はどのように英語を勉強するべきでしょうか？」という質問に対する返答を考える。解答例は「あなたは英語で映画を見るべきだと思います」という意味。

【答】問題A. (1) エ　(2) イ　(3) ア　問題B. (1) イ　(2) ウ

問題C. (1) エ　(2) エ　(3)（例）watch movies in English

◀全訳▶　問題A.

(1) ベッドの上で眠っている2匹のネコがいます。

(2) 私は午前中に数学の授業があり，午後に英語の授業があります。

(3) ヨウコはミカより速く走りますが，ヨウコはアヤほど速く走りません。

問題B.

(1)

A：昨日，私は博物館の近くの新しい図書館に行きました。

B：どうでしたか？

A：私はそこが気に入りました。たくさんの本があります。

(2)

A：もうすぐ夕食の準備ができます。

B：ああ，とてもお腹がすきました。今，このアイスクリームを食べてもいいですか？

A：いいえ。あなたは夕食のあとでそれを食べることができます。その方がよりいいでしょう。

問題C. 私は夏の経験についてお話しします。7月25日に，私はサンビーチに行きました。最初の写真を見てください。私と一緒に泳いでいる少年は弟のダイキです。私たちは泳ぐことを楽しみました。8月5日に，私は友人のマイクと夏祭りに行きました。ここに2枚目の写真があります。マイクが踊っているたくさんの人たちを見たとき，彼はその踊りの歴史について私にたずねてきました。私はそれについていくつかのことを知っていたのですが，英語で答えることができませんでした。だから今，私はもっと熱心に英語を勉強しなければならないと思っています。私はどのように英語を勉強するべきでしょうか？

2 【解き方】① (あ)「あなたは起きたあとに何をしましたか？」という質問に対する返答。「私は顔を洗い，部屋で服を着替えました」となる。「服を着替える」＝ change clothes。(い)「週末はどうでしたか？」という質問に対する返答。「バスケットボールの試合を見たので，それ（週末）を楽しみました」となる。「～なので」＝ because ～。

② (う) みどり町には駅と大きな「公園」と多くの庭園や寺院がある。「公園」＝ park。(え)「夜空」が美しい。「夜空」＝ the sky at night。at night が後ろから the sky を修飾する。

③ (お)「それは川端康成によって書かれた本です」。「～された」は過去分詞を用いて表す。write の過去分詞形は written。(か)「おば」を説明する文。「誰かの父親か母親の姉妹です」。「姉妹」＝ sister。

④ (1)「私はそこへ行くのが好きです」となる。「～するのが好きだ」＝ like ～ing。「そこに行く」＝ go there。(2)「私は1時間ずっとあなたを探していました」となる。現在完了進行形〈have ＋ been ＋～ing〉の文を用いて表す。

⑤「野球のしかた」か「写真の撮り方」のいずれかを英語で表す。「～のしかた」＝ how to ～。

【答】① (あ) ア (い) ウ ② (う) park (え) night ③ (お) written (か) sister
④ (1) going (2) have been looking ⑤ (例) how to play baseball

3 【解き方】① 直後に「クラブのミーティングは毎週金曜日の午後3時30分に終わる」,「パーティーの準備をするのに30分ある」と書かれている。

②「覚えておくべきこと」の2つ目に「彼女にパーティーのことを伝えないこと」と書かれている。

③ うちわは夏の「暑い」ときに使うもの。

④ エミの「明日，私たちの考えについてフミカに伝えなければならない」というせりふと,「プレゼント」の部分にある「次の水曜日にあなたの考えを聞かせてください」という言葉から，2人の会話が火曜日に行われていることがわかる。

【答】① エ ② エ ③ hot ④ イ

◀全訳▶ 連絡用紙

7月15日

デンビー先生のお別れパーティーの予定

時間：7月29日 午後4時
・私たちのクラブのミーティングは毎週金曜日の午後3時30分に終わります。
だからパーティーの準備をするのに30分あります。
場所：なごみルーム

持ってくるもの：
・お礼の手紙
次の金曜日にクラブのミーティングでそれを書く予定です。もし来ることができなければ，自分の手紙を書いてそれをパーティーに持ってきてください。
・プレゼント
何か日本的なものにした方がいいです。次の水曜日に考えを聞かせてください。

覚えておくべきこと：
・7月28日に食堂で昼食を食べたあと，なごみルームでパーティーの準備をする。
・彼女にパーティーのことを伝えないこと。彼女に驚いてもらいたい。

フミカ

エミ ：あなたはこの前の金曜日のクラブのミーティングにいなかったでしょう。ここにフミカからのメッセージがあるわよ。デンビー先生が去ってしまうの。

マット：ええ，本当に？ 僕たちのALTの？ 彼女がいないと寂しくなるよ。

エミ ：私もそう。それで，彼女に何をあげるべきかしら？

マット：うちわはどう？ 夏の暑いときに彼女はそれを使うことができるよ。

エミ ：それはいいわね。明日，私たちの考えについてフミカに伝えなければならないわ。

4 【解き方】① グラフの2019年の数値を見ると，魚の生産量の約55パーセントが養殖業によるものとなっている。

② (1) 下線部(い)を含む文を見る。繁殖業者がAI技術でチェックできるものが3つあげられている。how much food the fish eats =「魚が食べるえさの量」。the weather =「天気」。(2) 発表の第4段落の5文目に，養殖業者は魚に与える適正なえさの量と,「いつえさを与えるのか」を決めることができると述べられている。

③ 発表の第3段落の4文目を見る。以前はヒラメの養殖に約12か月かかっていたが，今では約9か月となっている。

④ 直後に養殖業者が緑色の光を用いる「理由」をユウヤが説明している。

⑤ 発表の最終段落の最終文に，「新しい技術は，人々が魚を食べ続け，環境を保護することも助けてくれるかもしれない」と述べられている。選択肢のウは「養殖業に新しい技術を用いることは人と自然の両方に役立つかもしれない」という意味。

【答】 ① ウ　② ⑴ イ・エ　⑵ 魚にいつえさを与える（同意可）　③ three　④ エ　⑤ ウ

◀全訳▶

■発表

あなたは1年にどれだけの魚を食べますか？　今，世界の人々はより多くの魚を食べています。だから，安定した魚の生産量を維持することが必要となっています。

グラフを見てください。漁船漁業の生産量は1985年頃以来ほぼ同じです。しかし，養殖業の生産量はだんだん大きくなっており，2019年には魚の生産量の約55パーセントが養殖業によるものでした。なぜでしょう？　私は新しい技術を用いた養殖業が魚の生産量に成功をもたらしたのだと思います。いくつかの例をお見せしましょう。

養殖業者はふつう，魚を養殖するために照明を必要とします。彼らの中にはヒラメに対して緑色のLED灯を利用する人たちがいます。より効果的な照明があれば，ヒラメは水中でより多く泳ぎ，より多くのえさを食べ，より速く成長します。以前はヒラメの養殖に約12か月かかっていましたが，今では約9か月かかります。緑色のLED灯と，より短期間のヒラメ養殖により，養殖業者は費用を節約することができます。将来，私たちはより安いヒラメを食べるようになるかもしれません。

私は別の例も見つけました。ほとんどの費用は魚にえさを与えるために用いられます。AI技術を利用することによって，養殖業者は魚が食べるえさの量や天気，海中の環境をチェックすることができます。養殖業者はスマートフォンを通して，それらに関するすべてのデータを得ることができます。そして彼らは魚に与える適正なえさの量と，いつえさを与えるのかを決めることができます。今では，魚にえさを与えるために，彼らはスマートフォンを利用するだけです。養殖業者はきれいな海の水を保つことができるので，魚にうまくえさを与えることは重要です。

新しい技術は養殖業の方法を変えつつあります。それは，養殖業者が魚の生産量を保ち，魚を養殖するための費用を節約するのを助けてくれるかもしれません。それは，人々が魚を食べ続け，環境を保護することも助けてくれるかもしれません。

■会話の一部

サキ　：ユウヤ，私はヒラメの養殖期間がより短くなっていることに驚いているの。その差は約3か月よ！

ユウヤ：その通り。

サキ　：それは驚きだわ。ところで，養殖業者はなぜ緑色のLED灯を選ぶの？

ユウヤ：あのね，太陽光には主に赤と緑と青の光があるんだよ。それぞれの光には海中の異なる深さまで達する異なる波長があるんだ。養殖業者は，特に緑色の光があるとヒラメが海中でより大きくなることができると言っているんだよ。

サキ　：それは興味深いわ！

5 **【解き方】** ① 直後の「病気になったとき」という表現から，「医者」が入ることがわかる。

② 直後の3文の中に「医療の費用が高すぎる」，「病院に行くのに時間とお金も使わなければならない」，「病院で何時間も待たなければならない」ことが述べられている。

③ ㈤ 同じ段落の5文目を見る。置き薬の制度では薬を使ったあとでお金が回収される。use first, pay later＝「先に使って，あとで支払う」。㈢ 同じ段落の4～6文目を見る。置き薬は新しい制度だったので，薬の輸送には長い時間と費用がかかったが，その後輸送の手順がより簡単になったと述べられている。それにより，輸送の費用が「より低く」なったと考えられる。

④ 筆者は置き薬制度によってアフリカの現地の人々が薬を用いて自分の身体を大切にできることを望んでい

る。take care of oneself =「自分の身体を大切にする」。

⑤「彼女はインドでボランティアとして働いた(第2段落の1文目)」→「彼女はニジェールでボランティア活動をした(第2段落の3文目)」→「彼女は置き薬制度に関するアイデアを思いついた(第2段落の最終文)」→「彼女はアフリカで非営利組織を始めた(第4段落の1文目)」の順。

⑥ ア. 第2段落の4文目を見る。筆者が薬の必要性を伝えても，ニジェールの人々は薬を手に入れることができなかった。イ. 第2段落の最後の2文を見る。筆者が置き薬制度というアイデアを得たのは日本に戻ってから。ウ.「現在のニジェールの生活を見たとき，彼女は江戸時代の生活を思い出した」。第3段落の最後から2文目を見る。正しい。エ.「アフリカの人々は，彼女の非営利組織チームから健康に関する役立つ助言を得た」。第4段落の最後から3文目を見る。正しい。オ. 最終段落にある「将来，置き薬制度を利用することにより，アフリカで現地の人々が自分の身体を大切にすることができるようになればいいと思います。それが私の目標です」という言葉から，筆者はこれからも置き薬制度を広めようとしていることがわかる。

【答】 ① doctor　② ア　③ イ　④ エ　⑤ エ→イ→ウ→ア　⑥ ウ・エ

◀全訳▶ あなたは薬のない生活が想像できますか？　世界中の多くの人々は，病気になったときに薬を買うことができなかったり医者に行ったりすることができません。ここにアフリカのそういった人々を助けている1人の日本人女性の話があります。

大学生だったとき，彼女はインドでボランティアになりました。彼女は医療を受けることができない大勢の貧しい人々がいることを知りました。その後，彼女は別のボランティア活動に参加するためニジェールへ行きました。彼女はそこの人々に薬が大切であることを伝え続けたのですが，彼らはそれでも薬を手に入れることができませんでした。それにはいくつかの理由がありました。彼らにとって医療の費用が高すぎました。離れたところにある村の人々は，街の病院に行くのに時間とお金も使わなければなりませんでした。人々はまた，病院で何時間も待たなければなりませんでした。彼女は「必要とする人々に薬を届けるために私は何ができるのだろう？　どうすれば地元の人々が利用できる持続可能なシステムを作ることができるのだろう？」と考え始めました。その答えを見つけるために，彼女は日本に戻り，薬とビジネスについてさらに勉強しました。ようやく，彼女は置き薬制度とよばれるアイデアを思いつきました。

あなたは今までに置き薬について聞いたことがありますか？　それは約300年前に始まった伝統的な日本の「先に使って，あとで支払う」薬の制度です。江戸時代，人々は簡単に街に行くことができず，家族はとても大人数でした。そこで人々は薬でいっぱいになった置き薬の箱を利用しました。これらの箱は家庭に置かれ，薬を使ったあとでお金が回収されました。この制度は人気のあるものとなりました。今のニジェールの生活は彼女に江戸時代の生活を思い出させました。置き薬はニジェールの人々にとっても役立つと彼女は思いました。

2014年に，アフリカに置き薬制度を広めるため，彼女は他のメンバーと一緒に非営利組織を作りました。彼女のチームは地元の人々が必要とする薬を選び，それを彼らの置き薬箱に入れました。そして，そのメンバーは離れたところにある村へその箱を輸送し始めました。置き薬は新しい制度だったので，薬の輸送には長い時間がかかりました。それは困難で費用がかかりました。しかしその後，より多くの村がこの制度に加わり，輸送の手順がより簡単になりました。それによって輸送の費用がより低くなりました。そのチームはアフリカのそれらの村の人々に医療の助言も与えました。今では置き薬制度によって，現地の人々は安全な薬とともに生活することができます。この制度は人々がいくつかの医療問題を解決する手助けをしています。

彼女は「アフリカのすべての人々が薬を手に入れるべきです。将来，置き薬制度を利用することにより，アフリカで現地の人々が自分の身体を大切にすることができるようになればいいと思います。それが私の目標です。彼らのよりよい生活のために，私たちは世界中のより多くの人々が私たちの活動について知り，私たちを支援してくれることを心から希望します」と言いました。彼女の夢は始まったばかりです。

国　語

1 【解き方】③ 駅員が，乗客に「ご～になる」と尊敬語を使っている。アの「いらっしゃられますか」は二重敬語なので，「いらっしゃいますか」が正しい言い方。イは，来館者には「おっしゃってください」「お聞きになってください」という尊敬語を用いる。ウは，「そろいましたでしょうか」が正しい言い方。

④ 同意の漢字の組み合わせ。イは，反意の漢字の組み合わせ。ウ・エは，上下の漢字が主述の関係。カは，上の漢字が下の漢字を修飾している。

⑤ (1) 発表原稿に，「馬耳東風」は「人の意見や批評などを心にとめずに聞き流すこと」という意味であると書かれていることから考える。(2) 村上哲見さんの「著書の中」にふれて，「と述べておられます」と説明しているところに着目する。(3)「がきわ立ち」と続くことから，発表原稿の「何の感動も示さない馬の様子をきわ立たせる」という表現に着目し，「何の感動も示さない馬の様子」を言い換えた言葉を探す。(4) 太郎さんは，「馬耳東風」という四字熟語が李白の漢詩の表現から来ていることをふまえた上で，「ところでみなさん…用いたのでしょうか」と問いかけている。

【答】① (1) えつらん　(2) わく　(3) 改札　(4) 快(く)　② (1) キ　(2) ウ　③ エ　④ ア・オ

⑤ (1) イ　(2) せっかくの～強調される　(3) 馬の無関心ぶり　(4) ア

2 【解き方】①「散る宿命にあることを凝視した上でなお追究していく」に注目。また，「リアリスティックな美しさ」をもつ「花」の厳しさについて，世阿弥は「どんな花でも…散るからこそ，また咲く頃になると，美しいと感嘆する」と述べている。

②「ゑ」は「え」にする。

③ X.「この『花の戦略』」とあるので，その前の「こうした言葉の中にも…戦略的な様相を呈していることがわかります」に着目する。「こうした言葉」が，その前の「能も，同じ表現ばかりに留まっていないことが花なのだ」という世阿弥の言葉を指していることをおさえる。Y.「秘すれば花」とあるので，後で「『これは花ですよ』ということが…演技者にとっての花なのだ」と述べていることから考える。

④ この言葉が，「その時々の求めに役立つ」と訳されていることに着目する。その前で，筆者が演技者について「観客の好みも多種多様なため…要求される」と述べていることもおさえる。

⑤ 筆者が，「世阿弥は能の演技のありようを，『花』という言葉で表現しています」と述べていることに着目する。「ただ面白いと感じてもらえる場合こそが，演技者にとっての花」「さまざま『花』が要求される」といった表現によって，演技者が観客の前で演じる際に必要とされる「能理論」について述べている。

【答】① イ　② ゆえ　③ X. 同じ表現にならない　Y. 観客に秘密にする（それぞれ同意可）　④ エ　⑤ ア

3 【解き方】① X. まゆが，「なんだろう，これ…ちゃんと生きてここにいるんだって，気がついた気がする」とつぶやいたことに着目する。Y.「ルイが，まゆちゃんをモデルに絵を描いた」だけのシンプルなものだが，「今まで見えていなかった…存在感を放つ姿」を感じていることをおさえる。

② (1)「覆いかぶさっ」て「自分の絵」を隠しているまゆに，「でき上がった絵は…でき上がった瞬間に」作品自体に「まわりに自分を見てもらいたいな，という意志」が生まれ，それは「描いた人の心とは別に，新しく生まれる」と実弥子は話している。(2) まゆは自分の絵に自信がなく，「見せることをためら」っている。実弥子から「でき上がった絵」に「まわりに自分を見てもらいたいな，という意志が生まれる」と聞かされ，最初は「……ほんとに？」と「不安そう」な様子だったが，ルイに「見せてよ」と言われたことで，「照れ」ながらも絵を見せようとしている点に着目する。

③ まゆが「やっぱり…はずかしい」と言って画用紙を丸めたが，ルイがその絵を「これ，ほしい」と言ったことをおさえる。

④「ルイが描いた自分の顔が，自分を見ている」「ルイが描いた自分」「ルイが見ていた自分」と何度も絵の中の「自分」を感じており，「自分が，他の人の目に映っているということを初めて知った気がした」と思っている。

⑤ 実弥子は,「ルイが描いた」絵を見たまゆの「自分が今，ちゃんと生きてここにいるんだって，気がついた気がする」というつぶやきから,「なんのために絵を描くのか」という「問いの答え」の手がかりを感じている。まゆは「ルイの描いた」絵を見て，自分が「ちゃんと生きてここにいる」ことや「自分が，他の人の目に映っている」ことに気づいている。この二人を，同じ「絵画教室」に通うルイとの会話を交えながら描いている。

【答】 ① X．今，ちゃんと生きてここにいるんだ　Y．不思議な存在感を放つ

② (1) ウ　(2) ア　③ ルイが欲しがったことに驚く（13字）（同意可）　④ エ　⑤ イ

4 **【解き方】** ① 観光旅行は「多くの人が何度も見聞きした場所を訪ねること」で「あらかじめ知り得ていた情報を大きく逸脱することはありません」と述べている。旅に出ることは「未知の場所に足を踏み入れること」で，知っている範囲を超えて「新しい場所へ向かう」ための「勇気」が必要であり,「精神的な意味あい」が「強い」と，観光旅行と旅の違いを説明している。

② ⓑでは,「観光旅行」について述べた後で,「旅に出ること」について述べている。ⓓでは,「目的としていないならば」という仮定の表現に着目する。

③「壁画」の例として「ネガティブハンド」を挙げた後に,「闇のなかで描くという行為」について,「時間と空間を飛び越えた別の世界と…そのものだったのではないでしょうか」「ある種のトランス状態のなかで…世界を行き来していたように思えてなりません」と筆者の見解を述べている。

④「歩き続けていく」とは「実際に世界を歩き回る」ことではなく,「精神の冒険」を指している。「精神の冒険」とは「現実の世界とは別の世界を探すプロセス」であり,「心を揺さぶる何かへと向かう想像力の旅」へとつながることから考える。

⑤「自分自身を未来へと常に投げ出しながら…近づいてきた新しい世界をぼくはなんとか受け入れていきたいと思っていました」と「旅」に対する思いを述べ，またそうすることによって「さまざまな境界線をすり抜けて…たった一人の『ぼく』として生きていける」と述べていることに着目する。また,「旅に出る」というのは,「未知の場所に足を踏み入れること」であり,「孤独を感じたり，不安や心配がつきまと」う点もおさえる。

【答】 ① ウ・カ　② イ　③ 時間と空間を飛び越えた別の世界　④ 想像力を働かせ続ける（同意可）　⑤ ウ

~MEMO~

岡山県公立高等学校
（特別入学者選抜）

2021年度
入学試験問題

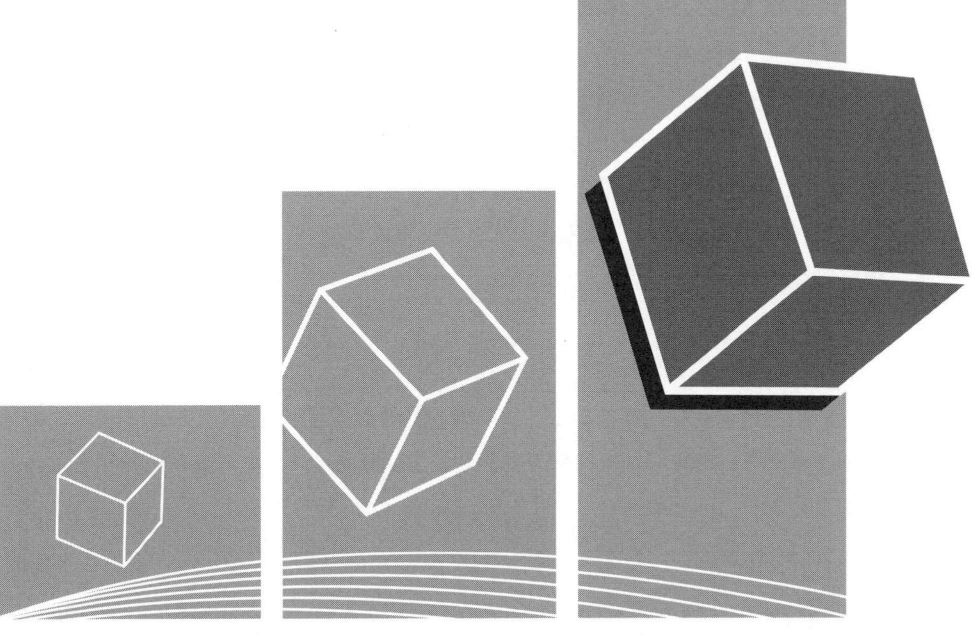

数学

時間　45分　　　満点　70点

(注)　1　答えに$\sqrt{\ }$が含まれるときは，$\sqrt{\ }$をつけたままで答えなさい。また，$\sqrt{\ }$の中の数は，できるだけ小さい自然数にしなさい。

2　円周率はπを用いなさい。

1　次の①～⑤の計算をしなさい。⑥は指示に従って答えなさい。

①　$4-(-5)$　(　　　)

②　$\frac{9}{8}\div\left(-\frac{3}{4}\right)$　(　　　)

③　$8-(-3)^2$　(　　　)

④　$(-9ab^2)\times 2a\div(-3ab)$　(　　　)

⑤　$\sqrt{72}-\sqrt{8}$　(　　　)

⑥　$x^2-3x-18$を因数分解しなさい。(　　　)

2　次の①～⑥に答えなさい。

①　絶対値が4より小さい整数の個数を求めなさい。(　　　個)

②　右の図のような，頂点がA，B，C，D，E，Fの正八面体があります。直線BCとねじれの位置にある直線は，ア～エのうちではどれですか。当てはまるものをすべて答えなさい。(　　　)

ア　直線AD　　イ　直線DE　　ウ　直線BF　　エ　直線EF

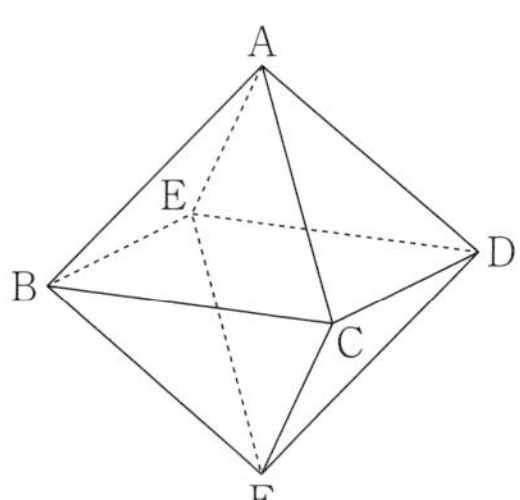

③　右の図のような，平行四辺形ABCDと△EFGがあり，点Eは線分AD上に，点Fは線分BC上にあります。∠AEG = 160°，∠CFG = 45°のとき，∠EGFの大きさを求めなさい。(　　　)

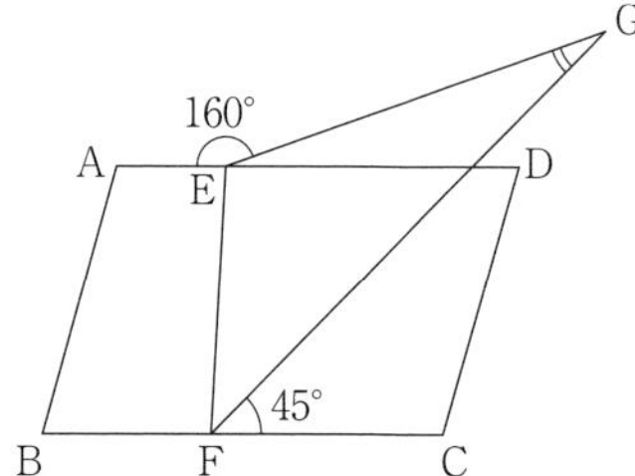

④　右の図のような，半径5 cm，中心角90°のおうぎ形OABがあります。このおうぎ形を，直線OAを回転の軸として1回転させてできる立体の体積を求めなさい。(　　　cm^3)

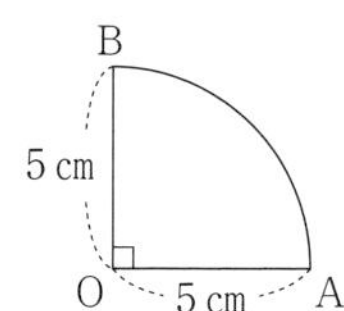

⑤　袋の中に，A，B，C，D，Eが1つずつ書かれた5個の球が入っています。この袋の中から球を同時に2個取り出すとき，Aと書かれた球が含まれる確率を求めなさい。ただし，どの球が出ることも同様に確からしいものとします。(　　　)

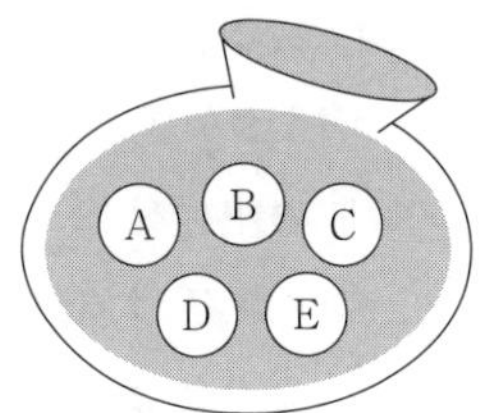

⑥　右の図において，△ABCと△BDEはそれぞれ正三角形で，AB＞BDとします。このとき，点Aと点E，点Cと点Dをそれぞれ結ぶと，△ABE≡△CBDとなります。このことを証明するには，三角形の合同条件のうちのどれを使えばよいですか。一つ答えなさい。(　　　)

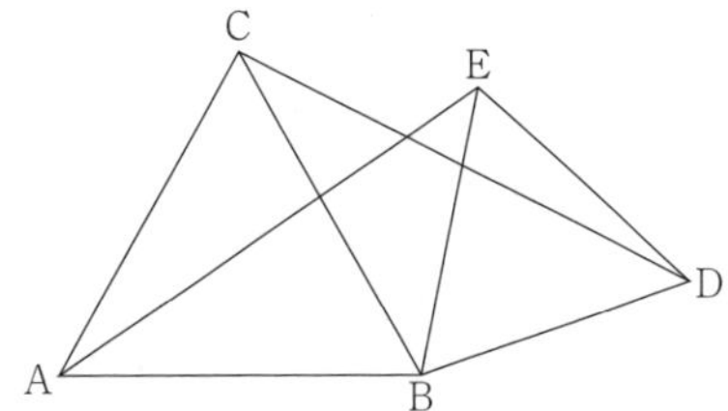

3　右の図1のように，縦が20cm，横が10cmの長方形ABCDの紙を，折り目の線が点Dを通り，点Cが線分ABと重なるように折り，点Cが移った点をEとします。また，図2のように，折った部分をもとにもどし，折り目の線と線分BCとの交点をFとし，点Dと点E，点Dと点F，点Eと点Fをそれぞれ結びます。①～④に答えなさい。

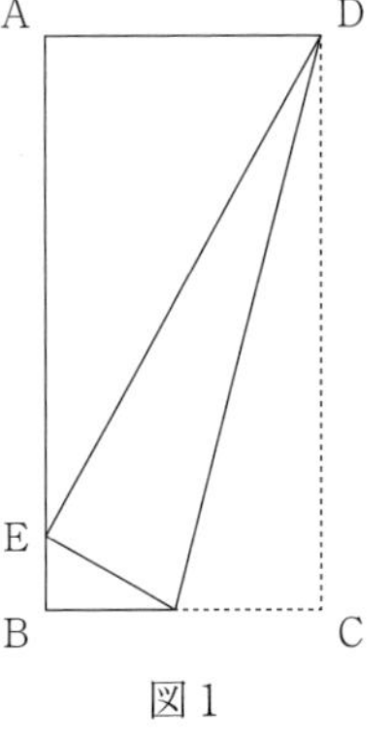

図1

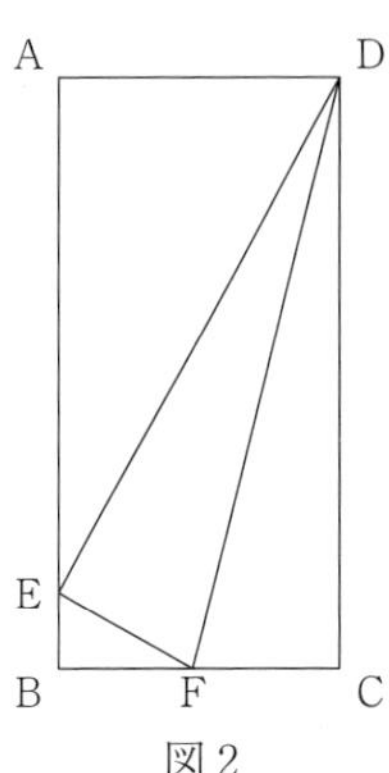

図2

①　図2において，∠EDFの大きさは次のように求めることができます。[(1)]～[(3)]に適当な数を書きなさい。(1)(　　　)　(2)(　　　)　(3)(　　　)

> ∠DAE＝90°，AD：DE＝1：2だから，∠ADE＝[(1)]°である。
> また，紙を折り返したので，∠EDF＝[(2)]∠CDEである。
> したがって，∠EDF＝[(3)]°である。

②　点Fを定規とコンパスを使って作図しなさい。作図に使った線は残しておきなさい。

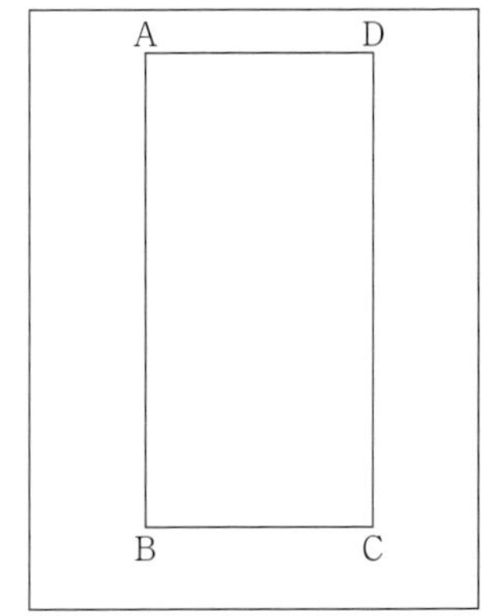

③　図2において，∠BFEの大きさを求めなさい。(　　　)

④　図2において，△DEFの面積を求めなさい。(　　　cm^2)

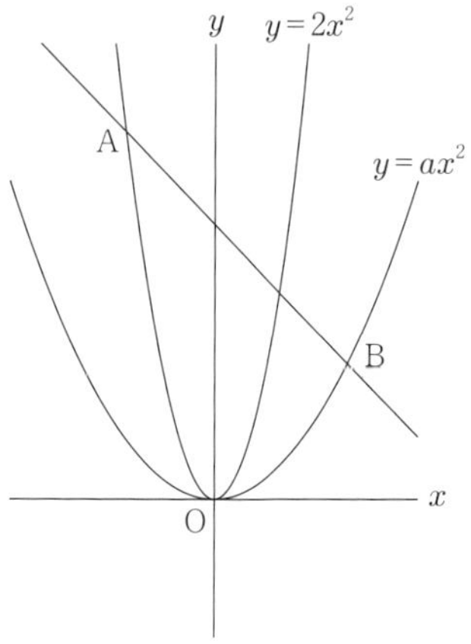

4　右の図のように，関数 $y=2x^2$ のグラフ上に点Aがあり，点Aの x 座標は－2です。また，関数 $y=ax^2$ のグラフ上に点Bがあり，点Bの座標は(3，3)です。①～④に答えなさい。ただし，a は定数とし，点Oは原点とします。

①　点Aの y 座標を求めなさい。(　　　)

②　a の値を求めなさい。(　　　)

③　直線ABの式を求めなさい。(　　　)

④　直線OPが直線ABに平行となるような点Pについて，点Pが方程式 $y=-2$ のグラフ上にあるとき，点Pの座標は次のように求めることができます。［(1)］には適当な式を書きなさい。［(2)］には点Pの座標を求めなさい。ただし，［(2)］は答えを求めるまでの過程も書きなさい。

(1)(　　　)

(2)(　　　　　　　　　　　　　　　　　　　　　　　　　　　　　　)

原点Oを通り，直線ABに平行な直線の式は，$y=$ ［(1)］である。

［(2)］

．

5　次の図1は，1辺の長さが x cm の正方形です。図2は，図1の正方形の縦を2cm 短くし，横を3cm 長くしてできる長方形です。ただし，$x > 2$ とします。①～③に答えなさい。

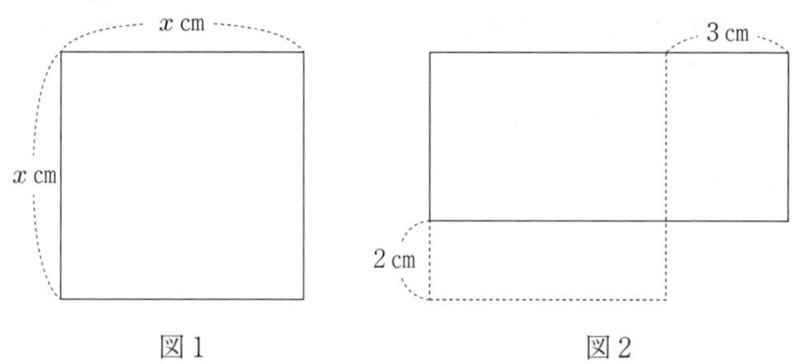

図1　　　　　図2

①　図2の長方形の縦の長さを x を用いて表すとき，最も適当なのは，ア～エのうちではどれですか。一つ答えなさい。(　　　)

ア　$x + 2$　　イ　$x - 2$　　ウ　$2x$　　エ　$\dfrac{x}{2}$

②　図2の長方形の周の長さが26cm となるとき，図1の正方形の1辺の長さを求めなさい。

(　　　cm)

③　図2の長方形の面積が，図1の正方形の面積のちょうど半分となるとき，図1の正方形の1辺の長さを求めなさい。ただし，答えを求めるまでの過程も書きなさい。

(　　　　　　　　　　　　　　　　　　　　)(　　　)

6　右の表は，あるクイズに答えた25人の得点を度数分布表に表したものです。ただし，クイズの得点は，整数であるものとします。①～③に答えなさい。

得点(点)	度数(人)
4 以上 ～ 8 未満	4
8 ～ 12	8
12 ～ 16	2
16 ～ 20	5
20 ～ 24	4
24 ～ 28	2
計	25

①　階級の幅を求めなさい。(　　　点)

②　8点以上12点未満の階級の相対度数を求めなさい。

(　　　)

③　後日，欠席していた1人が同じクイズに答えたところ，得点は20点でした。欠席者を除く25人の得点の中央値は13点でしたが，欠席者を含めた26人の得点の中央値はちょうど14点になりました。このとき，欠席者を含めた26人の得点を大きさの順に並べたとき，小さい方から数えて14番目の得点を求めなさい。また，その得点とした理由を，解答欄の書き出しに続けて，「平均」という語を使って説明しなさい。

(欠席者を含めた26人の得点を大きさの順に並べたとき，小さい方から数えて14番目の得点は□点である。

理由は，欠席者を除く25人の得点の中央値が13点だから，

)

英語

時間　45分　　　　満点　70点

(編集部注)　放送問題の放送原稿は英語の末尾に掲載しています。
音声の再生についてはもくじをご覧ください。

(注)　1　英語で書くところは，活字体，筆記体のどちらで書いてもかまいません。
2　語数が指定されている設問では，「,」や「.」，「？」などの符号は語数に含めません。
また，「don't」などの短縮形は，1語とします。

1　この問題は聞き取り検査です。問題A～問題Cに答えなさい。すべての問題で英語は2回ずつ読まれます。途中でメモをとってもかまいません。

問題A　(1)～(3)のそれぞれの英文で説明されている内容として最も適当なのは，ア～エのうちではどれですか。一つ答えなさい。(1)(　　　)　(2)(　　　)　(3)(　　　)

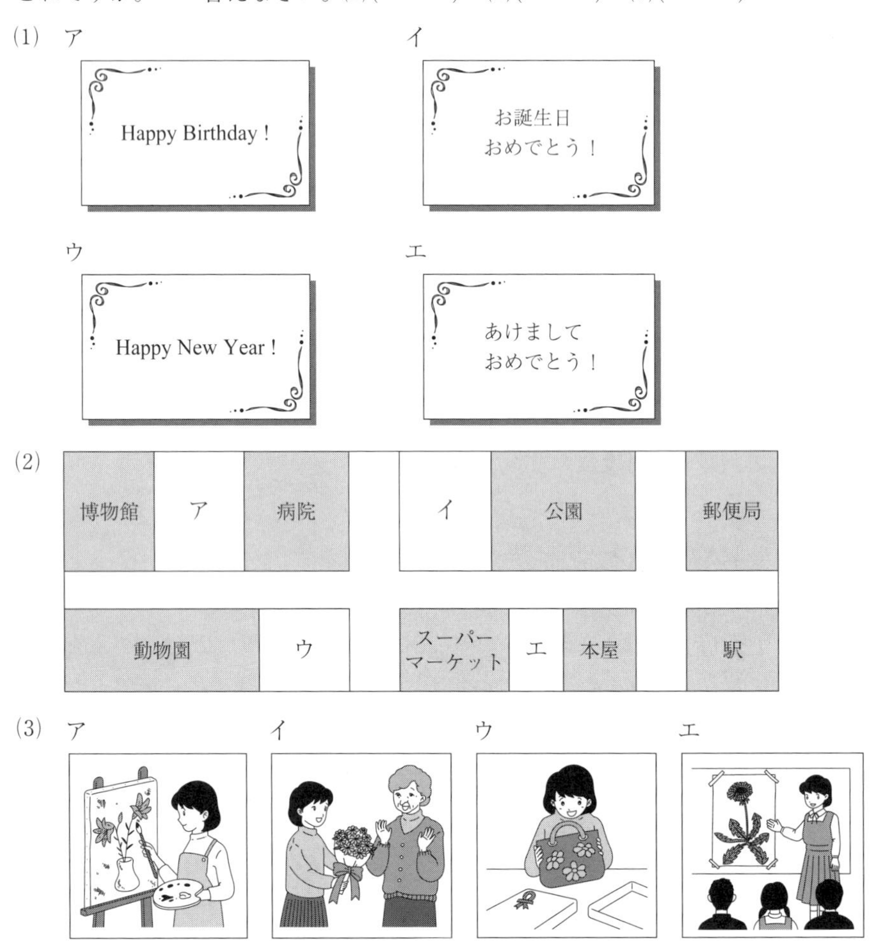

問題B　(1)，(2)のそれぞれの会話の最後の文に対する応答部分でチャイムが鳴ります。そのチャイムの部分に入れるのに最も適当なのは，ア～エのうちではどれですか。一つ答えなさい。

(1)(　　　)　(2)(　　　)

(1) ア We have two colors, red and yellow.

イ If you buy two, each one will be fifteen dollars.

ウ I'll show you a smaller one.

エ Sorry, we don't have a larger one.

(2) ア Really? Let's go and find our seats.

イ It was interesting. Do you want to see it again?

ウ That's a good idea. Shall we buy something to drink?

エ We must hurry. The movie has already started.

問題C 留学先の学校で遠足に行くことになったSaekoがメモをとりながら，先生の説明を聞いています。(1)～(3)に答えなさい。

[メモの一部]

遠足について
学校出発時刻：[(あ)]時
バス待機場所：[(い)]前

(1) [(あ)] に最も適当な数字を入れなさい。(　　　)

(2) [(い)] に適当な日本語を入れなさい。(　　　)

(3) 説明されなかった項目について，Saekoは質問をすることにしました。説明されなかった項目として最も適当なのは，ア～エのうちではどれですか。一つ答えなさい。また，その項目についての質問を，あなたがSaekoになったつもりで書きなさい。ただし，主語と動詞を含む4語以上の英文とすること。

記号(　　　)

英文(　　　　　　　　　　　　　　　　　　　　)

ア 目的地に到着する時刻　イ 写真を撮影する場所　ウ 昼食の種類　エ 持参する物

2　ALT（外国語指導助手）の Kelly 先生は，中学生の Taku と Shoko のクラスで英語の授業をしています。①～④に答えなさい。

① 英単語を言い当てるクイズを行いました。［(あ)］，［(い)］に入れるのに最も適当なのは，ア～エのうちではどれですか。それぞれ一つ答えなさい。(あ)（　　　）　(い)（　　　）

Ms. Kelly：It's a school subject. In a class for this subject, we often sing songs or play instruments.

Taku　　：The answer is ［(あ)］.

(あ)　ア　a musician　　イ　music　　ウ　a scientist　　エ　science

Ms. Kelly：It's a kind of book. We use it when we need to know what a word means.

Shoko　　：It's a ［(い)］.

(い)　ア　dictionary　　イ　diary　　ウ　magazine　　エ　map

② 単語を分類する活動を行い，次のようなグループ名を表す単語とそのグループに属する単語をまとめた表を作成しました。［(う)］，［(え)］に入れるのに最も適当な英語1語をそれぞれ書きなさい。ただし，［　　］内の_には記入例にならい，1文字ずつ書くものとします。

(う)＿＿＿＿＿　(え)＿＿＿＿＿＿

記入例 ［cap］

グループ名	グループに属する単語			
country	Australia	India	America	Spain
language	Chinese	Japanese	French	English
(う)＿＿＿＿＿	basketball	soccer	tennis	volleyball
season	spring	summer	fall / autumn	(え)＿＿＿＿＿＿

③ ペアで英語の会話をしました。［(お)］～［(き)］に入れるのに最も適当な英語1語をそれぞれ書きなさい。(お)（　　　）　(か)（　　　）　(き)（　　　）

Ms. Kelly：I study Japanese every Tuesday and Friday.

Taku　　：Oh, you study Japanese twice a ［(お)］.

Taku　　：Have you ever ［(か)］ to a foreign country?

Shoko　　：No, but I hope I will visit Australia next year.

Ms. Kelly：Whose tennis racket is this?

Shoko　　：It's ［(き)］. My sister gave it to me.

④ 英文を作る活動を行いました。必要があれば（　）内の語を適当な形に変えたり，不足している語を補ったりなどして，それぞれ意味が通るように英文を完成させなさい。

(1) I will study Chinese because it (speak) by a lot of people today.（　　　　　）

(2) Summer is as (popular) fall in our class.（　　　　　）

(3) We need one more soccer player, so we will ask Ken (join) us.（　　　　　）

③ TomとNaoが，ある水族館（aquarium）のウェブサイトを見ながら話をしています。次は，そのトップページの一部と会話の英文です。①～④に答えなさい。

トップページの一部

Welcome to the Blue Aquarium Website

Things Living in the Water	*Events*	*Shopping*	*How to Get to Our Place*

The number of people who have visited our website today : 68

Today's date : Sunday, June 16

Opening hours : June to August 10:00 a.m. - 8:00 p.m.
September to May 10:00 a.m. - 6:00 p.m.

News

June 8	A baby dolphin was born today.
June 1	Seventy-two people joined the Night Aquarium.
May 25	We will have a summer night event called the Night Aquarium from June 1 to August 31.
May 18	We have finished cleaning the pool for small fish. From today, you can enjoy it again.
May 17	We are sorry that the pool for small fish is closed for cleaning.

Tom : Let's go to this aquarium (あ) next month.

Nao : That sounds nice. How can we go there?

Tom : We can check it by (い) clicking here. Well, we can go there by train. It's just in front of the station.

Nao : OK. How [(う)] take from our station?

Tom : It takes about thirty minutes.

Nao : I see.

〔注〕 click クリックする

① 下線部(あ)が指すのは何月ですか。英語1語を書きなさい。(　　　)

② 下線部(い)について，Tomがトップページの中でクリックした項目として最も適当なのは，ア～エのうちではどれですか。一つ答えなさい。(　　　)

ア *Things Living in the Water*　イ *Events*　ウ *Shopping*

エ *How to Get to Our Place*

③ あなたがNaoになったつもりで，[(う)]に適当な英語3語を書きなさい。(　　　　　　)

④ トップページの一部からわかる内容として，当てはまらないものは，ア～エのうちではどれですか。一つ答えなさい。(　　　)

ア The aquarium is open longer for three months of the year.

イ The baby dolphin's birthday is June 8.

ウ　On the first night of the night event, over seventy people joined.

エ　The pool for small fish was closed on May 18.

4　Naomiは，食品廃棄物（food waste）の問題に取り組んでいるレストラン経営者のSmithさんにインタビューをしてレポートを書きました。次の英文は，そのインタビューとレポートの一部です。①～④に答えなさい。

■　インタビューの一部

Naomi　　：I like your restaurant's name, "The Rescued Food Restaurant."

Mr. Smith：Thank you. We rescue food before stores throw it away.

Naomi　　：That's nice. What kind of food do you rescue?

Mr. Smith：We [(あ)] the food that may not be perfect for selling. For example, yesterday we got day-old bread. We also bought carrots that were smaller than others. They were all good for cooking.

Naomi　　：Do you like to cook with rescued food?

Mr. Smith：We love it. We use only rescued food for our dishes. We don't know what we will get until we go to the stores. Every day after we get the rescued food, we need to think how we can cook it. That's [(い)] but also fun.

Naomi　　：You enjoy difficult work! How do your customers like your dishes?

Mr. Smith：They always enjoy eating our dishes. We use all the rescued food in our dishes, and most of our customers don't leave any of the food. We are [(う)] we have almost no food waste.

Naomi　　：Do you have a message for people?

Mr. Smith：Yes. We believe good dishes can change people. We hope more people will enjoy our dishes and think about food waste.

■　レポートの一部

The Rescued Food Restaurant in our city has tried to reduce the food waste. Look at the graph. It shows where the food waste in our city is from. Some food waste is from restaurants and stores. The food waste from both of them is [(え)] % in total. The same amount of food waste comes from homes. I think we must do something about it at home.

When I try to follow a recipe, I buy the necessary food for it. When I cook, I often leave some of the food and throw it away. The Rescued Food Restaurant's effort is good. I want to (お)<u>do the same kind of thing</u>. Then I can reduce the food waste at home.

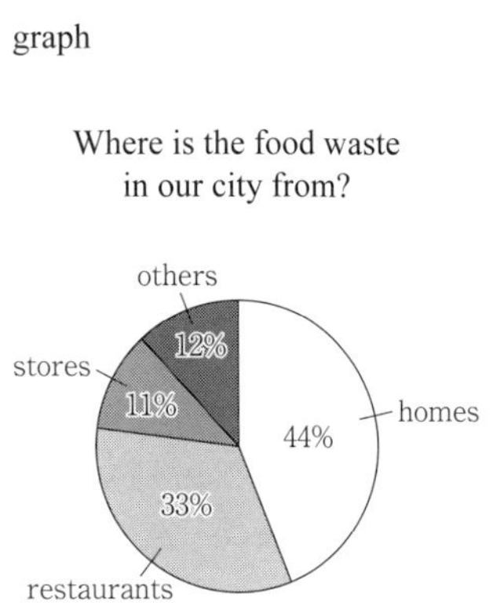

〔注〕 throw ～ away ～を捨てる　day-old 前日焼かれた　leave ～ ～を残す
reduce ～ ～を減らす　graph グラフ　in total 合わせて　amount 量

① (あ) に入れるのに最も適当なのは，ア～エのうちではどれですか。一つ答えなさい。
(　　)

ア send　イ forget　ウ save　エ wash

② (い) ，(う) に入れる英語の組み合わせとして最も適当なのは，ア～エのうちではどれですか。一つ答えなさい。(　　)

ア (い) hard (う) happy　イ (い) hard (う) sad　ウ (い) easy (う) happy
エ (い) easy (う) sad

③ (え) に入れるのに最も適当なのは，ア～エのうちではどれですか。一つ答えなさい。
(　　)

ア 23　イ 44　ウ 56　エ 77

④ 下線部(お)の内容として最も適当なのは，ア～エのうちではどれですか。一つ答えなさい。
(　　)

ア grow carrots in my garden　イ use all the food I get
ウ go shopping with my own bag　エ invite my friends to dinner

5 次の英文を読んで，①～⑥に答えなさい。なお，［Ⅰ］～［Ⅳ］は段落の番号を示しています。

［Ⅰ］ Today people can go to space, but in the nineteenth century, even flying by plane was just a (あ). After it came true in 1903, people had another dream to go to space. It was also difficult but it came true. In 1961, a man went around the earth in a spaceship for the first time. Several years later, some men went to the moon on the Apollo program. When one of them walked on the moon for the first time, he said it was a small step for a person but a big step for humankind. Then fifteen countries made a team and worked together to build the International Space Station (ISS). Today some astronauts do important work there.

［Ⅱ］ It is difficult to stay in space because living conditions are hard there. For example, there is no air, and (い). If something is in a place which gets light, its temperature will be very high. Sometimes it will be about 120℃. If it is in another place which doesn't get light, its temperature will be very low. Sometimes it will be about －150℃. Because of this, a lot of necessary things are developed on the earth and are brought to space for special use.

［Ⅲ］ Technology supports astronauts. When they go to space, computers in a spaceship give them important information. When they work outside the ISS, they wear special clothes. These clothes protect them from the temperature differences, so they don't feel too hot or too (う). After hard work, they enjoy eating space food. They can easily prepare the food. The food tastes nice and is good for their health. The astronauts can also preserve it for a long time.

［Ⅳ］ You may think these things are only for astronauts, but the technology developed for space programs is used in your lives, too. Many years ago, computers were not good for use in spaceships because they were big and heavy. People who worked on the Apollo program made the computers small and light. (え)<u>That</u> was a really "big step" for today's computers which you use. You can also find other technology used around you. Fire station workers wear the same kinds of clothes the astronauts wear. These clothes protect them from fire. Many of you may enjoy good freeze-dried food at home. It has improved a lot because of space food. Now you understand how technology developed for space programs has also made your lives better.

〔注〕 spaceship 宇宙船　the Apollo program アポロ計画（アメリカの宇宙計画名）
humankind 人類　astronaut 宇宙飛行士　living conditions 生活環境　air 空気
develop ～ ～を開発する，～を発達させる　technology 技術
prepare ～ ～の準備をする　preserve ～ ～を保存する　fire station 消防署
freeze-dried フリーズドライの，凍結乾燥させた

① (あ) に入れるのに最も適当な英語1語を，［Ⅰ］段落中から抜き出して書きなさい。(　　　)

② (い) に入れるのに最も適当なのは，ア～エのうちではどれですか。一つ答えなさい。(　　　)

ア light from the sun has a very strong influence

イ astronauts can walk on the moon

ウ astronauts enjoy watching stars from the ISS

エ the earth goes around the sun once in a year

③ (う) に入れるのに最も適当な英語1語を書きなさい。( )

④ 下線部(え)の具体的内容を説明する次の文の に適当な日本語を入れなさい。

( )

アポロ計画によって, コンピュータができたこと。

⑤ 次の表は, 本文の段落ごとの見出しです。(お), (か) に入れるのに最も適当なのは, ア～エのうちではどれですか。それぞれ一つ答えなさい。(お)( ) (か)( )

段落	見出し
[Ⅰ]	(お)
[Ⅱ]	Hard living conditions in space
[Ⅲ]	Technology which supports astronauts
[Ⅳ]	(か)

ア The first Japanese astronaut

イ Humankind's history of going to space

ウ Technology that is also used on the earth

エ Engineers' work for better spaceships

⑥ 本文の内容と合っているのは, ア～オのうちではどれですか。当てはまるものをすべて答えなさい。( )

ア In 1961, a man went to the moon in the first spaceship.

イ More than ten countries worked together in a team to build the ISS.

ウ When astronauts need something in space, they always make it at the ISS.

エ It is not difficult to preserve and prepare space food in space.

オ Special clothes for fire station workers are reused by astronauts.

〈放送原稿〉

2021年度岡山県公立高等学校特別入学者選抜入学試験英語の聞き取り検査を行います。

問題A　次の英文が2回読まれるのを聞いて，問題用紙の指示に従って答えなさい。

(1)　This is a New Year's card written in Japanese.

(繰り返す)

(2)　This place is between the hospital and the museum.

(繰り返す)

(3)　This picture shows a girl giving some flowers.

(繰り返す)

問題B　次の会話が2回読まれるのを聞いて，問題用紙の指示に従って答えなさい。

(1)　A：　May I help you?

B：　I like this T-shirt, but it's too big for me.

A：　(チャイム)

(繰り返す)

(2)　A：　I'm excited about seeing this movie.

B：　Me too. Oh, we have only five minutes before it starts.

A：　(チャイム)

(繰り返す)

問題C　次の英文が2回読まれるのを聞いて，問題用紙の指示に従って答えなさい。

You will go to the World Festival held in Green Park tomorrow. Your bus will leave school at ten, so please don't be late. Your bus will be in front of the school library. You will arrive at the park at eleven. I will take a picture of you all in front of the flower garden. Then for lunch you will try Chinese food like fried rice, chicken, and noodles. After that, you will have free time. Enjoy many different cultures until you leave the park at three. Do you have any questions?

(繰り返す)

これで聞き取り検査を終わります。

きかけることで、すでに存在するものに「意味」を見いだしたり、その価値を高めたりすることが尊重されるようになったということ。

③「ⓓ地域空間に対しても……展開されています」とありますが、その具体例として最も適当なのは、ア～エのうちではどれですか。一つ答えなさい。（　）

ア　流通量が減少したとしても、原材料や製造方法を細かく限定して特別感を創出することにより、地域の伝統工芸を変わらぬ形で保護する。

イ　古い建物を一律に取り壊すのではなく、歴史的価値のあるものは、その独特な雰囲気を活かして宿泊施設として再利用することを考える。

ウ　過疎の進む地域で、その土地の景色を活かしてアート作品を展示しつつ、地域全体も一つの芸術作品として演出することで活性化させる。

エ　長年、地域の住民にのみ受け継がれてきたしきたりを厳格に守り続けることによって個別化を図り、地域の伝統行事の再興と存続を図る。

④「ⓔ『根っこ』の価値」とありますが、地域の「根っこ」について説明したものとして最も適当なのは、ア～エのうちではどれですか。一つ答えなさい。（　）

ア　コミュニティや独自の文化を形成してきた地域の根幹となるものに大きな改変を加えることで、持続可能な社会の仕組みを構築し、地域の一層の発展を図るために必要となる資本。

イ　その土地に生きる人々が、地域の歴史、自然、社会とともに実際に生活するなかでつちかってきた、ありふれてはいるが他の地域の人々までをもひきつけるようなその地域の魅力。

ウ　産業の発展に伴い失われてしまった地域の固有性を再生するために、自分が生活する地域のこれまでの歴史、自然、社会について一層理解を深めるために必要となる専門家の知見。

エ　固有の歴史、自然、社会を大切にしながら暮らしてきた地域住民の生活の知恵と、すでにあるものの中から見いだした新たな地域の魅力とを融合した、地域発展のための手がかり。

⑤「『地域と関わる』……高まっているのです」とありますが、「地域と関わる」ことについて筆者の考えを説明した次の文の［X］、［Y］に入れるのに適当なことばを、［X］は文章中から十四字で抜き出して書き、［Y］は文章中のことばを使って十五字以内で書きなさい。

X

Y

見逃しがちな「地域の価値」を［X］することで表現し、それを［Y］ことによって明確にしつつ、地域の「根っこ」の意味を再評価し、新たな価値を生み出して地域の発展につなげようとすることが、現在行われている「地域おこし」や「まちづくり」である。

前提で、特別に歴史的に価値があると認められる建物が点的に保護されるだけでしたが、本当は、あらゆる場所に歴史があります。

　巨額の設備投資によって空間を新しくつくりだすよりも、地域の文脈を読みこみ、再解釈して、求められている「生活の質」や「地域らしさ」を表現することが、むしろ現代的な開発手法になっています。このほうが大きな費用をかけずに済みますし、地域に新たな価値を与えることができるのです。

　地域のリノベーションとは、地域固有の自然や景観、伝統、文化、コミュニティなど、暮らしの豊かさを支える「根っこ」の意味を再評価し、地域の資源とすることを意味します。地域住民から見ると、ありふれていて身近な物事かもしれませんが、その歴史的・文化的な意義を知り、新しい面白さを発見することが重要です。全国各地でおこなわれている「地域おこし」や「まちづくり」は、この意味づけ（意味の再評価）によって「地域の価値」をつくろうとする運動だといえます。「地域の価値」が、地域内・外の人の共感をあつめれば、それだけ多くの人が訪れたり、移住したりすることにもつながります。

　人びとに真の感動を与えるには、そこに「本物」がなくてはなりません。「根っこ」とは、その地域で人びとが生きてきたことの積み重ねです。歴史や自然や社会と一体になった人びとの知恵の結晶です。過去からの継承こそが価値を高めます。

　とはいえ、「根っこ」は地域の人びとにとっては当たり前すぎて、認知されていない場合もあります。

　普段は認識されていないⓔ「根っこ」の価値をわかりやすく抽出するためには、どうしたらよいでしょうか。それには、地元の人や専門家と一緒になって地道に学習するプロセスが必要です。「意味づけ」が価値を高める時代になったからこそ、漠然としていた「地域の価値」を言葉にしたり、デザインしたりして、それを共有していく人びとのネットワークが意義をもちます。

　過去から継承してきたものに対して、現代的に磨きをかけていくことが求められます。それが地域の「根っこ」を育て、豊かにしていくことにつながるのです。

（除本理史（よけもとまさふみ）・佐無田光（さむたひかる）「きみのまちに未来はあるか？――『根っこ』から地域をつくる」より）

（注）スクラップ・アンド・ビルド――古くなった施設・設備などを廃棄し、新設すること。
長屋――一棟をいくつかに区切って、多くの世帯が別々に住めるようにした家。
レトロ――復古調。懐古的。ここでは「昔風の」くらいの意味。

① [ⓐ]、[ⓒ] にそれぞれ入れることばの組み合わせとして最も適当なのは、ア～エのうちではどれですか。一つ答えなさい。（　　）

ア　ⓐ しかし　ⓒ たとえば
イ　ⓐ そこで　ⓒ したがって
ウ　ⓐ たしかに　ⓒ そのため
エ　ⓐ しかも　ⓒ なるほど

② 「ⓑ現代では……なっている」とありますが、これがどういうことかを説明した次の文の [A] 、[B] に入れるのに適当なことばを、[A] は六字で、[B] は五字で、それぞれ文章中から抜き出して書きなさい。A [　　　　　　] B [　　　　　]

現代では、個性のない一様のものを大量生産・消費することで得られる「モノ」の [A] よりも、人々の知識や情動といった [B] に働

4 次の文章を読んで、①～⑤に答えなさい。

地域には多くの人が大事に思う「価値」がある。この価値は地域の「根っこ」と深く結びついています。これを私たちの未来に活かしていくにはどうすればよいか、考えてみましょう。

各種アンケートの結果によれば、「絆」や「地域」に重きをおく人びとが増えたといわれています。

このような変化は、人びとが地域の「根っこ」を見つめなおそうとしていることのあらわれです。「地域と関わる」という新しいライフスタイルへの関心が高まっているのです。これは、地域発展にとって大きなチャンスでもあります。

二〇世紀の経済における一つの特徴は、規格化された画一的な商品を大量に生産・消費してきたことです。それにともなって、地域の固有性も失われていきました。地域それぞれに、歴史や風土に根ざした多様な暮らしがあったのですが、近代的な開発のもとでどんどん失われていったのです。

ⓐ現代では、これまで失われてきたものが見直されるようになっています。人びとはこれ以上「モノ」の量的な豊かさを求めるのではなく、それによって得られる「知識」や心温まる「感動」といった無形の要素を重視するようになりました。

たとえば「モノ」の機能は変わらなくても、あるいは時間がたって劣化したとしても、そこに「意味」や「物語」（ストーリー）が加わることで価値が大きくなります。芸術作品がわかりやすい例ですが、時間がたつと「モノ」としては劣化しても、歴史的な評価に耐え、生き残ることでむしろその価値は高まります。これは、作品というモノそれ自体ではなく、そこに与えられた「意味」が価値の根拠になっているためです。モノの「意味」が深まって、見ている人の知識や情動が高まれば、それにしたがい価値も増加するのです。

何ら新しいものを生産しなくても、すでにあるものに対して「意味」を与えることで価値が高まるのならば、経済活動の様相は一変します。そのため、ⓑ現代では「モノづくり」だけでなく、「コトづくり」（ストーリーの生産）が重要になっているといわれます。

もちろん、見えるもの、ふれられるものがあってこそ五感は刺激されますから、「コトづくり」の時代に入っても「モノづくり」の重要性は失われません。大事な点は、そこに知識や情動、倫理や美しさといった無形の要素がどれだけあるかです。

知識や情動が消費されるいまの時代に、もっともふさわしくない開発方式は、「スクラップ・アンド・ビルド」です。地域空間において営々と積み上げられてきた暮らしの風景は、いちど壊されたらもとには戻りません。

これに対して、歴史のある自然や建物を、完全にスクラップせずに、むしろその雰囲気を守りつつ、時代にあった機能や意味を加えて再生する手法が「リノベーション」です。

ⓒ大阪には、昔たくさんつくられた長屋建ての住居があります。大阪の長屋は、長いあいだ引き継がれてきた庶民の暮らしを象徴する「大阪らしい」建造空間です。一時期はその価値が認められず、老朽化が進むにつれ取り壊されてきましたが、近年は、レトロな雰囲気やコミュニティ感覚が再評価されて、店舗、事務所、宿泊施設などにリノベーションされるようになっています。

ⓓ地域空間に対しても、さまざまなタイプのリノベーションが展開されています。これまでは、開発しやすいように土地を更地化するのが大

イ　その場しのぎで鉱物学の知識を披露したためにうまく説明ができず、かえって賢治の興味をそいでしまったことを申し訳なく思っている。

ウ　浅はかな鉱物学の知識を披露することになったが、鉱物学という共通の話題を通じて賢治とじっくり話ができたことに喜びを感じている。

エ　にわか仕込みの鉱物学の知識を披露するなかで、一見価値のなさそうなものにひかれて没頭する賢治の姿に共感と憧れの情を抱いている。

③　「ⓒ最初から……だろう」とありますが、これを説明した次の文の□に入れるのに適当なことばを、二十字以内で書きなさい。

賢治は、最初から□ということ。

④　「ⓓ政次郎は……うたっていた」とありますが、このときの「政次郎」の心情を説明したものとして最も適当なのは、ア～エのうちではどれですか。一つ答えなさい。（　　）

ア　賢治の本当の理解者として、全面的に支援してきた自らの振る舞いが賢治を満足させるものだったかどうか確信はもてないが、家業を継がせたいという父親としての自らの思いをいつか賢治も察してくれるだろうと期待している。

イ　賢治の思いを一方的に否定することはせず、父親としてただあたたかく見守りながら彼の望むとおりにさせたことが正しいかどうか迷いはあるものの、父親としての役割を半ば楽しみながら将来の賢治の成長に思いをはせている。

ウ　安易に高価な品を買い与えることに対して多少の不安を感じつつも、賢治の欲しがるものを無事に手に入れることができた安心感に満たされるとともに、それを手にして喜ぶ賢治の姿を想像してほほえましい気持ちになっている。

エ　賢治が関心を寄せるものがすぐさま彼の成長のために役立つかどうかは判断がつかないが、覚悟を決めたら一心不乱に取り組む賢治の姿を思い浮かべつつ、彼の未来が明るいものとなることを確信して楽観的な気分になっている。

⑤　この文章の表現の特徴について説明したものとして最も適当なのは、ア～エのうちではどれですか。一つ答えなさい。（　　）

ア　「（助けになりたい）」という表現は、自らの素直な思いを賢治に対して直接伝えることができない政次郎の心の声を表現している。

イ　「うさぎが巣穴から外をうかがうような目つきで」という比喩表現は、高圧的な政次郎に対する賢治の強い警戒心を描写している。

ウ　「賢治はぺこりと頭をさげ」という表現は、自分のために力を尽くしてくれた政次郎に対する賢治の感謝と尊敬の意を反映している。

エ　「口では邪険に」という表現は、賢治への愛情とは裏腹に思わず素っ気ない行動をとってしまう政次郎の苦悩と後悔を暗示している。

「お前はどう思う?」

賢治はまるで三歳児のように目をかがやかせて、

「標本箱」

ⓒ最初から話をここへ落としこむ気だったのだろう、賢治はすらすらと説明した。標本箱というのは手のひらに載るほどの小さな紙箱で、上ぶたはなく、底に番号、名前、日時、場所、情況などが書きこめるようになっている。石のひとつひとつを文字によって識別することができるわけだ。

「お父さん、買ってください」

賢治は立ちあがり、にわかに顔を寄せてきた。政次郎はぷいと横を向いて、

「あ、ああ」

「お父さん」

「………」

半月後、政次郎は、古着の仕入れのため京都へ行った。仕事のあいまに実験器具製作会社の代理店へ入り、われながら蚊の鳴くような声で、

「標本箱を、五百ください」

値段は予想どおり、紙箱のくせに信じがたいほど高価だった。

（仕方ね。あい仕方ね）

花巻へおくる手続きをしながら、政次郎は、何度も自問した。これで子供のただの石あつめに目的と、機能と、体系とがそなわる。賢治の肥やしになる。

ほんとうになるか。むしろ賢治を、

（だめにするか）

答は、わからない。

理解ある父になりたいのか、息子の壁でありたいのか。ただ楽しくはある。窓の外の夜空を見ながら、ⓓ政次郎は、気づけば鼻歌をうたっていた。

（門井慶喜「銀河鉄道の父」より）

（注）花巻が、なすて宝の山か知ってるが――「花巻が、どうして宝の山か知っているか」という意味の方言。花巻は、岩手県中部の地名。

何の意味もね――「何の意味もない」という意味の方言。後の「仕方ね」も、「仕方ない」という意味。

首肯――うなずくこと。

んだども――「けれども」という意味の方言。

面倒がねえべ――「面倒なことはありません」という意味の方言。

無理だじゃ――「無理ですよ」という意味の方言。

① 「ⓐ政次郎も納得している」とありますが、「政次郎」が納得した内容について説明した次の文の X 、 Y に入れるのに適当なことばを、文章中からそれぞれ三字で抜き出して書きなさい。

父親というものは、子供の将来を心配するあまり、自らの思いを子供に押しつけようとする X な存在である一方で、子供のありのままの姿を受け入れ、関心を引き伸ばす手助けをする Y な存在でもあるということ。

X [　　　] Y [　　　]

② 「ⓑわかった」とありますが、このときの「政次郎」の心情を説明したものとして最も適当なのは、ア～エのうちではどれですか。一つ答えなさい。（　　）

ア　覚えたばかりの鉱物学の知識を披露したが、真剣に説明を聞いている賢治の姿から父親としての威厳を保てたことがわかり満足している。

われながら、どうしても叱り口調になってしまう。賢治は、うさぎが巣穴から外をうかがうような目つきで、

「存じません」

政次郎は、付焼き刃の知識を披露した。花巻は地勢的には南北に走る二本の山脈のあいだに位置するが、その二本は、じつは生まれ年がうんとちがう。西の奥羽(おうう)山脈は新生代、東の北上山地は古生代と中生代。地中の様子もまったく別。それを北上川がそれぞれの山から支流をあつめて南下してくるものだから、花巻の人は、いわば労せずして地質時代を一網打尽にできるわけだ。

「わかったか、賢治」

話しながら、

(ⓑ<u>わかった</u>)

と痛感したのは政次郎のほうだった。

地質学のことではない。自分はつまり、

(うらやましいのだ)

賢治が。あるいは、そんな一銭にもならない純粋な世界にのめりこむことのできる子供の毎日が。

政次郎が知識をすっかり吐き出してしまうと、賢治はぺこりと頭をさげ、

「ありがとうございます」

食事にもどった。特に感想などは言わなかった。食事のあと、

「お父さん」

賢治のほうが呼びかけてきた。

政次郎が行くと、賢治はくるりと背を向け、押入れの襖(ふすま)をあけて、なかから黒い風呂敷(ふろしき)づつみを出した。こちらを向いて正座し、畳の上に置く。むすび目をとく。あらわれたのは、百個ほどの石の山だった。みなよく洗ってあるのだろう、砂や土の飛散はない。反射する色はさまざまで、なかには鑢(やすり)でよくよくみがいたのか、油を塗ったような光を放つものもある。石という簡単な語ひとつの内容が、

(これほど、豊かとは)

胸の動悸(どうき)がおさまらない。が、口では邪険に、

「これでは集めただけではないか、賢治。何千、何万あったところで、何の意味もね。これを有用たらしめるには、台帳が要るのだ」

政次郎の意識は、完全に商人にもどっていた。金銭の出入りはもちろんながら、たとえば仕入れた古着も、いちいち筆と紙で記録する。番号をふり、名前をつけ、いつ、どこで手に入れたかを書く。そうしてはじめて物品(もの)は分類、整理が可能になり、単なる物品をこえて役に立つ武器となるのだ。

賢治は、真剣な顔でうなずいている。叱られるのが嫌だから、ではないだろう。心から興味があることは首肯のふかさにも見てとれた。

賢治は真剣な顔のまま、

「台帳は結構です。んだども」

思いもよらぬ方向へ話を進めた。

「お店の品なら面倒がねえべ。番号を書いた小さな紙を、着物なら襟へさしこめる。石には無理だじゃ」

政次郎は、ことばにつまった。見当もつかぬ。

もっとも、こういうときは対処法がある。賢治にむつかしい質問をされたとき、政次郎はいつも澄まし顔をして、

――お前はどう思う?

言い返すのが条件反射のようになっているのだ。今回も、

詩句である。

ウ　風流な遊びをともに楽しんだとりわけ親しい友を思って詠んだ詩句である。

エ　自然を愛する風流な心を誰も理解してくれない悲しみを詠んだ詩句である。

④　太郎さんは、「雪月花」ということばをもとに、兼好の手紙にまつわる逸話と白居易の詩句との関連について考えました。太郎さんの考えをまとめた次の文章の X 、 Y に入れるのに適当なことばを、 X は【資料】から六字で抜き出して書き、 Y は解説文のことばを使って十字以内で書きなさい。

X　　　　Y

「雪月花」は、一般的に季節ごとの X を表すことばとして捉えられているが、白居易の詩句にある「雪月花」ということばは、心の通じ合う友や Y を感じさせるものであることを兼好は知っていたのだろう。だから兼好は、雪の日の手紙のやりとりを、忘れがたい思い出として『徒然草』に記したのだと思う。このことは、国や時代の違いをこえ、中国の文学が日本の文学に影響を与えていたことを示している。

3　次の文章は、宮沢賢治の父である「政次郎（まさじろう）」が、父親としての在り方を模索する場面です。「政次郎」は家業の商売を「賢治」に継いでほしいと考えていましたが、「賢治」は興味を示すどころか、小学校五年生になっても石あつめに没頭していました。これを読んで、①～⑤に答えなさい。

政次郎ははらはらしている。ここまで来ると、もはや好奇心などという生やさしいものではなく、

（執着か）

案じつつ、しかし同時に、

（助けになりたい）

とも思うのだった。

われながら矛盾しているが、このころにはもうⓐ政次郎も納得している。父親であるというのは、要するに、左右に割れつつある大地にそれぞれ足を突き刺して立つことにほかならないのだ。いずれ股が裂けると知りながら、それでもなお子供への感情の矛盾をありのまま耐える。ひょっとしたら商売よりもはるかに、利己的でしかも利他的な仕事、それが父親なのかもしれなかった。

思い決めたら、ただちに実行するのが政次郎である。本屋で鉱物学の入門書を買いこんで読んだ。それから、人脈を利して学者の家の門をたたいた。その上で、或（あ）る夜、咳（せき）払いして、思いきって切り出したのだ。例によって夕食どきである。

「花巻（はなまき）が、なすて宝の山か知ってるが」

「え？」

「え？　ではない。石の種類が豊富な理由だ。お前には興味ある話だろう」

和漢朗詠集――平安時代中期（十一世紀初め）に成立した詩歌集。朗詠に適した漢詩文や和歌が収められ、白居易の詩句も多く採録されている。藤原公任（ふじわらのきんとう）が編集した。

人口に膾炙する――人々の間に広く知れわたること。

① 「ⓐおほせらるる」の読みを、現代かなづかいを用いてひらがなで書きなさい。（　　）

② 「ⓑ口をしき御心」とありますが、これを説明した次の文の[A]、[B]に入れるのに適当なことばを、[A]は二字で、[B]は七字で、それぞれ解説文から抜き出して書きなさい。

手紙の相手が、[A]の[B]態度について、情けないと批評している。

A [　　] B [　　　　　　　]

③ 「ⓒ雪月花の時、最も君を憶ふ」とありますが、この詩句について調べた太郎さんは、次のような【資料】を見つけました。【資料】を読んで、(1)、(2)に答えなさい。

【資料】

「雪月花」という言葉がある。これは、四季折々の美的な景物を、雪・月・花に代表させ、風流な自然美をコンパクトな一語にまとめたものとして一般に理解されているようである。

この「雪月花」を、まとまりの言葉として文学作品中に用いたのは、大詩人、白居易が最初であった。その一聯（れん）は『朗詠集』に載っている。

琴詩酒の友は皆我を抛（す）つ　　雪月花の時最も君を憶ふ

琴を弾じ、詩を作り、ともに酒を酌（く）み交わしたかつての仲間たちは、いずれも遠い存在になってしまった。だから、雪の朝や月の夜、また花の季節に、きまって一緒に風流を楽しんだ君のことが、とりわけ懐（なつ）かしく思い出される。

作者は、自然的景物である「雪月花」そのものを追慕しているわけではない。作者にとって大切なのは、それにまつわる人事であった。

ここで忘れてならないのは、『朗詠集』は部立（ぶだて）によって配列した集であるということである。「雪月花」のこの詩句は、「交友」の部立の冒頭に掲げられている。そのことから、友情という人間的な心情の美しさを読みとってほしいというメッセージを察知すべきなのだろう。（「新編日本古典文学全集19　和漢朗詠集」より）

(注) 聯――律詩の中の対になる句。

朗詠集――『和漢朗詠集』のこと。

部立――内容やテーマによって詩句を分類すること。

(1) 「雪月花」とありますが、これと対比的に用いられていることばを、【資料】の白居易の詩句の中から抜き出して書きなさい。（　　）

(2) 【資料】からわかる、白居易の詩句の内容を説明したものとして最も適当なのは、ア～エのうちではどれですか。一つ答えなさい。（　　）

ア　人々を感動させる四季折々の自然の景物を思い浮かべて詠（よ）んだ詩句である。

イ　家族や友人の暮らす故郷の懐かしい風景を思い出しつつ詠んだ

A

B

俵屋宗達「風神雷神図屏風」
江戸時代　建仁寺蔵
京都国立博物館寄託

(2) 次郎さんは、鑑賞文を推敲していたとき、表現上の誤りに気が付きました。「残している」の部分を正しい表現に改め、十字以内で書きなさい。

(3) 文章中の□に入れることばとして最も適当なのは、ア～エのうちではどれですか。一つ答えなさい。（　）

ア　質感　イ　輪郭　ウ　色彩　エ　構図

(4) 次郎さんの鑑賞文の書き方とそのねらいを説明したものとして最も適当なのは、ア～エのうちではどれですか。一つ答えなさい。（　）

ア　作品の成立や宗達の詳細な説明を加えることで自らの主張を補強し、説得力のある鑑賞文にしようとしている。

イ　宗達の作品と他の画家の作品とを比較し、宗達の作品のすばらしさが一層きわ立つように表現しようとしている。

ウ　屏風に描かれている絵の特徴を根拠として示し、そこから感じられる作品の印象を丁寧に伝えようとしている。

エ　自らの経験から得られた知見を提示しつつ、多様な方法により自由に作品を鑑賞するよう提案しようとしている。

2　次の文章は、『徒然草』の一節について、原文を引用しつつ書かれた解説文です。これを読んで、①～④に答えなさい。

雪のおもしろう降りたりし朝、人のがり言ふべき事ありて文をやるとて、雪のこと何ともいはざりし返事に、「この雪いかが見ると、一筆のたまはせぬほどの、ひがひがしからん人のⓐおほせらるる事、聞きいるべきかは。返々ⓑ口をしき御心なり」と言ひたりしこそ、をかしかりしか。

今は亡き人なれば、かばかりの事も忘れがたし。

雪が趣深く降った日の朝、そのことをなにも書かずにある人のもとに手紙を遣わしたところ、「『この雪をどう思われましたか』と、一言も書かないような情趣を解さない人のおっしゃることを聞き入れることなどできません。じつに情けないことです」と、返事にあった。すでに亡くなった人であるので、このようなことも忘れがたいという。白居易の詩句「ⓒ雪月花の時、最も君を憶ふ」は『和漢朗詠集』にも収められ、人口に膾炙したが、この詩句に代表されるように、雪は月・花と並んで人とのつながりを強く感じさせる景物なのである。すなわち、この三つの景物―雪・月・花が日本人にとって最も強く季節の情趣を感じさせるものであり、それらを心が通じ合っている人とともに愛でたいと願う気持ちが人々に生まれ、そこからさらに、雪・月・花を見れば親しい人を思い出すという回路が立ち現れてくることになる。この『徒然草』の場合も、そういった機能を有する雪をめぐるやり取りだからこそ、兼好の心の中に忘れがたい思い出として刻印されることになったわけだ。

（鈴木健一「天空の文学史　雲・雪・風・雨」より）

(注)　白居易――七七二年～八四六年。中国の唐時代の詩人。

国語

時間　四五分
満点　七〇点

（注）字数が指定されている設問では、「、」や「。」も一ます使いなさい。

1 次の①～④に答えなさい。

① (1)～(4)の――の部分について、(1)、(2)は漢字の読みを書きなさい。また、(3)、(4)は漢字に直して楷書で書きなさい。

(1) あなたは卓越した技能の持ち主だ。（　　）

(2) 論語に「四十にして惑わず」ということばがある。（　　）

(3) 制度の起源とその後のエンカクを調べる。［　］

(4) 彼は私の提案に異をトナえた。［　］えた

② 次の文の――の部分について、品詞を正しく説明しているのは、ア～エのうちではどれですか。一つ答えなさい。（　　）

傘を持っていなかったので、突然の雨に降られて弱った。

ア　動詞に助詞がついたもの　　イ　動詞に助動詞がついたもの

ウ　形容詞に助詞がついたもの　　エ　形容詞に助動詞がついたもの

③ 学校で行われる文化祭の案内状を、地域の方に送付することになりました。次の文章は、その案内状の一部です。［　］に入れることばとして最も適当なのは、ア～エのうちではどれですか。一つ答えなさい。（　　）

文化祭に向けて、一生懸命準備をしました。皆様、ご来校の上、私たちの学習成果をぜひ［　］。

ア　ご覧ください　　イ　ご案内申し上げます

ウ　おいでください　　エ　拝見願います

④ 次の文章は、美術の授業で「風神雷神図屏風（びょうぶ）」を学習した次郎さんが書いた鑑賞文です。これを読んで、(1)～(4)に答えなさい。

江戸時代初期を代表する画家である俵屋宗達の「風神雷神図屏風」は、国宝にも指定された有名な作品だ。尾形光琳（おがたこうりん）や酒井抱一（さかいほういつ）という画家もこの作品を模写するなど、後世にも大きな影響を与えた。

私がこの作品を鑑賞して印象的だったのは、私たちは描きたいものを中心に配置することが多いのに対して、宗達は、風神と雷神を左右の端に描き、作品の中心部分を空白のまま残している。また、風神は遠くを見ているのに対して雷神は下向きで、二神の視線が交わらないことも印象的だった。これらのことから、私は最初、調和がとれていないように感じた。

しかし、この風神と雷神は屏風に描かれている。屏風は、本来、折り曲げて立てて使うもので、平らに広げた状態で見るものではない。私は、この作品をインターネットで探し、紙に印刷した絵を実際の屏風のように折り曲げて立てて置き、正面から鑑賞してみた。すると、風神と雷神とが向き合い、二神の視線が合っているように見えた。また、何も描かれていない部分に奥行きが生まれ、広大な雲の上をイメージすることができた。そして、風神が風袋をかついで天空を駆け、雷神が手に持ったばちで太鼓をたたいて雷を起こす様子を想像した。

宗達は、屏風に描く二神の［　］による効果を綿密に計算した上で「風神雷神図屏風」を描いたのだろう。そして、このような工夫が、長い間、この作品を見る人たちの想像をかき立て、魅了してきたのだと思う。

(1) 風神が描かれているのは、写真のA、Bのどちらですか。一つ答えなさい。（　　）

数　学

□1 【解き方】① 与式 $= 4 + 5 = 9$

② 与式 $= -\dfrac{9}{8} \times \dfrac{4}{3} = -\dfrac{3}{2}$

③ 与式 $= 8 - 9 = -1$

④ 与式 $= \dfrac{9ab^2 \times 2a}{3ab} = 6ab$

⑤ 与式 $= \sqrt{2^3 \times 3^2} - \sqrt{2^3} = 6\sqrt{2} - 2\sqrt{2} = 4\sqrt{2}$

⑥ 和が -3，積が -18 の 2 数は 3 と -6 だから，与式 $= (x + 3)(x - 6)$

【答】① 9　② $-\dfrac{3}{2}$　③ -1　④ $6ab$　⑤ $4\sqrt{2}$　⑥ $(x + 3)(x - 6)$

□2 【解き方】① 絶対値が 4 より小さい整数は，-3，-2，-1，0，1，2，3 の 7 個。

② 平行でなく交わることもない 2 直線を，ねじれの位置にあるという。よって，選択肢のうち，直線 BC とねじれの位置にあるのは，直線 AD と直線 EF。

③ AD と FG との交点を H とする。AD ∥ BC より，$\angle EHF = \angle HFC = 45°$　$\angle GED = 180° - 160° = 20°$ だから，△EHG の内角と外角の関係より，$\angle EGF = 45° - 20° = 25°$

④ 半径 5 cm の半球ができるから，求める体積は，$\dfrac{4}{3} \times \pi \times 5^3 \times \dfrac{1}{2} = \dfrac{250}{3}\pi\ (\text{cm}^3)$

⑤ 取り出した 2 個の球に書かれた文字の組は，(A，B)，(A，C)，(A，D)，(A，E)，(B，C)，(B，D)，(B，E)，(C，D)，(C，E)，(D，E)の 10 通り。このうち，A が含まれるのは下線を引いた 4 通りだから，求める確率は，$\dfrac{4}{10} = \dfrac{2}{5}$

⑥ 正三角形の辺の長さが等しいことから，AB = CB，BE = BD　また，$\angle ABE = 60° + \angle CBE = \angle CBD$ よって，△ABE と△CBD は，2 組の辺とその間の角がそれぞれ等しくなる。

【答】① 7（個）　② ア，エ　③ 25°　④ $\dfrac{250}{3}\pi\ (\text{cm}^3)$　⑤ $\dfrac{2}{5}$　⑥ 2 組の辺とその間の角がそれぞれ等しい

□3 【解き方】① △EDA は 30°，60° の直角三角形となる。

② CD = ED より，D を中心とした半径 CD の円と AB との交点が E となる。D と E を結び，∠CDE の 2 等分線と BC との交点を F とすればよい。

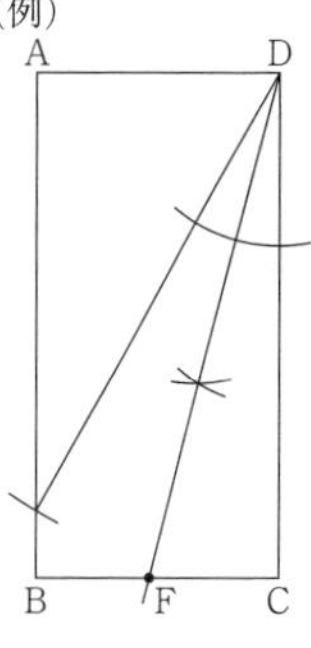

③ △DEF について，$\angle DFE = 180° - 90° - 15° = 75°$ だから，$\angle BFE = 180° - 75° \times 2 = 30°$

④ △EDA，△FEB は 30°，60° の直角三角形で，AD = 10cm より，$AE = 10\sqrt{3}$ cm　これより，$BE = 20 - 10\sqrt{3}$ (cm)だから，$EF = 2(20 - 10\sqrt{3}) = 40 - 20\sqrt{3}$ (cm)

よって，$\triangle DEF = \dfrac{1}{2} \times DE \times EF = \dfrac{1}{2} \times 20 \times (40 - 20\sqrt{3}) = 400 - 200\sqrt{3}\ (\text{cm}^2)$

【答】① (1) 60　(2) $\dfrac{1}{2}$　(3) 15　② （右図）　③ 30°　④ $400 - 200\sqrt{3}\ (\text{cm}^2)$

□4 【解き方】① $y = 2x^2$ に $x = -2$ を代入して，$y = 2 \times (-2)^2 = 8$

② $y = ax^2$ は B (3，3)を通るから，$3 = a \times 3^2$　よって，$a = \dfrac{1}{3}$

③ 直線ABの傾きは，$\frac{3-8}{3-(-2)}=\frac{-5}{5}=-1$ だから，式を $y=-x+b$ とおくと点Bの座標より，$3=-3+b$　よって，$b=6$ だから，$y=-x+6$

④ 直線OPは，原点を通り傾きが -1 の直線だから，$y=-x$　点Pは $y=-x$ と $y=-2$ の交点となる。

【答】 ① 8　② $\frac{1}{3}$　③ $y=-x+6$

④ (1) $-x$　(2) 点Pは，$y=-x$ と $y=-2$ のグラフの交点となる。この2式を連立方程式として解くと，$x=2$，$y=-2$ だから，点Pの座標は $(2,\ -2)$ である。

5 **【解き方】** ① 縦の長さは x cmより2cm短いから，$(x-2)$ cm。

② 横の長さは $(x+3)$ cmだから，図2の長方形の周の長さは，$2(x-2)+2(x+3)=4x+2$ (cm)と表せる。$4x+2=26$ より，$x=6$

③ 長方形の縦の長さは $(x-2)$ cm，横の長さは $(x+3)$ cmだから，条件より，$(x-2)(x+3)=\frac{1}{2}x^2$ が成り立つ。展開して整理すると，$x^2+2x-12=0$　解の公式より，$x=\frac{-2\pm\sqrt{2^2-4\times1\times(-12)}}{2\times1}=\frac{-2\pm\sqrt{52}}{2}=\frac{-2\pm2\sqrt{13}}{2}=-1\pm\sqrt{13}$　$x>2$ だから，$x=-1+\sqrt{13}$

【答】 ① イ　② 6 (cm)　③ $-1+\sqrt{13}$ (cm)

6 **【解き方】** ① $8-4=4$ (点)

② $8\div25=0.32$

【答】 ① 4 (点)　② 0.32

③ (欠席者を含めた26人の得点を大きさの順に並べたとき，小さい方から数えて14番目の得点は) 15 (点である。) (理由は，欠席者を除く25人の得点の中央値が13点だから，) 25人の得点を大きさの順に並べたとき，小さい方から数えて13番目の得点は13点になる。また，欠席者の得点は20点だから，26人になっても，得点の小さい方から13番目の得点は13点である。26人の得点の中央値は，13番目と14番目の得点の平均で，これが14点だから，14番目の得点は15点となる。

英　語

1 【解き方】問題A. (1) 日本語で書かれたニューイヤーカードを選ぶ。(2) between A and B =「AとBの間に」。(3) a girl giving some flowers =「何本かの花をあげている少女」。giving ～がa girlを修飾している。

問題B. (1) 店での会話。気に入ったTシャツが大きすぎると言う客に対する応答。(2) 映画があと5分で始まると言う相手への応答。

問題C. (1)「バスは学校を10時に出発する」と言っている。(2)「バスは学校図書室の前に待機している」と言っている。in front of ～=「～の前に」。(3) (記号) 到着時刻は11時，写真撮影場所は花壇の前，昼食は中華料理と言っている。(英文) 持参する物について尋ねるので，「何を持っていけばよいですか？」などとする。

【答】問題A. (1) エ　(2) ア　(3) イ　問題B. (1) ウ　(2) ア　問題C. (1) 10　(2) 図書室 (同意可)
(3) (記号) エ　(英文) (例) What should I bring?

◀全訳▶ 問題A.

(1) これは日本語で書かれたニューイヤーカードです。

(2) この場所は病院と博物館の間にあります。

(3) この絵は何本かの花をあげている少女を表しています。

問題B.

(1)

A：いらっしゃいませ。

B：私はこのTシャツが気に入っていますが，私には大きすぎます。

A：(小さいものをお見せします。)

(2)

A：この映画を見ることにわくわくしています。

B：私もです。あっ，始まるまでに5分しかありません。

A：(本当ですか？　行って席を見つけましょう。)

問題C. 明日，グリーンパークで開催されるワールドフェスティバルに行きます。バスは学校を10時に出発しますので，遅れないでください。バスは学校図書室の前に待機しています。公園に11時に到着します。花壇の前で全員で写真を撮ります。それから昼食にチャーハン，鶏肉，麺といった中華料理をいただきます。そのあとは自由時間です。3時に公園を出発するまで，たくさんのさまざまな文化を楽しんでください。何か質問はありますか？

2 【解き方】① (あ) 歌ったり楽器を演奏したりする科目は「音楽」。(い) 言葉の意味を知る必要があるときに使う本は「辞書」。

② (う) バスケットボール，サッカー，テニス，バレーボールのグループ名は「スポーツ」。(え) 季節は，春，夏，秋，「冬」。

③ (お)「私は日本語を毎週火曜日と金曜日に勉強します」—「へえ，あなたは1週間に2回，日本語を勉強するのですね」。a ～=「～につき」。(か)「今までに外国に行ったことはある？」—「いいえ，でも来年オーストラリアに行けるといいな」。have been to ～=「～に行ったことがある」。(き)「これは誰のテニスラケットですか？」—「それは私のものです。私の姉 (妹) が私にそれをくれました」。mine =「私のもの」。

④ (1)「今日，中国語は多くの人々に話されているので，私はそれを勉強するでしょう」。「話されている」は受動態〈be動詞＋過去分詞〉で表す。speakは不規則動詞。(2)「私たちのクラスで夏は秋と同じくらい人気がある」。〈as ＋～(形容詞・副詞の原級)＋ as …〉=「…と同じくらい～」。(3)「私たちはあと1人サッカー選手が必要だから，ケンに私たちに加わってくれるよう頼むつもりだ」。〈ask ＋(人)＋ to ＋～(動詞の原形)〉=「(人) に～するよう頼む」。

【答】① (あ) イ　(い) ア　② (う) sport　(え) winter　③ (お) week　(か) been　(き) mine
④ (1) is spoken　(2) popular as　(3) to join

3【解き方】① ウェブサイトに「今日の日付：6月16日」とあるので，来月は「7月」。
② 水族館への行き方について話している。how to ～＝「～の仕方」。
③ 直後にトムが「約30分かかる」と電車での所要時間を答えている。「どのくらい（長く）～？」＝ How long ～?。
④ ア．開館時間を見る。6月から8月までの3か月間は閉館時間が遅いので，正しい。イ．お知らせを見る。6月8日にイルカの赤ちゃんが生まれたとあるので，正しい。ウ．お知らせを見る。夜間のイベントの初日は6月1日。その日のお知らせに72人が参加したとあるので，正しい。エ．「小さい魚のプールは5月18日は開いていません」。お知らせの5月18日を見る。「今日からまた楽しむことができる」とある。
【答】① July　② エ　③ long does it　④ エ
◀全訳▶　トップページの一部

ブルー水族館のウェブサイトへようこそ

水中の生物	イベント	買い物	アクセス

今日ウェブサイトを訪れた人の数：68
今日の日付：6月16日，日曜日
開館時間　：6月から8月　午前10時から午後8時
　　　　　　9月から5月　午前10時から午後6時

お知らせ

6月8日	今日，イルカの赤ちゃんが生まれました。
6月1日	72人が夜間水族館に参加しました。
5月25日	6月1日から8月31日まで夜間水族館と呼ばれる夏の夜のイベントをします。
5月18日	小さい魚のためのプール清掃が終わりました。今日からまたそれをお楽しみいただけます。
5月17日	申し訳ありませんが，清掃のため小さい魚のためのプールは閉館します。

トム：来月この水族館に行こう。
ナオ：それはいいわね。そこにどうやって行けるの？
トム：ここをクリックすれば，それがチェックできるよ。ええっと，そこへは電車で行くことができるよ。それはちょうど駅前にある。
ナオ：わかったわ。私たちの駅からどのくらいかかるのかしら？
トム：約30分だよ。
ナオ：わかったわ。

4【解き方】① rescue＝「救う」。同意語のsaveが入る。
② (い) 直後に「しかし，楽しくもある」とあるので，funと逆の意味の語を選ぶ。(う) 客が料理を残さず食べてくれるのだから，スミスさんたちは「うれしい」。
③ 直前のboth of themはレストランと店を指す。グラフの両者の数値を合計する。
④「(The Rescued Food Restaurantと) 同じ種類のことをする」は食品廃棄物を減らすよう努めること。「入手したすべての食べ物を使う」が合う。
【答】① ウ　② ア　③ イ　④ イ

◀全訳▶

■　インタビューの一部

ナオミ　　：私はあなたのレストランの名前である「The Rescued Food Restaurant」が気に入っています。

スミスさん：ありがとう。私たちは店が捨てる前に食べ物を救います。

ナオミ　　：それは素晴らしいですね。どんな種類の食べ物を救いますか？

スミスさん：売るには適していないであろう食べ物を救います。例えば，昨日は前日焼かれたパンを入手しました。私たちはまた他のものより小さい人参を買いました。それらは皆，料理するにはよいのです。

ナオミ　　：救われた食べ物を使って料理することは好きですか？

スミスさん：大好きです。私たちは料理のために救われた食べ物だけを使います。店に行くまで何が手に入るかわかりません。救われた食べ物を入手したあと毎日，どのようにそれを料理することができるか考える必要があります。それは大変ですが楽しくもあります。

ナオミ　　：難しい仕事を楽しんでいますね！　お客さまはあなたたちの料理をどのように思っていますか？

スミスさん：彼らはいつも私たちの料理を食べて楽しんでいます。私たちは救い出された食べ物を料理にすべて使い，お客さまのほとんどは食べ物を全く残しません。食品廃棄物がほとんどないので私たちはうれしいです。

ナオミ　　：人々にメッセージはありますか？

スミスさん：はい。おいしい料理は人々を変えることができると信じています。私たちはより多くの人が私たちの料理を楽しみ，食品廃棄物について考えることを願っています。

■　レポートの一部

私たちの市にあるThe Rescued Food Restaurantは食品廃棄物を減らそうとしています。グラフを見てください。私たちの市の食品廃棄物がどこから出るのかを示しています。レストランや店から出る食品廃棄物もあります。それらの両方から出る食品廃棄物は合わせて44％です。同じ量の食品廃棄物が家庭から出ています。私たちは家庭でのそれについて何かをしなければならないと思います。

レシピに従おうとすると，私はその分に必要な食べ物を買います。料理するとき，食べ物のいくらかを残すことがよくあり，それを捨ててしまいます。The Rescued Food Restaurantの努力はよいことだと思います。私は同じことをしたいです。そうすれば家庭での食品廃棄物を減らすことができます。

5 **【解き方】** ① 飛行機で飛ぶことさえ実現するのが難しかったという内容の文である。「単なる『夢』だった」となるように，直後の文にあるdreamを入れる。

② 直後に，光と温度との関係について述べた文が続いていることに着目する。「太陽からの光がとても強い影響を及ぼす」が適当。

③ 宇宙飛行士は温度の違いから身を守るために特別な服を着ている。→暑すぎることもなく，寒すぎることもない。

④ 前文に「アポロ計画に取り組んだ人々はコンピュータを小さく軽くした」とある。make A B =「AをBにする」。

⑤ (お) [Ⅰ] には，人類が月へ行きISSの建設まで実現させた歴史について書かれている。「宇宙へ行くことの人類の歴史」が適当。(か) [Ⅳ] には，宇宙計画の技術が生活の中で使われていることについて書かれている。「地球でも使われている技術」が適当。

⑥ ア. [Ⅰ] の中ほどに「1961年には1人の男性が初めて宇宙船で地球の周りを回った」とある。月へ行ったのはその数年後。イ.「ISSを建設するために10か国以上がチームでともに働いた」。[Ⅰ] の終わりを見る。正しい。ウ. [Ⅱ] の終わりを見る。ISSで必要な物は地球で開発され宇宙に持っていく。エ.「宇宙で宇宙

食を保存し準備することは難しくはない」。[Ⅲ] の終わりを見る。正しい。オ. [Ⅳ] の後半に「宇宙飛行士が着ているのと同じ種類の服を消防士が着ている」とあり，宇宙飛行士が服を再利用しているのではない。

【答】 ① dream　② ア　③ cold　④ 小さくて軽い（同意可）　⑤ (お) イ　(か) ウ　⑥ イ・エ

◀全訳▶

[Ⅰ] 今日，人々は宇宙に行くことができますが，19 世紀には飛行機で飛ぶことでさえ単なる夢でした。1903 年にそれが実現したあと，人々は宇宙へ行くという別の夢を持ちました。それはまた難しいことでしたが，実現しました。1961 年には 1 人の男性が初めて宇宙船で地球の周りを回りました。数年後，アポロ計画で何人かの男性が月へ行きました。彼らの 1 人が初めて月面を歩き，それは 1 人の人間にとっては小さな一歩だが，人類にとっては大きな一歩であると言いました。それから，国際宇宙ステーション（ISS）を建設するために 15 か国がチームを作り，ともに取り組みました。今日，何人かの宇宙飛行士がそこで重要な仕事をします。

[Ⅱ] 宇宙では生活環境が厳しいため，そこに滞在することは難しいです。例えば，空気がありませんし，太陽からの光がとても強い影響を及ぼします。もし何かが光の当たる場所にあれば，その温度はとても高くなるでしょう。摂氏 120 度ほどになることもあるでしょう。もし光が当たらない別の場所にあれば，その温度はとても低くなるでしょう。摂氏マイナス 150 度ほどになることもあるでしょう。このため，多くの必要なものが地球上で開発され，特別な使用のために宇宙へ持っていかれます。

[Ⅲ] 技術が宇宙飛行士を支えます。彼らは宇宙へ行くと，宇宙船のコンピュータが彼らに重要な情報を与えます。ISS の外で活動するとき，彼らは特別な服を着ます。これらの服は温度の違いから彼らを守るので，彼らは暑すぎることもなく，寒すぎることもありません。大変な作業のあと，彼らは宇宙食を食べて楽しみます。彼らは食べ物を簡単に準備することができます。食べ物はおいしくて健康によいものです。宇宙飛行士はまたそれを長い間保存することができます。

[Ⅳ] これらのことは宇宙飛行士だけのことと思うかもしれませんが，宇宙計画のために開発された技術はあなたの生活の中にも使われています。何年も前，コンピュータは大きくて重かったので，宇宙での使用に適していませんでした。アポロ計画に取り組んだ人々はコンピュータを小さく軽くしました。それがあなた方が使う今日のコンピュータにとっての本当に「大きな一歩」だったのです。あなたの周りに使われている他の技術を見つけることもできます。消防士は宇宙飛行士が着るのと同じ種類の服を着ます。これらの服は彼らを火事から守ります。あなた方の多くが家庭でおいしいフリーズドライの食べ物を楽しむでしょう。それは宇宙食のために多くを改良しました。さあ，宇宙計画のために開発された技術がどのようにあなたたちの生活もよりよいものにしたか，おわかりですね。

国　語

1 【解き方】② 「弱った」は，「弱る」に「た」がついたもの。「弱る」は，活用のある自立語で，言い切りの形が「ウ段」の音で終わる動詞。「た」は，活用のある付属語で，過去を表す助動詞。

③ 「皆様」に「学習成果を」を見てほしいという文章の意図と，動作の主体が「皆様」であることをふまえ，「見る」の尊敬語を考える。

④ (1) 「風神は遠くを見ている」や「風神が風袋をかついで」とあることから考える。(2) この文の主部が「印象的だったのは」であることから，これに合う述部を考える。(3) 前で，風神と雷神の「配置」について説明していることから考える。(4) 前半で，風神と雷神の「配置」が印象的だと述べ，後半で，その「配置」が生み出す「効果」について述べている。

【答】① (1) たくえつ　(2) まど(わず)　(3) 沿革　(4) 唱(えた)　② イ　③ ア

④ (1) A　(2) 残していることだ　(3) エ　(4) ウ

2 【解き方】① 語頭以外の「は・ひ・ふ・へ・ほ」は「わ・い・う・え・お」にする。

② 「『この雪をどう思われましたか』と，一言も書かない」手紙を「兼好」が送ったところ，返事を送ってきた相手は，「情趣を解さない人」で「じつに情けないことです」と「兼好」を非難している。

③ (1) 対比的に用いられていることばなので，「琴詩酒の友は皆我を抛つ」という句の語をおさえる。(2) 白居易の詩について，「友情という人間的な心情の美しさを読みとってほしいというメッセージを察知すべき」と述べていることから考える。

④ X. 【資料】の冒頭で，「雪月花」という言葉について，「四季折々の美的な景物を…コンパクトな一語にまとめたものとして一般に理解されている」と述べている。Y. 解説文で，「雪・月・花を見れば親しい人を思い出すという回路が立ち現れてくる」もので，「そういった機能を有する雪をめぐるやり取りだからこそ，兼好の心の中に忘れがたい思い出として刻印されることになったわけだ」と述べていることから考える。

【答】① おおせらるる　② A. 兼好　B. 情趣を解さない　③ (1) 琴詩酒　(2) ウ

④ X. 風流な自然美　Y. 親しい人とのつながり（同意可）

◀口語訳▶　雪が趣深く降った日の朝，人のもとへ言うべき事があって手紙を送ったときに，雪のことを何も書かなかった手紙に対して，「この雪をどう思われましたかと，一言も書かないような，そんな情趣を解さない人のおっしゃることを，聞き入れることなどできません。じつに情けないお心です」と返事をしてきたのは，感慨深いことであった。

その人はすでに亡くなった人であるので，このようなことも忘れがたい。

3 【解き方】① 石あつめに没頭している賢治のことを，家業を継いでほしいという思いから案じつつ，一方で「助けになりたい」と思っている政次郎は，そうした矛盾について「利己的でしかも利他的な仕事，それが父親」なのだろうと考えている。

② 自分の「付焼き刃の知識」を披露して「わかったか」と賢治に問うた政次郎は，そのことを通して，自分は「純粋な世界にのめりこむことのできる子供の毎日」や「賢治」が「うらやましいのだ」と痛感している。

③ 賢治が目をかがやかせて「標本箱」と答え，すらすらと説明して「お父さん，買ってください」と言っていることに着目する。賢治が父親にたくさんの石を見せたのは，標本箱が必要だという話に持っていくためだったということをおさえる。

④ 「理解ある父になりたいのか，息子の壁でありたいのか。ただ楽しくはある」に注目。賢治に言われるまま標本箱を買うことにした政次郎は，そうした「理解ある父」としてのふるまいについて，「賢治の肥やしになる」のだからと納得しようと思いつつ，一方では，賢治を「だめにする」かもしれないので「息子の壁」としてふるまうことも必要ではないかと考えているが，いずれにしろ，そうして息子に関わりを持つこと自体に楽しさも感じている。

⑤（執着か）（助けになりたい）（わかった）など，矛盾や迷いを抱える父親である政次郎が心の中で思ったことが，「　」ではなく（　）でくくられている。

【答】① X．利己的　Y．利他的　② エ　③ 政次郎に標本箱を買ってもらうつもりだった（20字）（同意可）
④ イ　⑤ ア

4【解き方】① ⓐでは，「地域の固有性」が「どんどん失われていった」ことに反して，現代では「これまで失われてきたものが見直されるようになっています」と述べている。ⓒでは，「リノベーション」の例として，「長屋建ての住居」が「店舗，事務所，宿泊施設など」に再利用されていることを挙げている。

② 二〇世紀には規格化された画一的な商品が「大量に生産・消費」され，地域の固有性が失われていったが，現代ではそれを見直そうと，「人びとはこれ以上『モノ』の量的な豊かさを求めるのではなく…無形の要素を重視するようになりました」と述べている。

③ 地域のリノベーションについて，「地域固有の自然や景観…など，暮らしの豊かさを支える『根っこ』の意味を再評価し，地域の資源とすることを意味します」と述べていることから考える。

④「根っこ」とは「その地域で人びとが生きてきたことの積み重ね」で「歴史や自然や社会と一体になった人びとの知恵の結晶」であるが，「地域の人びとにとっては当たり前すぎて，認知されていない」場合もあると述べている。

⑤ Xは「地域の価値」を「表現」する方法，Yは「明確に」する方法が入る。「『根っこ』の価値をわかりやすく抽出するためには，どうしたらよいでしょうか」という問いに対して，「地道に学習」し，「漠然としていた『地域の価値』を…意義をもちます」と答えている。

【答】① ア　② A．量的な豊かさ　B．無形の要素　③ ウ
④ イ　⑤ X．言葉にしたり，デザインしたり　Y．共有するネットワークを構築する（15字）（同意可）

岡山県公立高等学校
（特別入学者選抜）

2020年度
入学試験問題

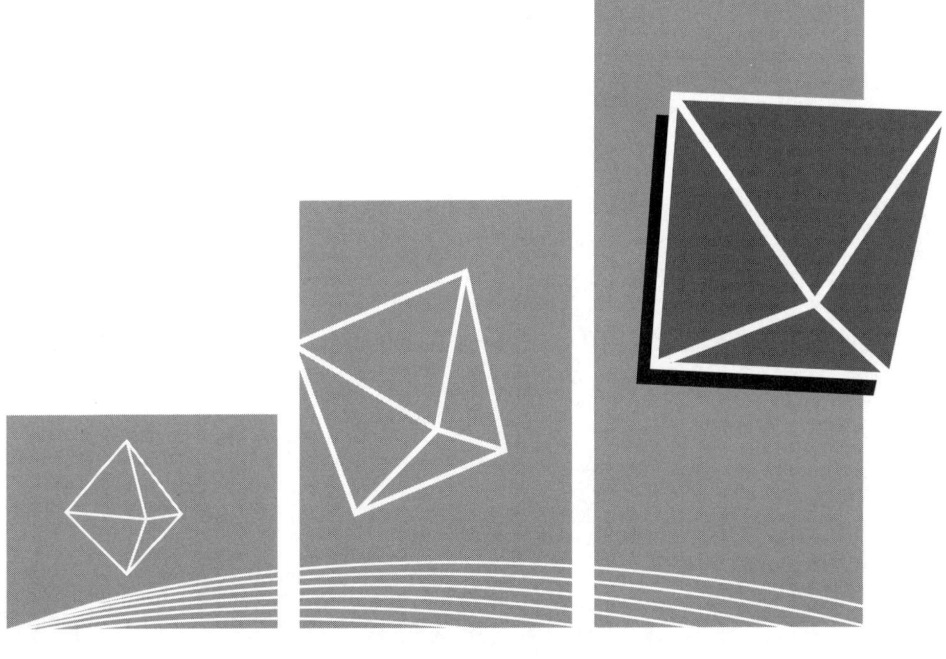

数学

時間　45分　　　満点　70点

(注)　1　答えに$\sqrt{\ }$が含まれるときは，$\sqrt{\ }$をつけたままで答えなさい。また，$\sqrt{\ }$の中の数は，できるだけ小さい自然数にしなさい。

2　円周率はπを用いなさい。

1　次の①～⑤の計算をしなさい。⑥，⑦は指示に従って答えなさい。

①　$-3-(-8)$　(　　　)

②　$\frac{2}{3}\times\left(-\frac{9}{4}\right)$　(　　　)

③　$-2^2+(-7)$　(　　　)

④　$6a^3b^2\div 2a^2b\div b$　(　　　)

⑤　$\frac{15}{\sqrt{5}}-\sqrt{20}$　(　　　)

⑥　x^2-64を因数分解しなさい。(　　　)

⑦　方程式$2x^2+3x-1=0$を解きなさい。$x=$(　　　)

2　次の①～⑤に答えなさい。

①　右の図のように，円Oと，その円周上にある3点を頂点とする△ABCがある。線分ACが円Oの直径，∠AOB = 50°のとき，∠OBCの大きさを求めなさい。(　　　°)

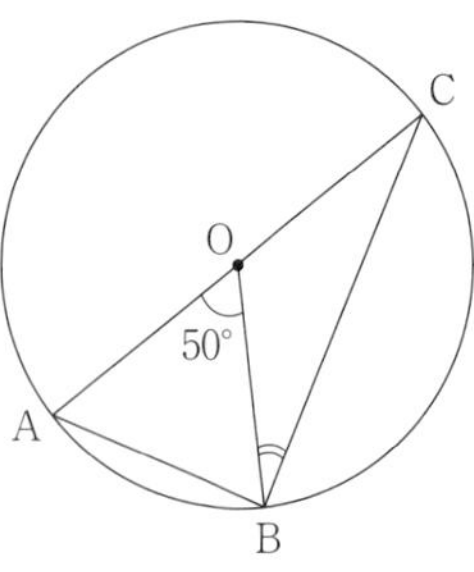

②　$\sqrt{10}$の小数部分は，ア～エのうちではどれですか。一つ答えなさい。(　　　)

ア　$\sqrt{10}-3$　　イ　$\sqrt{10}-4$　　ウ　$\frac{\sqrt{10}}{3}$　　エ　$\frac{\sqrt{10}}{4}$

③　ある中学校3年生全員のハンドボール投げの記録について，平均値が20.5m，中央値が18.0mであった。この結果を表すヒストグラムとして最も適当なのは，ア～エのうちではどれですか。一つ答えなさい。(　　　)

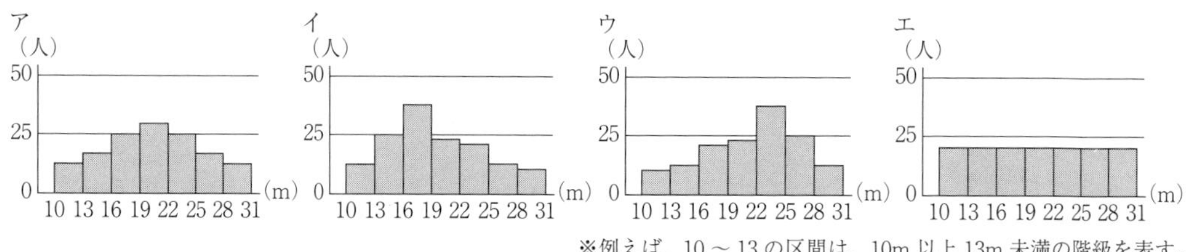

※例えば，10～13の区間は，10m以上13m未満の階級を表す。

④ 連続する2つの自然数があり，それぞれを2乗した数の和が25である。この2つの自然数を求めなさい。ただし，解答欄の書き出しに続けて，答えを求めるまでの過程も書きなさい。

（ 連続する2つの自然数のうち，小さい方を n とすると，大きい方は $n+1$ と表される。
このとき，

）

⑤ 右の図は，ある公園を真上から見た模式図である。この公園で盆踊りを計画していて，そのときに使う円の作図について考える。公園にあるテント，遊具，トイレを避けて円をかくために，3点A，B，Cを目印に定めた。3点A，B，Cを通る円を，定規とコンパスを使って作図しなさい。作図に使った線は残しておきなさい。

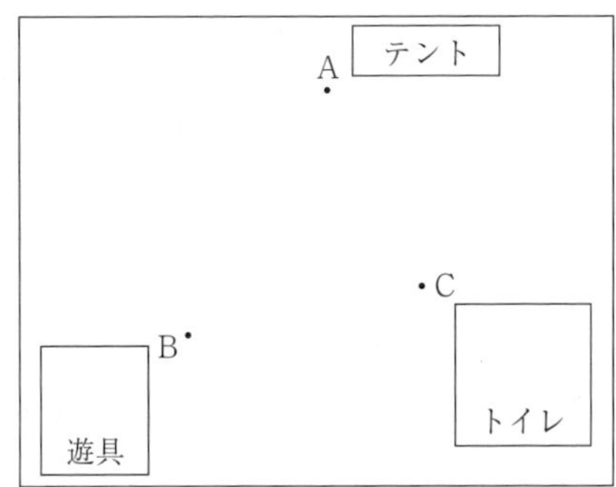

3 次のA～Dについて，y は x の関数である。①～③に答えなさい。ただし，a，b，c，d，e はすべて0でない定数とする。

A　$y=ax^2$　　B　$y=bx$　　C　$y=cx+d$　　D　$y=\dfrac{e}{x}$

① 次の(1)，(2)はそれぞれ，A～Dのいずれかの形で表すことができる。(1)，(2)のそれぞれについて，y を x の式で表しなさい。

(1) x を2以上の整数とするとき，長さが50cmのひもを x 等分した1本の長さ y cm

$y=$（　　　）

(2) x を正の数とするとき，縦の長さが5cm，横の長さが x cmである長方形の周の長さ y cm

$y=$（　　　）

② 次は，関数A～Dとその性質に関する表である。A～Dのそれぞれについて，もっている性質の欄に○を書き入れるとき，○が2つ入るのは，A～Dのうちではどれですか。当てはまるものをすべて答えなさい。（　　　）

性質＼関数	A $y=ax^2$	B $y=bx$	C $y=cx+d$	D $y=\frac{e}{x}$
グラフが原点を通る				
グラフが y 軸を対称の軸として線対称である				
y は x に比例する				
x の値が2倍，3倍，4倍…になると，y の値は $\frac{1}{2}$ 倍，$\frac{1}{3}$ 倍，$\frac{1}{4}$ 倍…になる				

③　関数B，Cのグラフが次の4つの条件をみたすとき，b，c，dの値を求めなさい。b＝(　　　)　c＝(　　　)　d＝(　　　)

※次の図は，グラフを考えるときに使用してもよい。

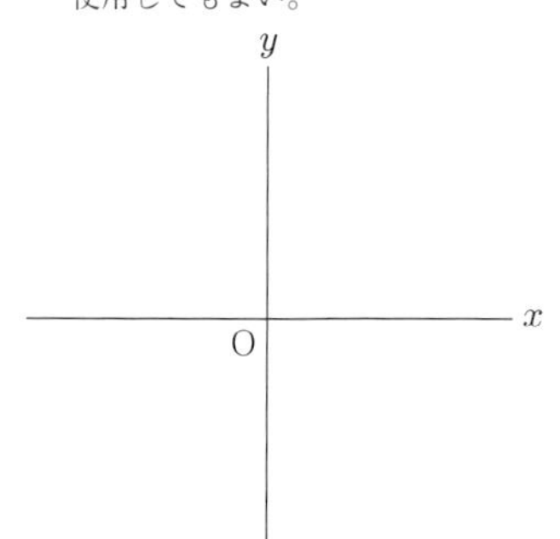

・関数Bのグラフは，傾きが正である。

・関数Cのグラフは，傾きが$-\frac{1}{2}$であり，切片が正である。

・関数Bのグラフと関数Cのグラフの交点は，x座標が1である。

・関数Bのグラフと関数Cのグラフとy軸とで囲まれた図形は，面積が2である。

4　あたりのカード（○）とはずれのカード（×）が1枚ずつ入った袋から，1枚を引くくじがある。次の〈太郎さんの予想〉について，①～③に答えなさい。ただし，1回引いたカードは袋の中に戻すものとし，どちらのカードが出ることも同様に確からしいものとする。

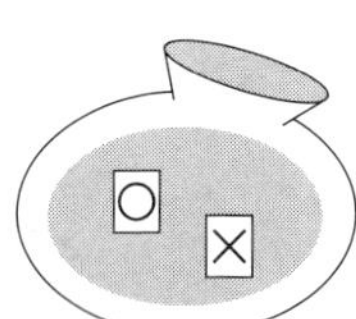

〈太郎さんの予想〉

次のA，B，Cそれぞれの起こる確率は，すべて等しい。
A：くじを1回引いて，○が出る。
B：くじを2回引いて，ちょうど1回○が出る。
C：くじを4回引いて，ちょうど2回○が出る。

①　Aの起こる確率は$\frac{1}{2}$である。この確率の意味を正しく説明しているのは，ア～エのうちではどれですか。一つ答えなさい。(　　　)

ア　くじを2回引くとき，そのうち1回はかならず○が出る。
イ　くじを2回引くとき，そのうち1回しか○は出ない。
ウ　くじを1000回引くとき，500回ぐらい○が出る。
エ　くじを1000回引くとき，○と×がそれぞれ500回ずつ出る。

②　太郎さんは，Aの起こる確率とBの起こる確率が等しいかどうかを確かめる方法について，次のように説明した。［　　］に適当な数を書きなさい。(　　　)

Bについて，くじを2回引くときの○と×の出方は全部で4通りあり，そのうち，ちょうど1回○が出るのは［　　］通りである。このことからBの起こる確率を求め，Aの起こる確率とBの起こる確率が等しいかどうかを確かめる。

③　AとCについて，Aの起こる確率とCの起こる確率が等しいならば「等しい」と書き，異なるならばCの起こる確率を求めなさい。(　　　)

5 図１は，円錐(すい)の展開図である。①～④に答えなさい。

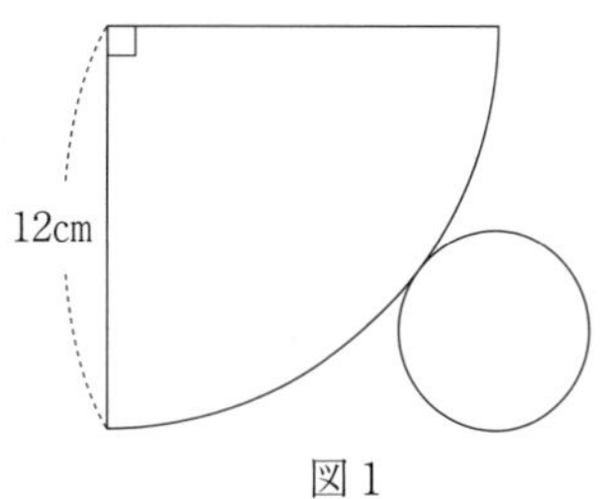

図１

【図１の説明】
・側面になるおうぎ形の半径は 12cm
・側面になるおうぎ形の中心角は 90°

① 図１について，側面になるおうぎ形の弧の長さを求めなさい。(　　cm)

② 図１について，側面になるおうぎ形の面積を求めなさい。(　　cm^2)

③ 図２のような，円錐の展開図がちょうど入る長方形 ABCD について，線分の長さの比 AB：AD は次のように求めることができる。(1)，(3) には適当な数や最も簡単な整数比を書きなさい。(2) には線分 OP の長さを求めなさい。ただし，(2) は答えを求めるまでの過程も書きなさい。

(1)(　　cm)
(2)(　　)
(3)(　　)

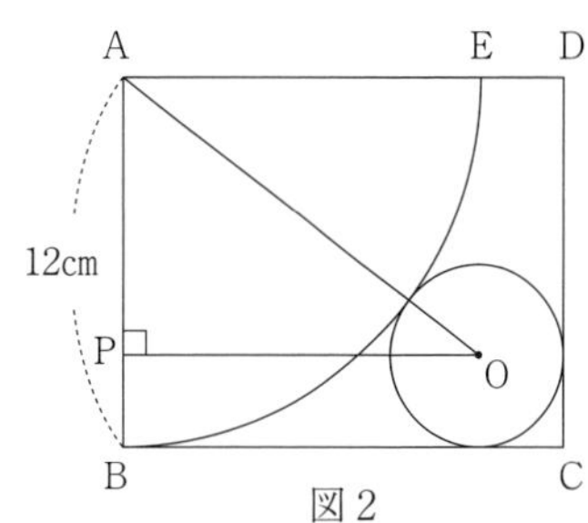

図２

【図２の説明】
・AB＝12 cm
・点 E は線分 AD 上の点
・おうぎ形 ABE は円錐の側面
・円 O は円錐の底面
・線分 BC，線分 CD はそれぞれ円 O の接線

点 A と点 O を結び，点 O から線分 AB にひいた垂線と線分 AB の交点を P とする。線分 AO の長さはおうぎ形 ABE の半径と円 O の半径の和であるから，AO ＝ (1) cm である。このとき，
(2)
この結果を利用すると，AB：AD ＝ (3) であることがわかる。

④ 図３は高さ 15cm の円錐であり，図４はこの円錐の展開図がちょうど入る長方形 FGHI である。線分 FG と線分 FI の長さをそれぞれ求めなさい。FG ＝(　　cm)　FI ＝(　　cm)

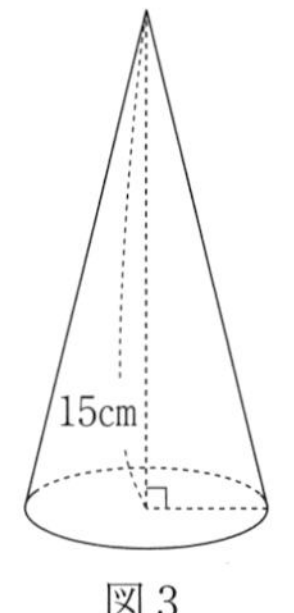

図３

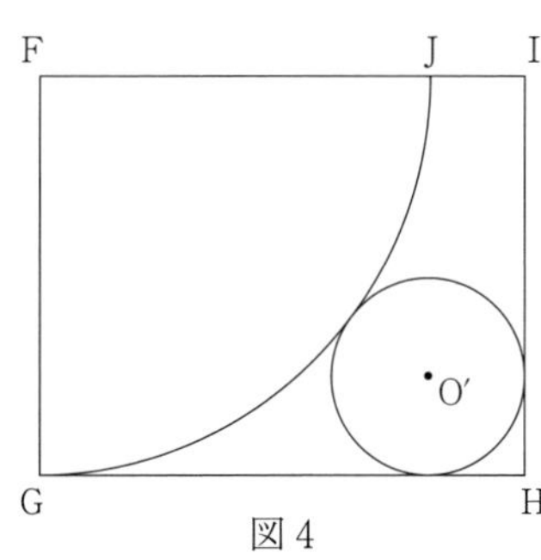

図４

【図４の説明】
・点 J は線分 FI 上の点
・おうぎ形 FGJ は円錐の側面
・円 O′ は円錐の底面
・線分 GH，線分 HI はそれぞれ円 O′ の接線

6　香奈さんのクラスでは，校舎前の花壇に柵を設置することになった。図1のように，長さ27mの花壇に直径60cmの半円のフレームを，重なりの長さがすべて等しくなるように1列に並べる。フレームは56個あり，すべて使って花壇にちょうど入るようにする。①～③に答えなさい。ただし，フレームの厚さは考えないものとする。

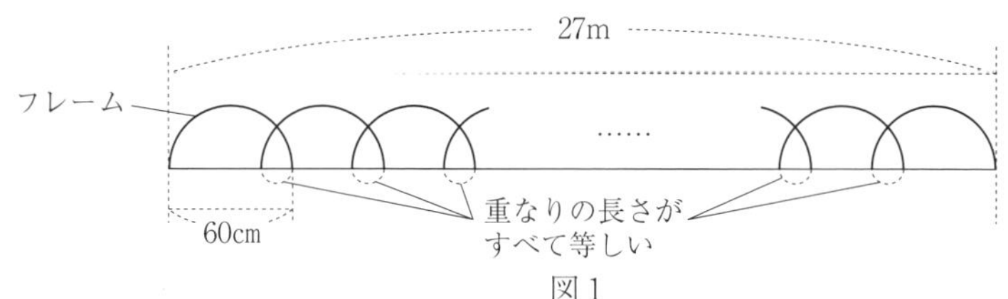

図1

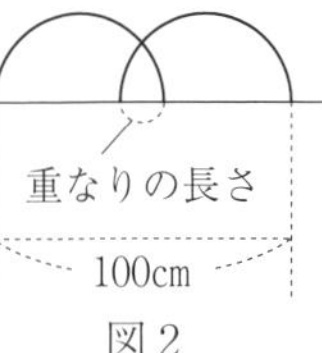

図2

①　図2のように，フレームを2個並べて，その長さを100cmにするには，重なりの長さを何cmにすればよいかを答えなさい。(　　　cm)

②　香奈さんは，花壇に並べるフレームの重なりの長さを次のように求めた。次の〈香奈さんの考え〉を読んで，(1)～(3)に適当な数や式を書きなさい。(1)(　　　)　(2)(　　　)　(3)(　　　)

〈香奈さんの考え〉

例えば，4個のフレームを並べるとき，できる重なりは3か所である。同じように考えると，nを自然数とし，n個のフレームを並べるとき，できる重なりはnを使って (1) か所と表すことができる。

フレームは56個あるから，$n = 56$である。花壇の長さは27mだから，図3のように重なりの長さを$a$cmとすると，aを求めるための方程式は (2) $= 2700$となる。これを解くことにより，重なりの長さは (3) cmにすればよいことがわかる。

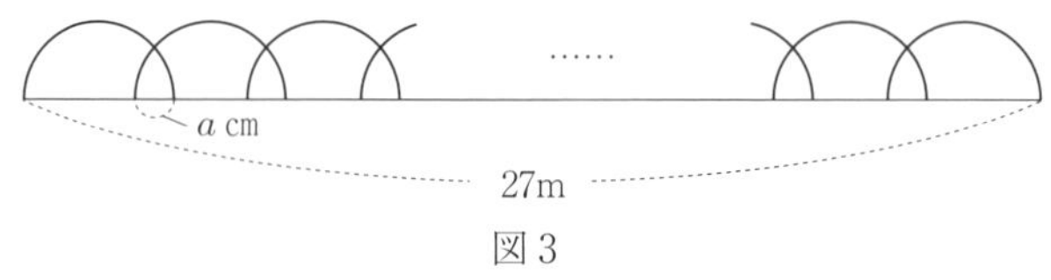

図3

③　香奈さんは，図4のように幅170cmの間隔を3か所とり，花壇を均等に4つに分けることにした。フレームの重なりの長さを$b$cmとするとき，(1)，(2)に答えなさい。

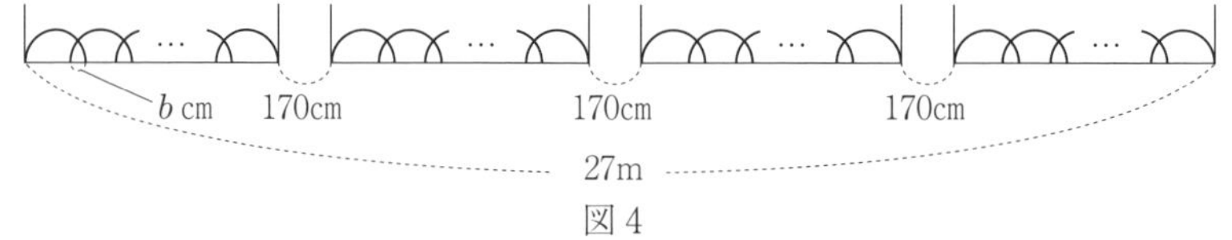

図4

(1)　bの値を求めなさい。$b =$(　　　cm)

(2)　間隔の幅をすべて170cmから$x$cmだけ短くしたとき，フレームの重なりの長さは$b$cmとくらべて何cm短くなるかを，xを使って表しなさい。ただし，$0 < x < 170$とする。

(　　　cm)

英語

時間　45分　　　　満点　70点

（編集部注）放送問題の放送原稿は英語の末尾に掲載しています。
音声の再生についてはもくじをご覧ください。

（注）1　英語で書くところは，活字体，筆記体のどちらで書いてもかまいません。
2　語数が指定されている設問では，「,」や「.」などの符号は語数に含めません。また，「don't」などの短縮形は，1語とします。

1　この問題は聞き取り検査です。問題A～問題Cに答えなさい。すべての問題で英語は2回ずつ読まれます。途中でメモをとってもかまいません。

問題A　次のイラストについての質問(1)～(3)のそれぞれの答えとして最も適当なのは，ア～エのうちではどれですか。一つ答えなさい。(1)(　　　)　(2)(　　　)　(3)(　　　)

(1)　ア　Ms. Iwata.　　イ　Mamoru.　　ウ　Kei.　　エ　Rika.

(2)　ア　At 10:40.　　イ　At 11:30.　　ウ　At 11:45.　　エ　At 12:10.

(3)　ア　A book.　　イ　A clock.　　ウ　Apples.　　エ　Boxes.

問題B　(1)，(2)のそれぞれの会話についての質問の答えとして最も適当なのは，ア～エのうちではどれですか。一つ答えなさい。(1)(　　　)　(2)(　　　)

(1)　ア　Yes, he does.　　イ　No, he doesn't.　　ウ　Yes, he did.　　エ　No. he didn't.

(2)　ア　He wants Cindy to use his phone.　　イ　He wants Cindy to take a message.
ウ　He wants to call his mother.　　エ　He wants to help Cindy.

問題C　海外のプロサッカーチームで活躍する山田選手のインタビュー（interview）が英語で読まれます。次は中学生のShoがインタビューをインターネットで視聴した後に，山田選手へ書いた手紙です。(1)，(2)に答えなさい。

Dear Mr. Yamada,

I enjoyed your interview on the Internet. I am surprised to hear that you started playing soccer when you were [(あ)] years old. You were very young! By the way, I'm interested in the culture of Spain, too. I want to walk around the city in Spain and [(い)] with the people there like you. Thank you for your message to us.

Sho

(1) [(あ)], [(い)] に，それぞれ適当な英語1語を入れなさい。(あ)(　　　)　(い)(　　　)

(2) インタビューの最後に山田選手がした質問に対して，あなたならどのように答えますか。[　　] にあなたの答えを英語3語以上で書きなさい。

(　　　　　　　　　　　　　　　　　　　　　　　　　　　　　　)

I [　　　].

2 ALT（外国語指導助手）の Jones 先生は中学生の Yuki と Hiro の英語の授業を担当している。①～③に答えなさい。

① Jones 先生は英単語を言い当てるクイズを行った。(1)，(2)に答えなさい。

(1) 次の [(あ)]，[(い)] に入れるのに最も適当なのは，ア～エのうちではどれですか。それぞれ一つ答えなさい。(あ)(　　　) (い)(　　　)

Mr. Jones： They are people who make houses. Who are they?

Yuki　　 ： They are [(あ)].

(あ) ア lawyers　イ doctors　ウ politicians　エ carpenters

Mr. Jones： It is used when you play some sports. People sometimes throw or hit it. What is it?

Hiro　　 ： Oh, it's a [(い)].

(い) ア ball　イ uniform　ウ ground　エ racket

(2) Jones 先生のクイズを参考に，Yuki と Hiro はクイズを出し合った。次は，そのときの会話の一部である。自然な会話になるように，[(う)]，[(え)] に入れるのに最も適当な英語1語をそれぞれ書きなさい。(う)(　　　) (え)(　　　)

Yuki： It's a day of the week between Monday and Wednesday. What is it?

Hiro： Oh, it's [(う)].

Yuki： That's right.

Hiro： Next one. It's a part of the body. You put a hat on it. What is it?

Yuki： I know! It's a [(え)].

Hiro： Right! It also means the most important person in a group.

② Yuki が，担任の前田先生（Mr. Maeda）を Jones 先生に英語で紹介することになった。あなたが Yuki になったつもりで，前田先生についてのメモを参考にして，[(お)] には適当な英語2語を，[(か)]，[(き)] にはそれぞれ適当な英語1語を入れ，紹介文を完成させなさい。

(お)(　　　　) (か)(　　　) (き)(　　　)

前田先生についてのメモ

> 出身は北海道
> 音楽の先生
> 海外で音楽を教えるため毎日英語を勉強中
> 飼い犬の名前はメル（Meru）

紹介文

> Mr. Jones, I will tell you about Mr. Maeda, our class teacher. He [(お)] Hokkaido and teaches us music. He [(か)] English every day to teach music in other countries. He has a dog [(き)] Meru. Mr. Maeda is very nice to us.

③　Yuki は，職場体験で小学校に行き，児童に英語の絵本（picture book）の読み聞かせをすることになった。次は，Yuki が Hiro を相手に読み聞かせの練習をしているときの会話の一部である。(1)，(2)に答えなさい。

Yuki：　I'll read an English picture book to you. Look at this picture. There are three [(く)] in a village. What are they?

Hiro：　A lion, a horse, and a panda!

Yuki：　That's right. One day, the lion says to the horse and the panda, "I want to visit another village, but I can't because we have a river between the two villages." Now, let's go to the next page. What are they doing?

Hiro：　(け) They (make) a bridge now.

Yuki：　Yes. It will be a strong bridge! Then, they start running on the bridge. What's going to happen next?

Hiro：　Wow! A beautiful castle!

Yuki：　(こ) This castle (build) about 100 years ago.

Hiro：　Oh, what are they going to do next?

(1)　[(く)] に適当な英語 1 語を入れなさい。(　　　)

(2)　下線部(け)，(こ)のそれぞれについて，(　　)内の語を適当な形に変えたり，不足している語を補ったりなどして，自然な会話になるように英語を完成させなさい。

(け) They (　　　　　) a bridge now.　(こ) This castle (　　　　　) about 100 years ago.

3 大学生のHinanoは，ニューヨーク旅行を計画している。ニューヨークにある，訪れてみたいレストランをインターネットで探し，レストランの利用者による批評（Review）と評価（Rating）をまとめたウェブサイトを見つけた。次は，そのウェブサイトの一部と，それをもとにHinanoがそれぞれのレストランの批評の内容を抜き出した表である。①に答えなさい。

ウェブサイトの一部

Name of the Restaurant	Writer's Name	Review	Rating
Blue Moon	Alex	This French restaurant is new and clean. You can't find such great meat in other places. The chef is very friendly.	★★★★ (4.0)
Green House	Lara	If you have never eaten Greek food, you should try this restaurant. It is very popular and people love their fish. Yesterday, before we entered, we had to wait for more than one hour.	★★★★★ (5.0)
Yamaoka	Todd	I really enjoyed eating Japanese noodles with chicken tempura here. They are not expensive. If you go to *Yamaoka*, you need a car because walking from the station takes a long time.	★★★ (3.0)
⋮	⋮	⋮	⋮

★の数が多いほど高い評価で，評価5.0が最高であることを示している。

〔注〕 Greek ギリシアの

表

レストラン名	批評
Blue Moon	(あ)
Green House	(い)
Yamaoka	(う)

① 表の(あ)～(う)に入れるのに最も適当なのは，ア～カのうちではどれですか。それぞれ一つ答えなさい。(あ)(　　　) (い)(　　　) (う)(　　　)

ア 値段が高くない　　イ 待ち時間が短い　　ウ 駅から近い　　エ とても人気がある

オ 長年続いている　　カ きれいである

④　中学生のMariは，地域で英会話サークルの講師をしているSmith先生から，あるイベントについて説明を聞いた。次の英文は，Smith先生の説明と，それを聞いたMariが友人のLeeにあてた電子メール，LeeからMariへの返信メールである。①～④に答えなさい。

■　Smith先生の説明

I have good news for you. Our city library will have a special event from ten to eleven on May 6.

You can bring a book you like and make a speech about it to other people in English. After listening to all the speeches, everyone will choose a book they want to read. Then, they will vote for it. If your book gets the largest number of votes, you will receive a gift. This is especially good for the people who like talking to others about the books they have read.

If you are interested, please send the library an e-mail by the end of this month. I hope you will join this event.

〔注〕 vote　投票する，(獲得した)票　　by ～　～までには

■　Mariが友人のLeeにあてた電子メール

Hi Lee,

How are you? Today, Mr. Smith told us about a special event held at the city library next month. It's a [(あ)] to show a lot of people a book you like. If your book is [(い)] as the most popular one among people there, you will get a present.

I'm going to get to the library at ten on May 6. [(う)] I'll be happy if you can. I need to send an e-mail to the library to join it by [(え)] 30. Please send your e-mail back to me.

Your friend,
Mari

■　LeeからMariへの返信メール

Hi Mari,

How are you? Thank you for telling me about the event. I'm interested in it. I want to tell people about my [(お)] book.

I will leave before noon because I have to go to the dentist in the afternoon that day. [(か)]? I hope I can come with you.

Bye,
Lee

① [(あ)], [(お)] に入れる英語の組み合わせとして最も適当なのは，ア～エのうちではどれですか。一つ答えなさい。(　　　)

ア　(あ) language　(お) boring　イ　(あ) language　(お) favorite

ウ　(あ) chance　(お) favorite　エ　(あ) chance　(お) boring

② [(い)], [(え)] に入れるのに最も適当な英語1語をそれぞれ書きなさい。

(い)(　　　)　(え)(　　　)

③ [(う)] に入れるのに最も適当なのは，ア～エのうちではどれですか。一つ答えなさい。

(　　　)

ア　How about going to the library on May 8?　イ　Why don't you come with me?

ウ　What English books do you want to sell?　エ　Why do you want to join it?

④ あなたがLeeになったつもりで，[(か)] に finish を含む4語以上の英語を書きなさい。

(　　　　　　　　　　　　　　　　　　　　)

5 高校生のSosukeと留学生のJoeの2人は，英語の授業で日本の花火（fireworks）について発表するために，花火について書かれた英文を調べたり，花火師（*hanabi-shi*）の岡さん（Mr. Oka）から話を聞いたりしている。次の英文は，花火について書かれた英文，岡さんから聞いた話，岡さんとの会話の一部である。①～⑥に答えなさい。

■ 花火について書かれた英文

There are different ways of thinking about the origin of fireworks, and here is one of them. In ancient China, people used signal fires for long-distance communication with each other and that was the beginning of fireworks. In the 14th century, the first fireworks were set off at a festival in Italy and people there enjoyed them. Fireworks were soon introduced all over Europe.

Do you know when fireworks were introduced to Japan? Some people say fireworks were brought to Japan in the middle of the 16th century. They were first set off in Japan at the end of the 16th century. Watching fireworks has been popular since then.

There are many festivals for watching fireworks all over the world. People can enjoy fireworks in all seasons with their friends and family. For example, in many countries, people watch fireworks on December 31. In Japan, firework festivals are held in many different places almost every day during the summer. In America, people usually enjoy fireworks on the fourth of July.

■ 岡さんから聞いた話

My job is to make, sell, and set off fireworks. Our company starts to make firework shells every fall for festivals next summer.

There are many kinds of fireworks in Japan. Well, look at (あ) that firework shell. It's 420 kilograms and goes up about 750 meters high. Its firework will look like a flower in the night sky. Look at (い) this shell. It's 1.8 kilograms and goes up about 220 meters high. You'll see a shape of a cat face in the sky if we use this. Before fireworks are set off, we can't see their shapes in the sky, so we need to imagine how fireworks will [(う)] in the sky when we make firework shells. That's a difficult part.

I think that Japanese fireworks are a traditional art. We want a lot of people to know about them. It is important to continue to use traditional Japanese fireworks. To attract more people, it's also important to [(え)] the way to show fireworks. For example, we have introduced new technology. We show fireworks with music. When we have this kind of special show, we have to remember many things. Where and when should we set off the fireworks? How high should the fireworks go up? How should their colors and shapes change in the sky with the music?

Japanese fireworks are so amazing that they are loved by a lot of people all over the world.

I believe that Japanese fireworks are the best in the world.

■ 岡さんとの会話の一部

Joe : Thank you, Mr. Oka. Now we are more interested in fireworks. Well, may I ask you some questions? [ア]

Mr. Oka : No problem! [イ]

Joe : I know foreign fireworks are also used at some firework festivals in Japan. What do you think about this situation?

Mr. Oka : (お)I don't think it's bad. We just try harder to make better Japanese fireworks. Then you can enjoy more wonderful fireworks.

Sosuke : I see. [ウ]

Mr. Oka : Of course! At first, I didn't want to be a *hanabi-shi*. However, when I went to a festival in America, I was surprised at the fireworks made in Japan. A lot of people there were also excited to watch them. From this experience, I changed my mind and became a *hanabi-shi*. I believe fireworks have the power to make people happy in the world. It is the best part about making fireworks for me.

〔注〕 origin 起源　ancient 古代の　signal fire 信号として使う火
set off ～ ～を打ち上げる　introduce ～ ～を導入する　Europe ヨーロッパ
middle of ～ ～の中ごろ　firework shell 打ち上げ花火の玉　kilograms キログラム
～ meters high 高さ～メートル　sky 空　imagine ～ ～と想像する
attract ～ ～を引きつける　technology 技術

① SosukeとJoeは花火について書かれた英文を読み，各段落の内容を，次のア～ウのように表した。英文で書かれている順にア～ウを並べ替えなさい。(　→　→　)

ア Today's fireworks　イ The start of fireworks　ウ The first fireworks in Japan

② 岡さんから聞いた話について，下線部(あ)，(い)が空中でひらいたときの高さと形として最も適当なのは，次の模式図のア～エのうちではどれですか。それぞれ一つ答えなさい。

(あ)(　　) (い)(　　)

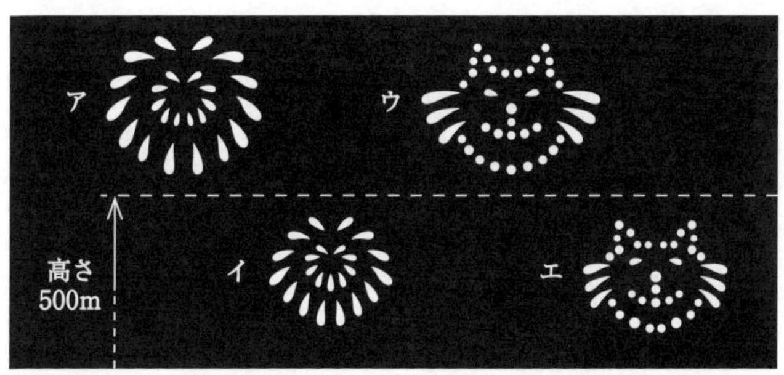

③ 岡さんから聞いた話について，[(う)]，[(え)]に入れる英語の組み合わせとして最も適当なのは，ア～エのうちではどれですか。一つ答えなさい。(　　)

ア (う) see (え) forget　イ (う) see (え) change　ウ (う) look (え) change
エ (う) look (え) forget

④　次の英文を入れるのに最も適当なのは，岡さんとの会話の一部の中のア～ウのうちではどれですか。一つ答えなさい。(　　　)

Do you like working as a *hanabi-shi*?

⑤　次の［　　　］に適当な日本語を入れて，下線部(お)の具体的内容を説明しなさい。

(　　　　　　　　　　　　　　　　　　　　　　　　　　　　　　　　)

日本の花火大会で，［　　　］ことがあるのは悪いことではないと思う。

⑥　花火について書かれた英文，岡さんから聞いた話，岡さんとの会話の一部の内容と合っているのは，ア～オのうちではどれですか。当てはまるものをすべて答えなさい。(　　　)

ア　The first fireworks were set off in ancient China in the 16th century.

イ　People all over the world enjoy fireworks only in summer.

ウ　Mr. Oka's company begins to make firework shells every fall.

エ　Mr. Oka thinks new technology is more important than traditional fireworks.

オ　Mr. Oka decided to be a *hanabi-shi* after his experience in America.

〈放送原稿〉

2020 年度岡山県公立高等学校特別入学者選抜入学試験英語の聞き取り検査を行います。

問題A　質問が 2 回読まれるのを聞いて，問題用紙の指示に従って答えなさい。

(1)　Who is washing the dishes?

（繰り返す）

(2)　When are the students going to start eating?

（繰り返す）

(3)　What can you see on the wall?

（繰り返す）

問題B　会話と質問が 2 回読まれるのを聞いて，問題用紙の指示に従って答えなさい。

(1)　A：　Risa, look! This is my new wallet.

B：　That's cool, George. Did you buy it?

A：　No, my brother bought it for me last week.

B：　Really? Was it for your birthday?

A：　Yes.

Question：Did George buy a wallet for his brother?

（(1)を繰り返す）

(2)　A：　Cindy, I need your help.

B：　Sure, Nick. What is it?

A：　Can I use your phone? I need to call my mother.

B：　What happened to your phone?

A：　Well, I didn't bring my phone today.

Question：What does Nick want to do?

（(2)を繰り返す）

問題C　会話が 2 回読まれるのを聞いて，問題用紙の指示に従って答えなさい。

A：　Mr. Yamada, thank you for joining us today. Well, when did you start playing soccer?

B：　Oh, my father taught me how to play soccer when I was five.

A：　I see. By the way, how is your life in Spain?

B：　I love it! The culture of Spain is interesting. When I have no games, I sometimes take a walk in the city. Talking with the people here is really exciting.

A：　Sounds good. So, is there anything you want to say to young people in Japan?

B：　Well, you should do things which are interesting for you. Everyone, what will you do?

（繰り返す）

これで聞き取り検査を終わります。

イ　人は個々の文化をもつからこそ、わたしたちは対話によって唯一無二の存在であることを自覚し、みだりに干渉し合わないよう意識を高めていくことで、互いを尊重する関係を結ぶことができるということ。

ウ　人は他者とは異なる自律した個人だからこそ、わたしたちは対話によって他者との認識の差異を確認し、自分と他者に対する理解を深めていくことで、対等な人間関係を取り結ぶことができるということ。

エ　人は他者を類型化して捉える傾向があるからこそ、わたしたちは対話によって自分なりの枠組みで他者を捉え直し、新たな一面を見いだしていくことで、一層円滑な人間関係を結ぶことができるということ。

きわめることを通して、自分がこの世界でどう生きるかを考えることだと思います。

世界中にまったく同じ個人は存在しません。「～国」「～人」「～語」などの枠組みで個人を類型化してとらえるのではなく、一人ひとりの自律した個人として認めること、これが「個の文化」の考え方です。このように考えれば、他者はすべて異文化というブラックボックス、しかしだからこそ、わたしたちは、一人ひとりの感じ方や考え方あるいは価値観の差異を超えて、ⓕともに生きることができるという思想にたどり着くはずです。

（細川英雄（ほそかわひでお）「対話をデザインする――伝わるとはどういうことか」より）

（注）歪曲――事実を意図的にゆがめること。
ブラックボックス――ここでは、具体的な内容が明らかでないこと。

① ［ⓐ］、［ⓓ］にそれぞれ入れることばの組み合わせとして最も適当なのは、ア～エのうちではどれですか。一つ答えなさい。（　　）

ア　ⓐ　なるほど　ⓓ　もしも
イ　ⓐ　しかし　ⓓ　ましてや
ウ　ⓐ　しかも　ⓓ　あたかも
エ　ⓐ　なぜなら　ⓓ　やはり

② 「ⓑステレオタイプ」とあるが、ステレオタイプがどのような問題を引き起こすのか。それを説明した次の文の［　］に入れるのに適当なことばを、文章中から八字で抜き出して書きなさい。

一人ひとり異なる個人を、画一的に歪曲して認識することで、［　　　　　　　　］の構築を妨げる恐れがあるという問題。

③ 「ⓒ『文化』の対立と同じ構造」とあるが、対話はどのような点で文化の対立と同じ構造をもつといえるか。それを説明したものとして最も適当なのは、ア～エのうちではどれですか。一つ答えなさい。（　　）

ア　自分の固有の考えとは異なる考えをもつ他者との対立の中で、不安や喜びが生じる点。
イ　自分の本音と他者に示す建前（たてまえ）とが対立するとき、自分の中で折り合いをつけてしまう点。
ウ　自分の姿勢を他者に明確に示せないとき、意見の食い違いが生じて対立を引き起こす点。
エ　自分の考えが他者とは異なる状況で、相手を論破して自分の考えを強固にしていく点。

④ 「ⓔ『文化』の罠」とあるが、これを説明した次の文の［X］、［Y］に入れるのに適当なことばを、［X］は文章中から五字で抜き出して書き、［Y］は文章中のことばを使って十五字以内で書きなさい。

X［　　　　　］　Y［　　　　　　　　　　　　　　　］

文化は、本来、［X］によって捉えられ、それぞれの人の中に存在するものであるのに、人は、相手も自分と［Y］ことで、社会の事柄や事象を、実在する「文化」として捉えてしまうということ。

⑤ 「ⓕともに生きることができる」とあるが、これを説明したものとして最も適当なのは、ア～エのうちではどれですか。一つ答えなさい。（　　）

ア　人は一人ひとり顔の見える個人だからこそ、わたしたちは対話によって互いの主張のすり合わせを行い、差異を無くそうと努力を積み重ねていくことで、新たな人間関係を取り結ぶことができるということ。

もう一つの問題は、この文の「日本人」というのは、具体的にはいったいだれのことを指しているのか、というところです。

一口に「日本」といっても、都市と地方でさまざまに異なっています。「社会」という概念がきわめて多面的であり複雑性に満ちたものであることからもわかるように、「〇〇国」「〇〇人」と一括して論じることはできません。

簡単に一つの概念で対象をとらえてしまう認識を、わたしたちはⓑステレオタイプ（画一的認識）と呼んでいます。

ステレオタイプが問題視されるのは、個人を画一的に歪曲（わいきょく）したかたちでとらえ、それがひいては偏見や差別の原因になる可能性があるからです。ステレオタイプ的な思考や発想によって、一人ひとりの個人の顔が見えなくなり、一対一の対等な人間関係が取り結べなくなってしまうことが問題なのです。コミュニケーションが阻害され、信頼ある人間関係が樹立できなくなることを危惧しているのです。

ステレオタイプにとらわれていると、本来、豊かで創造的な広がりのあるはずの対話という活動もきわめてつまらないものになりがちです。

自分のテーマを持つということは、その対象に向けて、固有の姿勢を持つということです。さらに自分の考えていることを相手に示すということは、その自分の姿勢をもっと強固に、他者に見えるかたちで示すということになります。

このとき、当然のこととして、立場や意見の違う人との対話が待ち構えています。このときにこそ、あなた自身の姿勢が問われるといってさしつかえないでしょう。

このことは、ちょうどⓒ「文化」の対立と同じ構造を持っています。異なる民族、異なる国家、異なる宗教、などなどの、互いに異なるものが衝突し、そこに、さまざまな葛藤や不安、あるいは出会いの発見や喜びが生じるからです。

このときに、個人を集団の一人としてとらえてしまうと、［ⓓ］その集団に属す人はすべておなじ性格を持っているかのように錯覚してしまう恐ろしさがあります。

「日本人の文化」というとき、日本人という集団の持っている性格を指すということになりますが、それが具体的にどんなものなのか、だれにもわかりません。

この場合、「日本人」という概念について個人一人ひとりが持っているイメージによって「日本人の文化は〇〇」ということになります。一人ひとりのイメージですから、当然のこととしてすべて異なるわけで、まったく同じイメージが存在するはずはありません。

ところが、いつのまにか相手も自分と同じイメージを持っているだろうと思い込んでしまうところに、このⓔ「文化」の罠（わな）があるのです。

その一人ひとりの持っているイメージはどこから来るのかといえば、個人の感じ方や考え方あるいは価値観にあるということになります。すでに個人の中にある、このようなイメージによって、集団としての社会でのさまざまな事柄・事象を、あたかも実在するものであるかのように認識し、それを「〇〇の文化」としてとらえてしまっているわけです。

そのもとは、すべて個人の認識によるわけですから、実際は、「文化は個人の中にある」ということになります。これが「個の文化」なのです。

テーマを定め、そのテーマをもとに対話をする行為は、こうした、さまざまな「個の文化」の差異を認めつつ、お互いの主張を重ね合わせていくという行為に他なりません。たんに白か黒か、どちらが勝ったとか負けたという世界ではなく、譲れること、譲れないことをしっかりと見

さい。(　　)

ア　椅子職人として腕を上げていくという徳井の覚悟を知り、その成長を温かく見守っていこうと決意を固めている。

イ　自らの意志で自分と椅子を作っていこうという選択をした徳井のことを、ことばとは裏腹にうれしく思っている。

ウ　同意を得ることもなく、未熟な二人だけで椅子作りをしていく決断をした徳井の身勝手さに愛想を尽かしている。

エ　技術面で引け目がある自分に対し、突然二人での椅子作りを提案した徳井の真意を測りかねて途方に暮れている。

⑥　この文章の表現の特徴について説明したものとして最も適当なのは、ア～エのうちではどれですか。一つ答えなさい。(　　)

ア　「腕組みをして」、「胸に手をあてた」という描写は、じいちゃんの厳格な性格と威圧的な態度を浮き彫りにしている。

イ　「うなだれた」、「深呼吸をひとつしてから」という描写は、相手を傷つけまいとする徳井の優しさを描き出している。

ウ　「ぽつぽつと喋った」、「だしぬけに立ちどまった」という描写は、魚住の徳井に対するもどかしさを暗に示している。

エ　「いつかは虹に座れるかもしれない」という描写は、明るい希望を胸に抱いている徳井の心情を強く印象づけている。

4　次の文章を読んで、①～⑤に答えなさい。

「日本人は対話が下手」という言説をよく耳にします。

この表現にはどのような意味がこめられているのでしょうか。また、そこにはどんな落とし穴が隠されているのでしょうか。

たとえば、次の文を見てみましょう。

日本人が国際化するためには、ふつう英語を学ぶことが必要であると言われるが、私は、国語としての日本語を学ぶほうが重要ではないかと思う。

まず、この文では、「言っている」のはどこのだれだかわかりますか。「と言われる」とあるように、このことを言っているのは、だれだかわからない不特定多数の人なのです。

それに対して、「国語としての日本語を学ぶほうが重要ではないか」と、この筆者は考えているわけですね。つまり、この筆者の考えは、だれだかわからない不特定多数の人の言っていることを前提にしていることがわかります。

以上のことからわかることは、わたしたちはとかく物事を自分の都合のいいように解釈するという操作を行いがちだということです。ⓐ そのの根拠になるものが、不特定多数の人、つまり皆がそう言っている、というのでは、だれをも納得させることはできません。

こうしたことは、対話の活動でも同じことで、少なくとも言説のありかを明確にし、責任ある根拠を提示することが肝要です。そのことで、わたしたちの対話はずっと内容のあるものになるでしょうし、自分のことばで固有の意見を述べることができるようになります。

いる魚住の姿が目に浮かぶ。その隣に座ったら、どんな景色が見えるのだろう。

深呼吸をひとつしてから、徳井は口を開いた。

「おれ、断るよ」

魚住がだしぬけに立ちどまった。半歩先に出た徳井も足をとめ、後ろを振り向いた。薄暗い道の真ん中で、ふたり向かいあう。

「どうして?」

魚住が言った。さっきまでとは一変して、ⓓ声も表情もこわばっている。

「おれのことは気にしないでって言ってるのに……」

「気にしてない」徳井はさえぎった。「魚住のせいじゃない。おれが、そうしたいんだ。これからも魚住とふたりで、椅子を作りたい」

徳井が椅子を作るのは、楽しいからだ。魚住と一緒に椅子を作るのが、楽しいからだ。

徳井も魚住も、まだ一人前の職人とはいえない。未熟なふたりだけで工房を運営していくのは、確かに大変だろう。でも、やってみたい。少しずつでも前に進んでいけばいい。

そうして地道に経験を重ねていけば、いつかは虹に座れるかもしれない。ふたり並んで晴れやかな気持ちで世界を見渡せる日が、来るかもしれない。

「いい椅子を作ろう。魚住とおれ、ふたりで」

魚住は身じろぎもせずに、徳井の顔をまじまじと凝視している。徳井も目をそらさなかった。そらすつもりはなかった。

「ⓔ好きにすれば」

徳井の横をすり抜けて、小学生みたいに傘を振り回しながら、道の先へと歩き出す。

（瀧羽麻子「虹にすわる」より）

---

① 「ⓐじいちゃんがゆっくりと首を横に振った」とあるが、このときの「じいちゃん」の思いについて説明した次の文の X 、 Y に入れるのに適当なことばを、文章中からそれぞれ七字で抜き出して書きなさい。X □□□□□□□　Y □□□□□□□

有名建築デザイナーの工房で働く道を選べば、 X ことになるのではないかと思い悩む徳井に、 Y ことが、単調な生活を変えてくれた魚住への恩返しにつながるということをわかってほしい。

② 「ⓑかろうじて言ったきり、あとが続かなかった」とあるが、このときの「徳井」の心情を説明したものとして最も適当なのは、ア～エのうちではどれですか。一つ答えなさい。（　）

ア　じいちゃんの見当外れな意見を何度も聞かされ閉口している。

イ　自分でも気づいていなかった本心を指摘され動揺している。

ウ　じいちゃんの脈絡のない発言の意図がわからず困惑している。

エ　自分の隠そうとしていた本音を言い当てられ憤慨している。

③ 「ⓒ言いたいこと」とあるが、「徳井」が「魚住」に「言いたいこと」とは何か。文章中から二十字で抜き出して書きなさい。

□□□□□□□□□□□□□□□□□□□□

④ 「ⓓ声も表情もこわばっている」とあるが、その理由を説明した次の文の □ に入れるのに適当なことばを、十字以内で書きなさい。

□□□□□□□□□□

魚住は、徳井が有名建築デザイナーからのスカウトを □ つもりでいると思ったから。

⑤ 「ⓔ好きにすれば」とあるが、このときの魚住の心情を説明したものとして最も適当なのは、ア～エのうちではどれですか。一つ答えな

「あいつはそう望んでるか?」
「それは……」徳井はうなだれた。
「恩返しをしたいなら、お前はいい椅子を作り続けるしかないんじゃないか? どこで作るか、場所は関係なく」
じいちゃんは、正しい。徳井がいい椅子を作ることを、職人として腕を上げることを、きっと魚住も願ってくれている。
「あいつだって、いつまでもすねちゃいない。そのうち腹を括(くく)るよ」
それに、とじいちゃんはつけ加えた。
「すねてるのは、お前もなんじゃないか?」
「へ? おれが?」
「ひきとめてほしかったんじゃないか、あいつに」
徳井は小さく息をのむ。
「なに言ってんだよ?」ⓑかろうじて言ったきり、あとが続かなかった。
もとはといえば、徳井をこの世界に引き入れたのは魚住なのだ。扉を開いたどころではない、強引に腕をつかんで、半ば力任せにひきずりこんだ。それなのに、今さらその手をあっさり放すなんて。ふたりでやろう、とあれだけしつこく繰り返しておきながら。
徳井は立ちあがった。
「ちょっと、行ってくる」
ⓒ言いたいことは、直接言ったほうがいい。たぶん、お互いに。
「気をつけてな」じいちゃんが徳井を見上げて微笑(ほほえ)んだ。
外はおそろしく寒かった。
徳井は徒歩で川をめざした。川に沿って歩くという魚住の捨てぜりふが本気だったのかはあやしいが、それ以外に手がかりがない。雪がやんでいるのだけが、不幸中の幸いだった。
どこにいるんだよ魚住、と徳井は心の中で呼びかける。心配かけるのもいいかげんにしろ。
「徳井さん」
徳井は正面に向き直り、歩道の先に目をこらした。見覚えのある人影が、小さく手を振っていた。
ひとけのない道を歩きながら、魚住はぽつぽつと喋(しゃべ)った。
「寒いし腹もへったから、コンビニで肉まん買って食った」
「それも買ったのか?」魚住のぶらさげているビニール傘に目をやって、徳井はたずねた。
「いや、もらった。夕方くらいに雪が雨になって、酒屋か米屋かなんかの軒先で雨宿りしてたら、店のおばさんがくれた」
魚住がくるりと傘を回した。
「そうだ、雨がやんだ後、虹が出たんだよ。かなりでかいやつ。こう、川をまたぐ感じで」
腕をななめ上に伸ばし、傘の先で宙に弧を描いてみせる。
「めちゃくちゃきれいだった」
「へえ。珍しいな、冬の虹って」
ラッキー、と魚住はうれしそうに笑った。
「おれ、子どものとき、虹の上に座ってみたかったんだよ。って、徳井さんに言ったことあったっけ?」
初耳だった。魚住らしいといえば、魚住らしいが。
「気持ちいいだろうな。虹に座れたら」
七色のアーチのてっぺんに腰かけ、愉快そうに両脚をぶらぶらさせて

Ⅲ　空に満つ愁(うれ)への雲のかさなりて　冬の雪とも積もりぬるかな
歌意…空いっぱいに広がる私の悲しさが積み重なって、冬の雪ともなり、降り積もったのだなあ。

○和歌に詠まれた題材と和歌の並びからわかったこと
・Ⅰの和歌の「千鳥鳴く」と、Ⅱの和歌の「霰ふり」
↓ [A] を詠んでいる。
・Ⅱの和歌の「月」、「[B]」、「霰」、「玉」と、Ⅲの和歌の「[C]」と「雪」
↓白色を詠んでいる。
※　以上のことから、Ⅱの和歌には、[D] という特徴があり、ⅠとⅢの和歌をつなぐようにⅡの和歌が配列されていると考えられる。

(小山順子「和歌のアルバム　藤原俊成　詠む・編む・変える」、檜垣(ひがき)孝(たかし)「俊成久安百首評釈」を参考に作成)

(1)　[A] ～ [C] にそれぞれ入れることばの組み合わせとして最も適当なのは、ア～エのうちではどれですか。一つ答えなさい。(　　)
ア　A 音　B 氷　C 雲
イ　A 色　B 氷　C 空
ウ　A 音　B 心　C 空
エ　A 色　B 心　C 雲

(2)　[D] に入れるのに適当なことばを、【解説文】と【ノートの一部】の内容を踏まえて十字以内で書きなさい。□□□□□□□□□□

3　次の文章は、椅子工房を営んでいる「徳井律」と「魚住(うおずみ)」が有名建築デザイナーの工房にスカウトされ、その誘いを受けるかどうかで言い争いをした後、「徳井」が一人で家に帰ってきた場面である。「魚住」は、「徳井」の技術が認められ、自分は求められていないことを感じ取り、「徳井」だけがその工房で働くよう勧めたが、「徳井」は結論を出せずにいた。これを読んで、①～⑥に答えなさい。

玄関に魚住の靴はなかった。茶の間をのぞくと、じいちゃんがこたつで新聞を読んでいた。じいちゃんは顔を上げ、不思議そうにたずねた。
「一緒じゃなかったのか?」
徳井が事の次第を説明する間、じいちゃんは腕組みをして耳を傾けていた。
「どうしたらいいと思う?」
ひととおり話した後、徳井の口から自然に質問がこぼれ出た。
「律はどうして椅子を作ってる?」
「魚住に誘われたから」いったん答え、徳井は言い直した。「いや。楽しいから、作ってる」
「そうだ。ここだよ」
じいちゃんが胸に手をあてた。
「見てたらわかる。ふたりとも本当に楽しそうだ。そのきっかけを作ってくれたあいつに、お前は恩がある」
去年の五月から、徳井の生活は一変した。もしも魚住が転がりこんでこなければ、今も徳井は、よくいえば平穏な、悪くいえば単調な日々を漫然と過ごしていただろう。新しい世界につながる扉を、魚住が開いたのだ。
「だから、魚住を見捨てるようなことはしたくないんだ」
ⓐじいちゃんがゆっくりと首を横に振った。

2 次の藤原俊成の和歌とその解説文を読んで、①～④に答えなさい。

月冴ゆる　ⓐ氷の上に霰ふり　心砕くる玉川の里

【解説文】

冬の夜、氷に閉ざされ、音のない静かな玉川の里。その静けさを破るように、霰が降って、氷にぶつかり、音を立てて飛び散らばる。霰が砕け散らばる様子を、自分が千々に思い乱れる心象風景として詠んでいる。静寂と、それを破る［ⓑ］で音を立てる霰との対比が鮮やかである。そしてその様子を、冬の月が照らしている。月・氷・霰が織りなす白一色の世界は、やはり白い「玉」(真珠)を名に持つ玉川の里を舞台に展開されている。

月は氷・玉に、霰は玉に、たとえられたり見立てられる関係にある。白く、丸く、輝きを持つものという共通点から、比喩や見立ての関係が生まれる。そのような関係にある月・氷・霰・玉を組み合わせ、互いに絡み合い、強調するように詠んでいるのが、ⓒこの歌の特徴だ。

(小山順子「和歌のアルバム　藤原俊成　詠む・編む・変える」より)

(注) 心象風景――想像力の働きによって心に描かれた風景。

① 「ⓐ氷の上に霰ふり　心砕くる」とあるが、これは心の中のどのような状態を詠んでいるか。それを説明した次の文の［　］に入れるのに適当なことばを、【解説文】から十字以内で抜き出して書きなさい。

［　］状態。

② ［ⓑ］に入れることばとして最も適当なのは、ア～エのうちではどれですか。一つ答えなさい。(　)

ア　詩的　　イ　静的　　ウ　動的　　エ　物的

③ 「ⓒこの歌の特徴」とあるが、これを具体的に説明した次の文の［X］、［Y］に入れるのに適当なことばを、【解説文】からそれぞれ五字以内で抜き出して書きなさい。X［　］ Y［　］

俊成のこの和歌は、単純に白色のものを並べて詠んでいるのではなく、白い色、丸い形、輝きといった要素を［X］としてもつ題材を［Y］て詠むことで、それぞれが一層際立つようになっている。

④ 【解説文】を読んで興味をもった明子さんは、俊成の和歌について調べ、わかったことをノートにまとめた。次の【ノートの一部】を読んで、(1)、(2)に答えなさい。

【ノートの一部】

○「月冴ゆる」の和歌について

・「月冴ゆる」は、「久安百首」に収録されている和歌で、俊成が冬を主題として詠んだ十首の歌「冬十首」のうちの一首。

・「久安百首」は、崇徳上皇の命で、俊成ら数人の歌人がそれぞれ百首の和歌を詠んだもの。久安六年(一一五〇年)に成立。

○冬十首の並び(「月冴ゆる」の和歌とその前後に置かれている和歌)

Ⅰ　月清み千鳥鳴くなり沖つ風　吹飯の浦の明けがたの空

歌意…月が清らかに澄んでいて、千鳥が鳴いている。沖からの風が強く吹いてくる、ここ吹飯(地名)の浦の明け方の空よ。

Ⅱ　月冴ゆる氷の上に霰ふり　心砕くる玉川の里

【伝言メモ】

松本部長へ
10月30日（水）13：00
・ヒガシ電機　石川様から電話
・新商品についての相談
Y ようお願いします。
電話番号：123－4567
受付者　田中

(1) X に入れることばとして最も適当なのは、ア～エのうちではどれですか。一つ答えなさい。（　）

ア　あわよくば　イ　あいにく　ウ　案の定　エ　あながち

(2) 「聞いて」とあるが、「聞く」を、ここで用いるのにふさわしい一語の敬語に直し、終止形で書きなさい。（　）

(3) Y に入れるのに適当なことばを、十字以内で書きなさい。

(4) 田中さんの電話の応対とメモの取り方について説明したものとして**適当でない**のは、ア～エのうちではどれですか。一つ答えなさい。（　）

ア　伝言すべき内容を正確に把握するため、相手のことばを復唱することで内容に誤りがないかを確認している。

イ　電話をかけてきた他社の人に話をするときは、上司であっても自社の人に対する敬称や敬語は省略している。

ウ　電話の用件をわかりやすく上司に伝えるため、伝言メモには聞き取った情報のすべてを詳細に記録している。

エ　内容を素早く記録できるよう伝言メモを箇条書きにしたり、大切な情報に波線を引いたりして整理している。

国語

時間　四五分
満点　七〇点

（注）　字数が指定されている設問では、「、」や「。」も一ます使いなさい。

1　次の①～④に答えなさい。

①　(1)～(4)の――の部分について、(1)、(2)は漢字の読みを書きなさい。また、(3)、(4)は漢字に直して楷書で書きなさい。

(1)　ボールを取り損なった。（　　　なった）

(2)　私は運動会で敢闘賞を受賞した。（　　　）

(3)　事態のスイイを見守る。［　　］

(4)　ケワしい山道を進む。［　］しい

②　(1)、(2)の慣用句と最も近い意味をもつ熟語は、ア～エのうちではどれですか。それぞれ一つ答えなさい。

(1)　さじを投げる（　　）

ア　安心　　イ　満足　　ウ　後悔　　エ　断念

(2)　石橋をたたいて渡る（　　）

ア　慎重　　イ　平然　　ウ　緊張　　エ　無謀

③　次の［ア］～［オ］に助詞一語を入れて文章を完成させるとき、「も」を入れるのが適当なのは、ア～オのうちではどれですか。当てはまるものをすべて答えなさい。（　　）

兄［ア］私は絵を描くのが好きで、毎年絵画コンクールに応募している。二人とも、去年まで一度［イ］入選したことはなかった。今年、私はまた残念な結果に終わったが、去年までの悔しさを糧（かて）にすばらしい絵を描きあげた兄［ウ］、はじめての入選を果たした。兄は、来年［エ］入選するような作品を描こうと今から意気込んでいる。来年［オ］兄と私の二人で、そろって入選するという夢をかなえたい。

④　会社で受付業務をしている田中さんは、取引先の石川さんから電話で上司への伝言を依頼された。次の【電話での会話】と、田中さんが電話をしながら書き取った【伝言メモ】を読んで、(1)～(4)に答えなさい。

【電話での会話】

田中　お待たせしました。ミナミ商事、総務部の田中でございます。

石川　ヒガシ電機の石川と申します。いつもお世話になっております。先日の打ち合わせでは、松本部長にも参加いただき、ありがとうございました。松本部長はいらっしゃいますか。

田中　石川様ですね。こちらこそ、いつもお世話になっております。［X］松本は会議のため席を外しております。戻りましたら、こちらから連絡を差し上げましょうか。

石川　はい。今度発売する新商品について、ご相談したいことがありますので、本日中に連絡をいただけると助かります。

田中　かしこまりました。恐れ入りますが、連絡先を聞いてよろしいですか。

石川　はい。１２３の４５６７番、ヒガシ電機の石川まで電話をくださるようお願いします。

田中　１２３の４５６７番、ヒガシ電機の石川様ですね。では、本日中に電話するよう、松本に申し伝えます。総務部の田中がお受けしました。

石川　よろしくお願いします。では、失礼いたします。

2020年度／解答

数　学

1 【解き方】① 与式$=-3+8=5$

② 与式$=-\frac{2}{3}\times\frac{9}{4}=-\frac{3}{2}$

③ 与式$=-4-7=-11$

④ 与式$=\frac{6a^3b^2}{2a^2b\times b}=3a$

⑤ 与式$=\frac{3\times5}{\sqrt{5}}-\sqrt{2^2\times5}=3\sqrt{5}-2\sqrt{5}=\sqrt{5}$

⑥ 与式$=x^2-8^2=(x+8)(x-8)$

⑦ 解の公式より，$x=\frac{-3\pm\sqrt{3^2-4\times2\times(-1)}}{2\times2}=\frac{-3\pm\sqrt{17}}{4}$

【答】① 5　② $-\frac{3}{2}$　③ -11　④ $3a$　⑤ $\sqrt{5}$　⑥ $(x+8)(x-8)$　⑦ $(x=)\ \frac{-3\pm\sqrt{17}}{4}$

2 【解き方】① △OBC は二等辺三角形だから，△OBC の内角と外角の関係より，$\angle OBC=50°\div2=25°$

② $\sqrt{9}<\sqrt{10}<\sqrt{16}$ より，$3<\sqrt{10}<4$　よって，$\sqrt{10}$ の小数部分は，$\sqrt{10}-3$ より，ア。

③ ア，ウ，エは中央値が含まれる階級が明らかに 16 以上 19 未満の階級ではない。よって，イ。

⑤ 右図のように AB，BC，CA のうち 2 つの線分の垂直二等分線の交点が，円の中心となる。

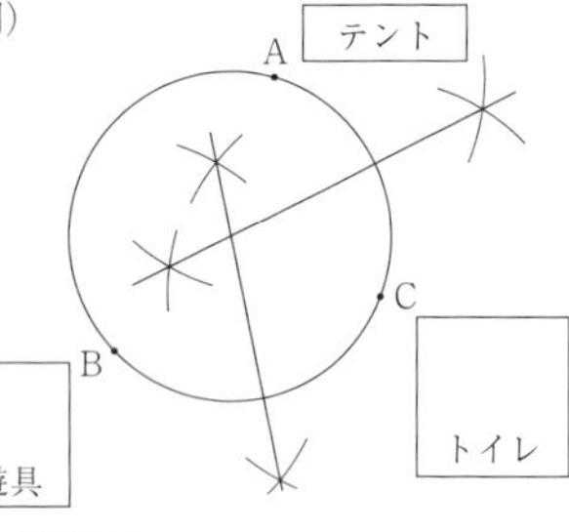

【答】① 25°　② ア　③ イ

④ (連続する 2 つの自然数のうち，小さい方を n とすると，大きい方は $n+1$ と表される。このとき，) それぞれを 2 乗した数の和が 25 になるから，$n^2+(n+1)^2=25$ が成り立つ。展開して，$n^2+n^2+2n+1=25$ より，$2n^2+2n-24=0$　$n^2+n-12=0$ より，$(n+4)(n-3)=0$ よって，$n=-4,\ 3$　n は自然数だから，$n=3$　したがって，求める 2 つの自然数は 3 と 4

⑤ (前図)

3 【解き方】① (1) $xy=50$ より，$y=\frac{50}{x}$　(2) $y=(5+x)\times2$ より，$y=2x+10$

② グラフが原点を通るのは A，B。y 軸を対称の軸として線対称なのは A，y が x に比例するのは B，x の値が 2 倍，3 倍…となると，y の値が $\frac{1}{2}$ 倍，$\frac{1}{3}$ となるのは D。よって，○が 2 つ入るのは A と B。

③ 関数 C のグラフは，傾きが$-\frac{1}{2}$ だから，$c=-\frac{1}{2}$ より，関数 C の式は，$y=-\frac{1}{2}x+d$　また，関数 B の式に，$x=1$ を代入して，$y=b$ より，関数 B，C のグラフの交点の座標は，$(1,\ b)$ と表せる。よって，2 直線は右図のようになり，色をつけた部分の面積が 2 であることから，$\frac{1}{2}\times d\times1=2$ より，$d=4$　さらに，$y=-\frac{1}{2}x+4$ に，$x=1$ を代入して，$y=-\frac{1}{2}+4=\frac{7}{2}$ だから，$b=\frac{7}{2}$

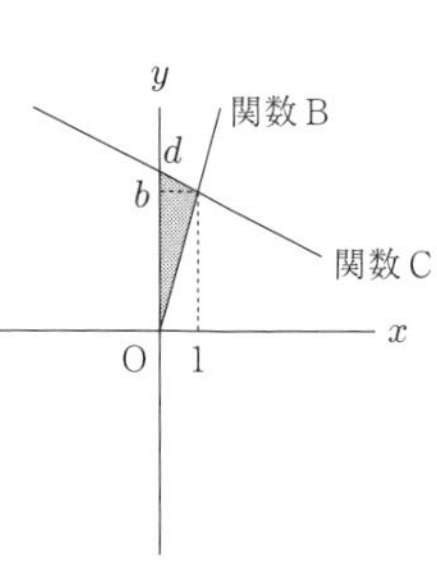

【答】① (1) ($y=$) $\frac{50}{x}$　(2) ($y=$) $2x+10$　② A，B　③ ($b=$) $\frac{7}{2}$　($c=$) $-\frac{1}{2}$　($d=$) 4

4 【解き方】① 確率が $\frac{1}{2}$ というのは，2回に1回の割合で必ず起こることを意味するのではないので，ウ。

② ○と×の出方は，(1回目，2回目)＝(○，○)，(○，×)，(×，○)，(×，×)の4通り。このうち，ちょうど1回○が出るのは，下線を引いた2通り。

③ くじを4回引くとき，○と×の出方は，(1回目，2回目，3回目，4回目)＝(○，○，○，○)，(○，○，○，×)，(○，○，×，○)，(○，○，×，×)，(○，×，○，○)，(○，×，○，×)，(○，×，×，○)，(○，×，×，×)，(×，○，○，○)，(×，○，○，×)，(×，○，×，○)，(×，○，×，×)，(×，×，○，○)，(×，×，○，×)，(×，×，×，○)，(×，×，×，×)の16通り。このうち，ちょうど2回○が出るのは，下線を引いた6通りだから，求める確率は，$\frac{6}{16}=\frac{3}{8}$

【答】① ウ　② 2　③ $\frac{3}{8}$

5 【解き方】① $2\times\pi\times12\times\frac{90}{360}=6\pi$ (cm)

② $\pi\times12^2\times\frac{90}{360}=36\pi$ (cm^2)

③ (1) 円Oの半径を r cmとすると，円すいの底面の円周と側面になるおうぎ形の弧の長さは等しいから，$2\pi r=6\pi$　よって，$r=3$ より，$\mathrm{AO}=12+3=15$ (cm)　(3) AB＝12cm，$\mathrm{AD}=12+3=15$ (cm)より，AB：AD＝12：15＝4：5

④ 円O′の半径を x cmとすると，円O′の円周の長さは $2\pi x$ cmとなり，これがおうぎ形FGJの弧の長さと等しいので，$2\times\mathrm{FG}\times\pi\times\frac{90}{360}=2\pi x$ が成り立つ。これを解いて，$\mathrm{FG}=4x$ (cm)　よって，円錐の底面の円の半径は x cm，母線は $4x$ cmなので，三平方の定理より，$15^2+x^2=(4x)^2$ が成り立つ。移項して，$15x^2=225$ より，$x^2=15$　$x>0$ より，$x=\sqrt{15}$　したがって，$\mathrm{FG}=4\sqrt{15}$cm，$\mathrm{FI}=5\sqrt{15}$cm

【答】① 6π (cm)　② 36π (cm^2)
③ (1) 15 (cm)　(2) 円Oの半径が3cmだから，BP＝3cm　よって，$\mathrm{AP}=12-3=9$ (cm)　△APOについて三平方の定理より，$9^2+\mathrm{OP}^2=15^2$ だから，$\mathrm{OP}^2=144$　$\mathrm{OP}>0$ より，OP＝12cm　(3) 4：5
④ (FG＝) $4\sqrt{15}$ (cm)　(FI＝) $5\sqrt{15}$ (cm)

6 【解き方】① 2個のフレームを重ねずに並べると，全体の長さは，$60\times2=120$ (cm)だから，重なりの長さは，$120-100=20$ (cm)

② 重なりの部分の数は，並べたフレームの数より1少なくなる。よって，a を求めるための方程式は，$60\times56-55a=2700$ より，$3360-55a=2700$　これを解いて，$a=12$

③ (1) 4つに分けた1つの部分に並ぶフレームの数は，$56\div4=14$ (個)だから，1つの部分の長さは，$60\times14-13b=840-13b$ (cm)　よって，$(840-13b)\times4+170\times3=2700$ が成り立つ。これを整理して，$52b=1170$ より，$b=22.5$　(2) 間隔の幅を x cmだけ短くすると，全体で $3x$ cm短くなる。また，フレームの重なりの部分は，$13\times4=52$ (か所)あり，52か所で $3x$ cmを等分に短くするから，b cmと比べて $\frac{3}{52}x$ cm短くすればよい。

【答】① 20 (cm)　② (1) $n-1$　(2) $3360-55a$　(3) 12　③ (1) ($b=$) 22.5 (cm)　(2) $\frac{3}{52}x$ (cm)

英　語

1 【解き方】問題A. ⑴ 皿を洗っているのはリカ。⑵ 黒板の「食事開始」の時刻を見る。⑶ 壁に時計が見える。
問題B. ⑴ ジョージは「兄（弟）が先週それ（財布）を僕に買ってくれた」と言っている。質問が過去形であることに注意。⑵ ニックは「母に電話をする必要がある」と言っている。
問題C. ⑴ (あ) ～ years old =「～歳」。山田選手は5歳のとき父親がサッカーを教えてくれたと言っている。(い) 山田選手がスペインの人々と話すことはとてもわくわくすると言っていることから,「あなたのようにそこの人々と話したい」とする。「～と話す」= talk with ～。⑵ 山田選手は「あなたにとっておもしろいことをするべきです。あなた方は何をしますか？」と質問している。自分が興味のあることで，しようと思うことを答える。解答例は「(私は)本を読みます」。

【答】問題A. ⑴ エ　⑵ ウ　⑶ イ　問題B. ⑴ エ　⑵ ウ
問題C. ⑴ (あ) five　(い) talk　⑵（例）will read books

◀全訳▶　問題A.
⑴ だれが皿を洗っていますか？
⑵ いつ生徒たちは食べ始める予定ですか？
⑶ 壁には何が見えますか？
問題B.
⑴
A：リサ，見て！　これは僕の新しい財布だよ。
B：それはかっこいいわね，ジョージ。あなたがそれを買ったの？
A：ううん，僕の兄（弟）が先週僕に買ってくれたんだ。
B：本当？　それはあなたの誕生日のためだったの？
A：うん。
質問：ジョージは兄（弟）に財布を買いましたか？
⑵
A：シンディ，君の助けが必要なんだ。
B：いいわよ，ニック。それは何？
A：君の電話を借りていい？　母に電話をする必要があるんだ。
B：あなたの電話はどうしたの？
A：ええっと，今日は電話を持ってこなかったんだ。
質問：ニックは何をしたいのですか？
問題C.
A：山田選手，今日はご参加いただきありがとうございます。では，あなたはいつサッカーを始めましたか？
B：ああ，僕が5歳のとき，父が僕にサッカーのし方を教えてくれました。
A：わかりました。ところで，スペインでの生活はいかがですか？
B：とても気に入っています！　スペインの文化はおもしろいです。試合がないとき，僕はときどき街を散歩します。ここの人たちと話すことはとてもわくわくします。
A：すてきですね。それでは日本の若者に言いたいことはありますか？
B：そうですね，あなたにとっておもしろいことをするべきです。みなさん，あなた方は何をしますか？

2 【解き方】① ⑴ (あ) 家を建てる人は「大工」。(い) スポーツをするときに使われ，人々が投げたり打ったりするものは「球」。⑵ (う) between A and B =「AとBの間に」。月曜日と水曜日の間にあるのは「火曜日」。(え) 体の一部で帽子をかぶるのは「頭」。

② (お)「～の出身だ」= be from ～。(か)「勉強する」= study。三単現の形にする。(き)「メルと呼ばれる犬」= a dog called Meru。過去分詞以下が後ろから名詞を修飾する形。

③ (1) 直後でヒロが「動物」の名前を答えている。(2) (け) 直前のユキの質問に合わせて，現在進行形〈be 動詞＋～ing〉で答える。(こ) castle（城）が主語なので受動態〈be 動詞＋過去分詞〉で表す。「100 年ほど前」とあるので時制は過去。build の過去分詞は built。

【答】① (1) (あ) エ　(い) ア　(2) (う) Tuesday　(え) head

② (例) (お) is from　(か) studies　(き) called　③ (1) animals　(2) (け) are making　(こ) was built

◀全訳▶　③

ユキ：あなたに英語の絵本を読みましょう。この絵を見てください。村に 3 匹の動物がいます。彼らは何でしょうか？

ヒロ：ライオン，ウマ，パンダです！

ユキ：その通り。ある日，ライオンがウマとパンダに「私は他の村を訪れたいが，二つの村の間に川があるからできない」と言います。さあ，次のページに行きましょう。彼らは何をしていますか？

ヒロ：彼らは今，橋を作っています。

ユキ：そうです。それは丈夫な橋になるでしょう！　それから，彼らは橋の上を走り始めます。次に何が起こるでしょうか？

ヒロ：わあ！　美しい城だ！

ユキ：この城は 100 年ほど前に建てられました。

ヒロ：さあ，彼らは次に何をするのだろう？

3 【解き方】(あ) clean =「きれいな」。(い) popular =「人気がある」。(う) expensive =「値段が高い」。

【答】(あ) カ　(い) エ　(う) ア

◀全訳▶

レストランの名前	書き込み者の名前	批評	評価
ブルームーン	アレックス	このフランス料理店は新しくきれいです。他の場所でそのような素晴らしい肉を見つけることはできません。シェフはとても親しみやすいです。	★★★★ (4.0)
グリーンハウス	ララ	もしあなたがギリシアの料理を食べたことがないなら，このレストランを試してみるとよいでしょう。ここはとても人気があり，人々はここの魚が大好きです。昨日，私たちが入る前，1 時間以上待たなければなりませんでした。	★★★★★ (5.0)
ヤマオカ	トッド	私はここで鶏の天ぷら付きの日本の麺を食べてとても楽しみました。それらは高くありません。もしヤマオカに行くなら，駅から歩くのは長い時間がかかるので，車が必要です。	★★★ (3.0)
⋮	⋮	⋮	⋮

4 【解き方】① (あ)「それ（図書館の特別イベント）はあなたが好きな本をたくさんの人に示す機会です」とする。a chance to show ～ =「～を示す機会」。形容詞的用法の不定詞。(お) 特別イベントでは自分の好きな本についてスピーチをする。「大好きな」= favorite。

② (い)「もしあなたの本が選ばれたら」とする。受動態〈be 動詞＋過去分詞〉の文。choose（選ぶ）の過去分詞は chosen。(え) 特別イベントは 5 月 6 日に行われる。マリがリーにあてた電子メールの前半に，「市立図書館で来月行われる特別イベント」とあるので，現在は 4 月。スミス先生の説明の最終段落に「今月末までに図書館に電子メールを送ってください」とあるので，締切は 4 月 30 日。

③ Why don't you ～? =「～しませんか？」。直後の文から，マリがリーを誘っていることがわかる。

④ 午後に歯医者に行くため正午前には図書館を出なければいけないリーが，マリに尋ねたいことを考える。解

答例は「それはいつ終わりますか？」。

【答】 ① ウ　② (い) chosen　(え) April　③ イ　④ (例) When will it finish

◀全訳▶

■　スミス先生の説明

あなた方によい知らせがあります。市立図書館が5月6日の10時から11時まで特別イベントを行います。

あなたは好きな本を持ってきて，それについて他の人々に英語でスピーチをすることができます。すべてのスピーチを聞いた後で，みんなが自分の読みたい本を選びます。それからそれに投票します。もしあなたの本が最多数の票を得れば，あなたはプレゼントをもらえます。これは，自分が読んだ本について他の人と話すことが好きな人に特に適しています。

もし興味があれば，今月末までに図書館に電子メールを送ってください。あなた方がこのイベントに参加することを願っています。

■　マリが友人のリーにあてた電子メール

こんにちは，リー，

元気ですか？　今日スミス先生が，来月市立図書館で開かれる特別イベントについて私たちに教えてくれました。あなたが好きな本をたくさんの人に示す機会です。もしあなたの本がそこにいる人の中で最も人気のあるものに選ばれたら，プレゼントをもらえます。

私は5月6日の10時に図書館に行くつもりです。私と一緒に来ませんか？　あなたが来られるなら私はうれしいです。それに参加するために私は4月30日までに図書館に電子メールを送る必要があります。私に電子メールの返事をください。

あなたの友達，
マリ

■　リーからマリへの返信メール

こんにちは，マリ，

元気ですか？　イベントについて私に教えてくれてありがとう。私はそれに興味があります。私は自分の大好きな本について人々に話したいです。

私はその日の午後に歯医者に行かなければならないので，正午前には出ます。(それはいつ終わりますか)？
あなたと一緒に行けたらいいなと思います。

さようなら，
リー

5 **【解き方】** ①「花火の始まり」→「日本での最初の花火」→「今日の花火」の順。

② (あ) 直後に「それは約750メートルの高さまで上がる。その花火は夜空で花のように見えるだろう」とある。
(い) 直後に「それは約220メートルの高さまで上がる。空にネコの顔の形が見えるだろう」とある。

③ (う)「空で花火がどのように見えるか」という意味の間接疑問文を完成させる。「～に見える」= look ～。(え) より多くの人々を引きつけるために，何をすることが大切か。直後で新しい技術の導入について述べているので，花火の見せ方を「変える」ことが大切であるとする。it is ～ to … =「…することは～だ」。the way to ～＝「～する方法」。

④「あなたは花火師として働くことが好きですか？」。岡さんに対して尋ねた質問。岡さんのOf course!（もちろん！）という返答の直前が適当。

⑤ 直前のジョーの発言の1文目の内容をまとめる。

⑥ ア.「花火について書かれた英文」の第1段落の後半に「14世紀にイタリアのお祭りで最初の花火が打ち上げられた」とある。イ.「花火について書かれた英文」の最終段落の前半に「人々は友達や家族と1年中花火を楽しむことができる」とある。ウ.「岡さんの会社は毎年秋に打ち上げ花火の玉を作り始める」。「岡さんから聞いた話」の第1段落を見る。正しい。エ.「岡さんから聞いた話」の第3段落の前半に「伝統的な日本の花火を使い続けることは大切だが，新しい技術を導入して花火の見せ方を変えることも大切だ」と言っている。新しい技術の方が大切であるとは述べられていない。オ.「岡さんはアメリカでの経験の後に花火師になることを決めた」。「岡さんとの会話の一部」の最後の岡さんの発言を見る。正しい。

【答】 ① イ→ウ→ア ② (あ) ア (い) エ ③ ウ ④ ウ ⑤ 外国の花火も使われる（同意可） ⑥ ウ・オ

◀全訳▶

■ 花火について書かれた英文

花火の起源についてはさまざまな考え方があり，ここでそのうちの一つを紹介します。古代の中国で，人々はお互いとの長距離コミュニケーションのために信号として使う火を用い，それが花火の始まりでした。14世紀には，イタリアのお祭りで最初の花火が打ち上げられ，そこの人々はそれらを楽しみました。花火はすぐにヨーロッパ中に導入されました。

花火がいつ日本に導入されたか知っていますか？　花火は16世紀の中ごろに日本にもたらされたと言う人々がいます。それらは16世紀の終わりに日本で初めて打ち上げられました。それ以来，花火を見ることは人気があります。

花火を見るためのたくさんのお祭りが世界中にあります。人々は友達や家族と1年中花火を楽しむことができます。例えば，多くの国々では，人々は12月31日に花火を見ます。日本では，夏の間ほとんど毎日，たくさんの異なる場所で花火大会が開かれます。アメリカでは，人々はふつう7月4日に花火を楽しみます。

■ 岡さんから聞いた話

私の仕事は花火を作り，売り，打ち上げることです。私たちの会社は，翌年の夏のお祭りのため，毎年秋に打ち上げ花火の玉を作り始めます。

日本にはたくさんの種類の花火があります。そうですね，あの打ち上げ花火の玉を見てください。それは420キログラムあり，高さ約750メートルまで上がります。その花火は夜空で花のように見えるでしょう。この玉を見てください。それは1.8キログラムで高さ約220メートルまで上がります。これを使うと，空にネコの顔の形が見えるでしょう。花火が打ち上げられる前，私たちはそれらの空での形を見ることができないので，私たちは打ち上げ花火の玉を作るとき，空で花火がどのように見えるのかを想像することが必要です。それが難しい部分です。

日本の花火は伝統芸術だと私は思います。私たちは多くの人々に花火について知ってほしいです。伝統的な日本の花火を使い続けることは大切です。より多くの人々を引きつけるために，花火を見せる方法を変えることも大切です。例えば，私たちは新しい技術を導入しました。音楽に合わせて花火を見せるのです。この種の特別なショーをするとき，私たちは多くのことを覚えていなければなりません。私たちはいつどこで花火を打ち上げればよいのか？　花火はどれくらい高く上がればよいのか？　音楽に合わせて，空で花火の色や形はどのように変わればよいのか？

日本の花火はとても素晴らしいので，世界中のたくさんの人々に愛されています。日本の花火は世界一だと私は信じています。

■　岡さんとの会話の一部

ジョー　：ありがとうございます，岡さん。今や，私たちは花火により興味を持っています。では，いくつかあなたに質問していいですか？

岡さん　：もちろんです！

ジョー　：私は日本のいくつかの花火大会では外国の花火も使われていることを知っています。この状況についてどうお考えですか？

岡さん　：それは悪いことではないと思います。私たちはよりよい日本の花火を作るために，さらに一生懸命に取り組むだけです。そうすればあなたたちはより素晴らしい花火を楽しむことができますね。

ソウスケ：わかりました。あなたは花火師として働くことが好きですか？

岡さん　：もちろんです！　最初，私は花火師になりたいと思っていませんでした。しかし，アメリカであるお祭りに行ったとき，日本製の花火に驚きました。そこにいたたくさんの人々もそれらを見て興奮していました。この経験から，私は考えを変え，花火師になりました。花火は世界の人々を幸せにする力があると私は信じています。私にとってそれが花火を作る最もよい部分です。

国　語

1 【解き方】② (1) あきらめて見放すこと。(2) 用心深く物事を進めること。

③ アには「と」，ウには「は」または「が」，オには「は」がそれぞれ入る。

④ (1)「松本部長はいらっしゃいますか」という問いかけに対し「席を外しております」と答えているので，相手の希望に応えられない時の「残念ながら」という意味を持つ語を選ぶ。(2)「聞いて」の動作主は田中さん自身なので，謙譲語にする。(3) 田中さんが，「松本に申し伝えます」と言っている内容に着目する。(4) 田中さんは，石川さんの言った「先日の打ち合わせでは…ありがとうございました」といった内容についてはメモにとっていない。要点のみ簡潔にメモしている点にも注目。

【答】① (1) そこ(なった)　(2) かんとう　(3) 推移　(4) 険(しい)　② (1) エ　(2) ア　③ イ・エ

④ (1) イ　(2) うかがう　(3) 本日中に電話する (同意可)　(4) ウ

2 【解き方】①「霰が砕け散らばる様子を…心象風景として詠んでいる」ことをおさえる。

②「対比」と続くので，前の「静寂」との対比となる語を選ぶ。

③ 直前の「白く，丸く，輝きを持つものという共通点から…互いに絡み合い，強調するように詠んでいる」という説明に注目。

④ (1) A は，解説文でⅡの歌の「霰ふり」の部分は「霰が降って…飛び散らばる」様子を詠んだものだと述べていることと，「千鳥鳴く」の共通点を考える。B・C は，歌の中から「白色」のものをさがす。(2)「以上のことから」とあるので，Ⅰの歌とⅡの歌，Ⅱの歌とⅢの歌で共通して詠まれているそれぞれの事象に着目する。また解説文で，Ⅱの歌は「白一色の世界」と，「霰」が音を立ててその静寂を破る様子を詠んでいると説明している。

【答】① 千々に思い乱れる　② ウ　③ X．共通点　Y．組み合わせ

④ (1) ア　(2) 音も白色も詠んでいる (同意可)

3 【解き方】① X．徳井が「したくない」と言ったことに対して，じいちゃんは首を横に振っている。Y．思い悩んでいる徳井に，じいちゃんが「恩返しをしたいなら…しかないんじゃないか？」と言ったことをふまえてさがす。

②「息をのむ」とあるので，「ひきとめてほしかったんじゃないか」とじいちゃんに言われて徳井は驚いている。さらに，「なに言ってんだよ？」以上に，ひきとめてほしかったことを否定することばが続けられないでいることもあわせて考える。

③ 徳井が「ふたりでやろう，と…繰り返しておきながら」と思い返し，言いたいことが決まっていることをふまえて，「おれ，断るよ」「おれが，そうしたいんだ」と魚住に伝えている会話に着目する。

④「おれ，断るよ」と聞いて，「おれのことは気にしないでって言ってるのに」と言ったことから考える。

⑤ 徳井から「魚住のせいじゃない」「いい椅子を作ろう…ふたりで」と目をそらさずに言われたことと，そのあとの「小学生みたいに傘を振り回しながら，道の先へと歩き出す」という楽しそうな様子に着目する。

⑥「徳井も魚住も，まだ一人前の職人とはいえない…確かに大変だろう」と認めながらも，「少しずつでも前に進んでいけばいい」「ふたり並んで晴れやかな気持ちで世界を見渡せる日が，来るかもしれない」と前向きな描写へつなげている。

【答】① X．魚住を見捨てる　Y．いい椅子を作る　② イ　③ これからも魚住とふたりで，椅子を作りたい

④ 自分に遠慮して断る (同意可)　⑤ イ　⑥ エ

4 【解き方】① ⓐでは，「わたしたちは…都合のいいように解釈するという操作を行いがち」であることに加えて，「その根拠になるものが…皆がそう言っている」ことを挙げ，「だれをも納得させること」はできない理由を述べている。ⓓは，「おなじ性格を持っているかのように」という比喩の表現につながる語が入る。

② 直後の段落で，ステレオタイプの問題点について，「ステレオタイプ的な思考や発想によって…一対一の対

等な人間関係が取り結べなくなってしまうこと」「コミュニケーションが阻害され，信頼ある人間関係が樹立できなくなることを指摘している。

③ 対話では「立場や意見の違う人」と向き合うように，文化の対立では「互いに異なるものが衝突し，そこに…発見や喜びが生じる」と述べている。

④ X.「『日本人の文化』というとき」の例を挙げ，概念は「個人一人ひとり」が持っているイメージによるもので，そのイメージは「個人の感じ方や…価値観」から来るものだと述べていることをふまえてさがす。Y.「この」とあるので，直前の「いつのまにか…同じイメージを持っているだろうと思い込んでしまうところ」に注目。

⑤ 対話は「さまざまな…お互いの主張を重ね合わせていく」行為であることや，「枠組みで個人を類型化してとらえるのではなく，一人ひとりの自律した個人として認める」という「個の文化」の考え方を述べた上で，「このように考えれば…わたしたちは，一人ひとりの感じ方や考え方あるいは価値観の差異を超えて，ともに生きることができる」とまとめている。

【答】 ① ウ　② 信頼ある人間関係　③ ア

④ X. 個人の認識　Y. イメージが同じだと錯覚する（13字）（同意可）　⑤ ウ

2025年度受験用
公立高校入試対策シリーズ(赤本) ラインナップ

入試データ	前年度の各高校の募集定員,倍率,志願者数等の入試データを詳しく掲載しています。
募集要項	公立高校の受験に役立つ募集要項のポイントを掲載してあります。ただし,2023年度受験生対象のものを参考として掲載している場合がありますので,2024年度募集要項は必ず確認してください。
傾向と対策	過去の出題内容を各教科ごとに分析して,来年度の受験について,その出題予想と受験対策を掲載してあります。予想を出題範囲として限定するのではなく,あくまで受験勉強に対する一つの指針として,そこから学習の範囲を広げて幅広い学力を身につけるように努力してください。
くわしい解き方	模範解答を載せるだけでなく,詳細な解き方・考え方を小問ごとに付けてあります。解き方・考え方をじっくり研究することで応用力が身に付くはずです。また,英語長文には全訳,古文には口語訳を付けてあります。
解答用紙と配点	解答用紙は巻末に別冊として付けてあります。 解答用紙の中に問題ごとの配点を掲載しています(配点非公表の場合を除く)。合格ラインの判断の資料にしてください。

府県一覧表

3021 岐阜県公立高
3022 静岡県公立高
3023 愛知県公立高
3024 三重県公立高【後期選抜】
3025 滋賀県公立高
3026-1 京都府公立高【中期選抜】
3026-2 京都府公立高【前期選抜 共通学力検査】
3027-1 大阪府公立高【一般選抜】
3027-2 大阪府公立高【特別選抜】
3028 兵庫県公立高
3029-1 奈良県公立高【一般選抜】
3029-2 奈良県公立高【特色選抜】
3030 和歌山県公立高
3033-1 岡山県公立高【一般選抜】
3033-2 岡山県公立高【特別選抜】
3034 広島県公立高
3035 山口県公立高
3036 徳島県公立高
3037 香川県公立高
3038 愛媛県公立高
3040 福岡県公立高
3042 長崎県公立高
3043 熊本県公立高
3044 大分県公立高
3046 鹿児島県公立高

滋賀県特色選抜・学校独自問題

2001 滋賀県立石山高
2002 滋賀県立八日市高
2003 滋賀県立草津東高
2004 滋賀県立膳所高
2005 滋賀県立東大津高
2006 滋賀県立彦根東高
2007 滋賀県立守山高
2008 滋賀県立虎姫高
2020 滋賀県立大津高

京都府前期選抜・学校独自問題

2009 京都市立堀川高・探究学科群
2010 京都市立西京高・エンタープライジング科
2011 京都府立嵯峨野高・京都こすもす科
2012 京都府立桃山高・自然科学科

2025 年度受験用

公立高校入試対策シリーズ 3033-2

岡山県公立高等学校
(特別入学者選抜)

別冊

解答用紙

- この冊子は本体から取りはずしてご使用いただけます。
- 解答用紙（本書掲載分）をダウンロードする場合はこちら↓
  https://book.eisyun.jp/

※なお，予告なくダウンロードを終了することがあります。

英俊社

●解答用紙の四隅にあるガイドに合わせて指定の倍率で拡大すると，実物とほぼ同じ大きさでご使用いただけます（一部例外がございます）。

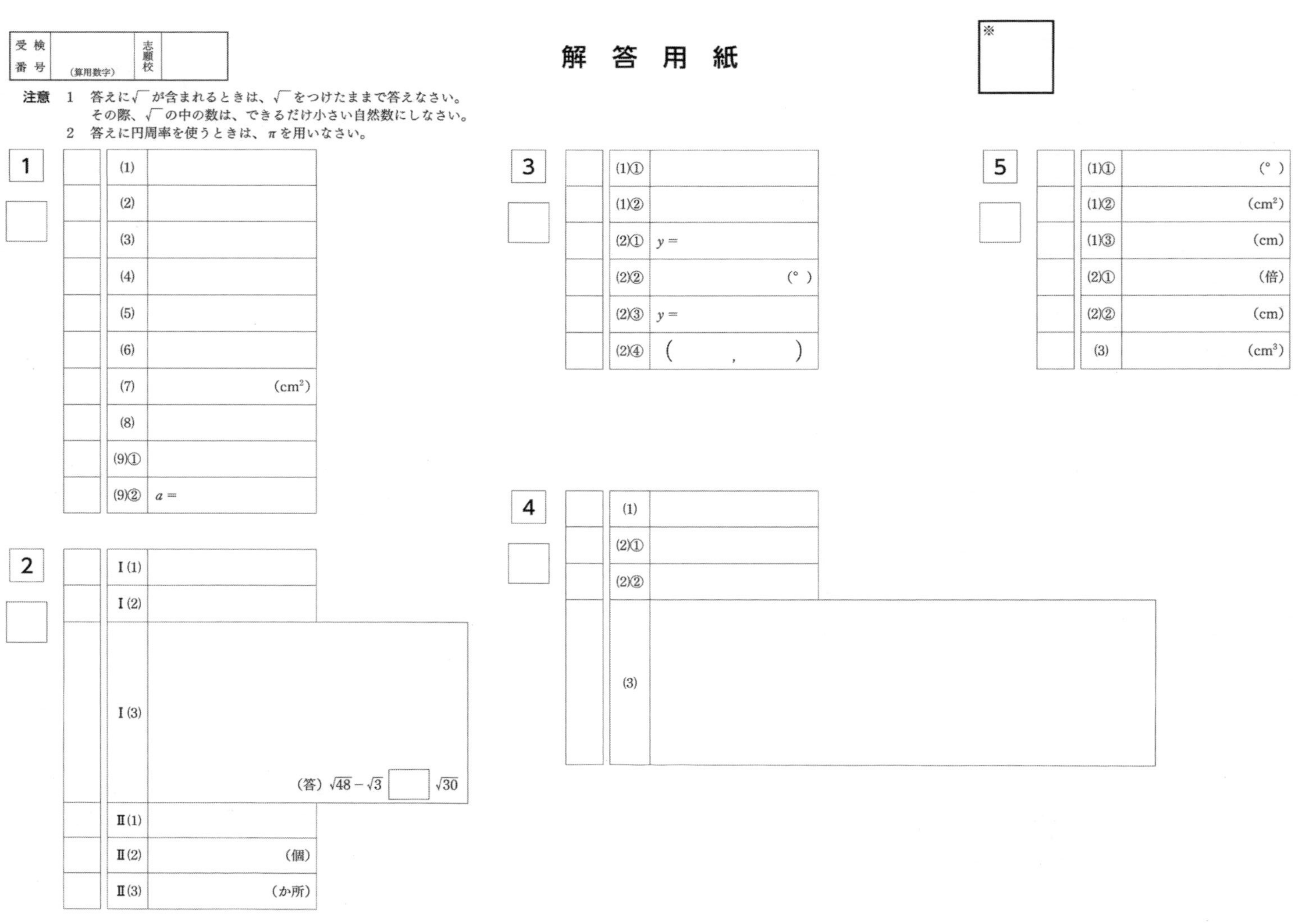

受検番号（算用数字）　志願校

解答用紙

※

注意　1　答えに√が含まれるときは、√をつけたままで答えなさい。その際、√の中の数は、できるだけ小さい自然数にしなさい。
2　答えに円周率を使うときは、πを用いなさい。

1

(1)	
(2)	
(3)	
(4)	
(5)	
(6)	
(7)	(cm²)
(8)	
(9)①	
(9)②	a =

2

I (1)	
I (2)	
I (3)	(答) √48 − √3 □ √30
II (1)	
II (2)	(個)
II (3)	(か所)

3

(1)①	
(1)②	
(2)①	y =
(2)②	(°)
(2)③	y =
(2)④	(,)

4

(1)	
(2)①	
(2)②	
(3)	

5

(1)①	(°)
(1)②	(cm²)
(1)③	(cm)
(2)①	(倍)
(2)②	(cm)
(3)	(cm³)

※実物の大きさ：195% 拡大（A3 用紙）　※個別の配点は非公表。

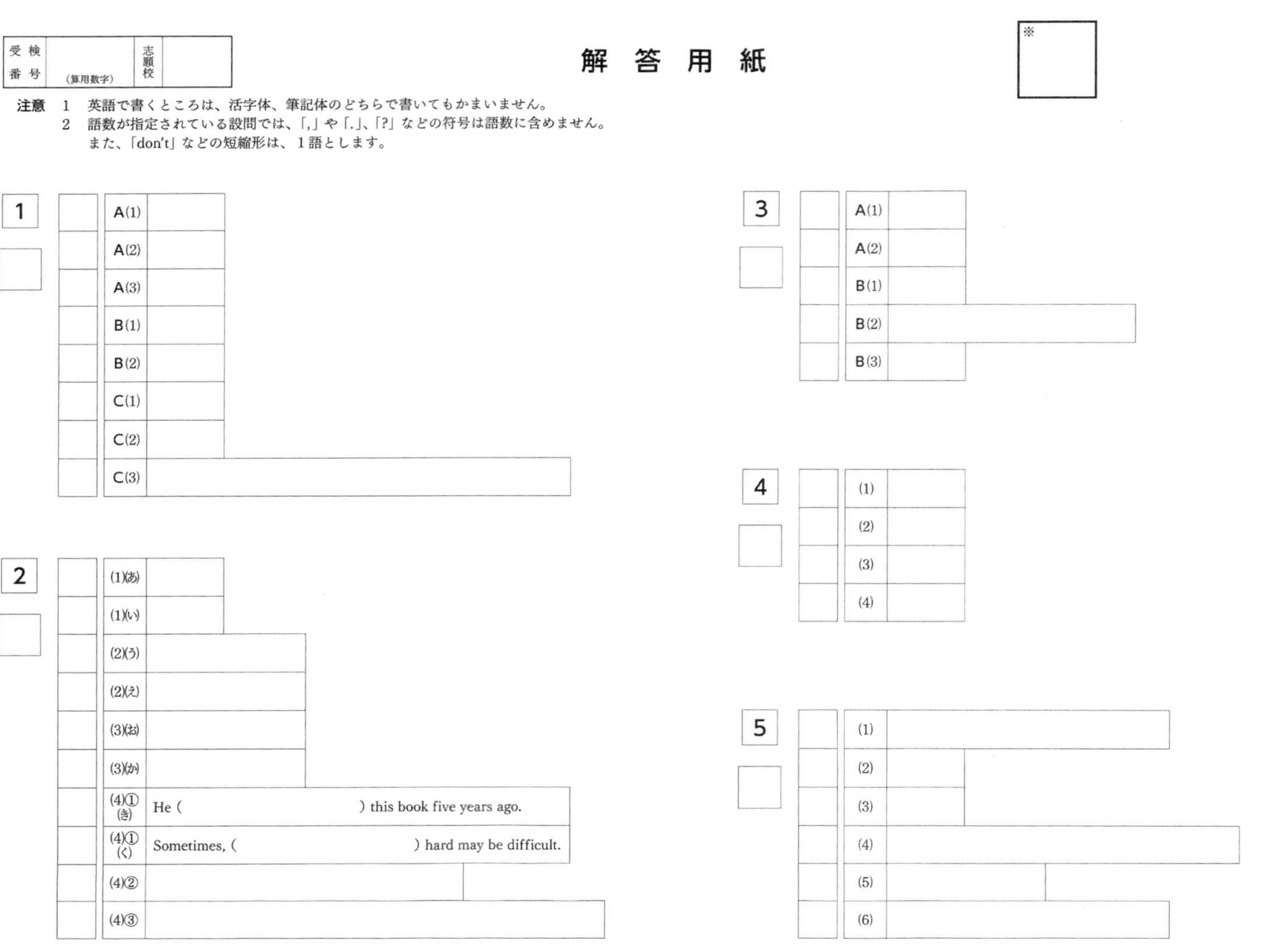

解答用紙

受検番号	（算用数字）	志願校	

※

注意　1　英語で書くところは、活字体、筆記体のどちらで書いてもかまいません。
2　語数が指定されている設問では、「,」や「.」、「?」などの符号は語数に含めません。
また、「don't」などの短縮形は、1語とします。

1

A(1)	
A(2)	
A(3)	
B(1)	
B(2)	
C(1)	
C(2)	
C(3)	

2

(1)(あ)	
(1)(い)	
(2)(う)	
(2)(え)	
(3)(お)	
(3)(か)	
(4)①(き)	He (　　　) this book five years ago.
(4)①(く)	Sometimes, (　　　) hard may be difficult.
(4)②	
(4)③	

3

A(1)	
A(2)	
B(1)	
B(2)	
B(3)	

4

(1)	
(2)	
(3)	
(4)	

5

(1)	
(2)	
(3)	
(4)	
(5)	
(6)	

※実物の大きさ：195% 拡大（A3 用紙）

※個別の配点は非公表。

解答用紙

受検番号	(算用数字)	志願校	

※

注意　字数が指定されている設問では、「、」や「。」も一ます使いなさい。

1

(1)①
(1)②　つた
(1)③
(1)④　す
(2)
(3)
(4)①
(4)②
(5)①
(5)②
(5)③
(5)④

2

(1)
(2)
(3)
(4)①
(4)②

3

(1)
(2)
(3)
(4)X
(4)Y
(5)

4

(1)X
(1)Y
(2)
(3)
(4)
(5)
(6)

※実物の大きさ：195% 拡大（A3 用紙）

※個別の配点は非公表。

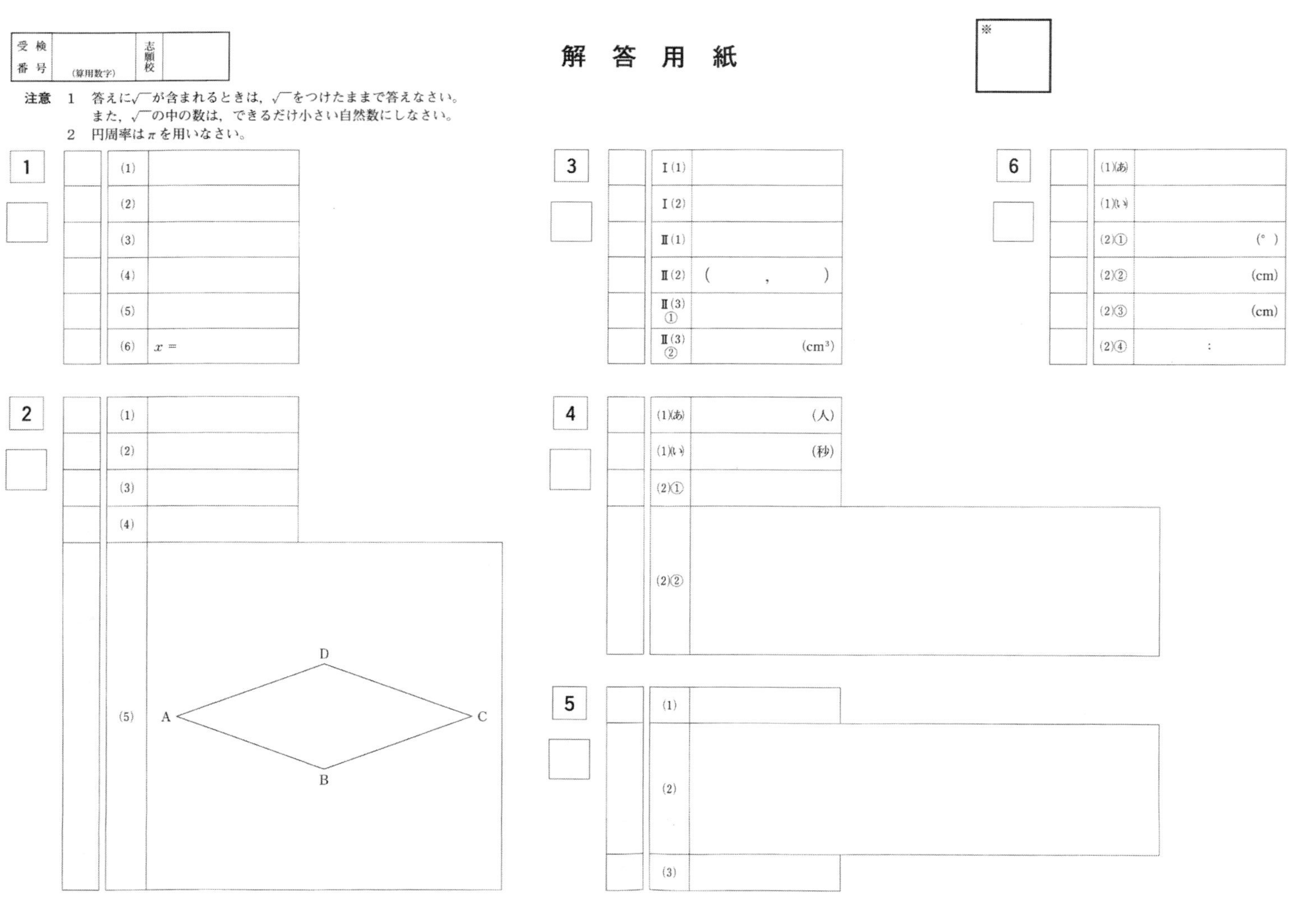

解答用紙

受検番号	(算用数字)	志願校	

注意　1　答えに$\sqrt{\ }$が含まれるときは，$\sqrt{\ }$をつけたままで答えなさい。
また，$\sqrt{\ }$の中の数は，できるだけ小さい自然数にしなさい。
2　円周率はπを用いなさい。

※

1

(1)	
(2)	
(3)	
(4)	
(5)	
(6)	$x =$

2

(1)	
(2)	
(3)	
(4)	
(5)	A　B　C　D

3

Ⅰ(1)	
Ⅰ(2)	
Ⅱ(1)	
Ⅱ(2)	(　　,　　)
Ⅱ(3)①	
Ⅱ(3)②	(cm³)

4

(1)(あ)	(人)
(1)(い)	(秒)
(2)①	
(2)②	

5

(1)	
(2)	
(3)	

6

(1)(あ)	
(1)(い)	
(2)①	(°)
(2)②	(cm)
(2)③	(cm)
(2)④	:

※実物の大きさ：195% 拡大（A3 用紙）

※個別の配点は非公表。

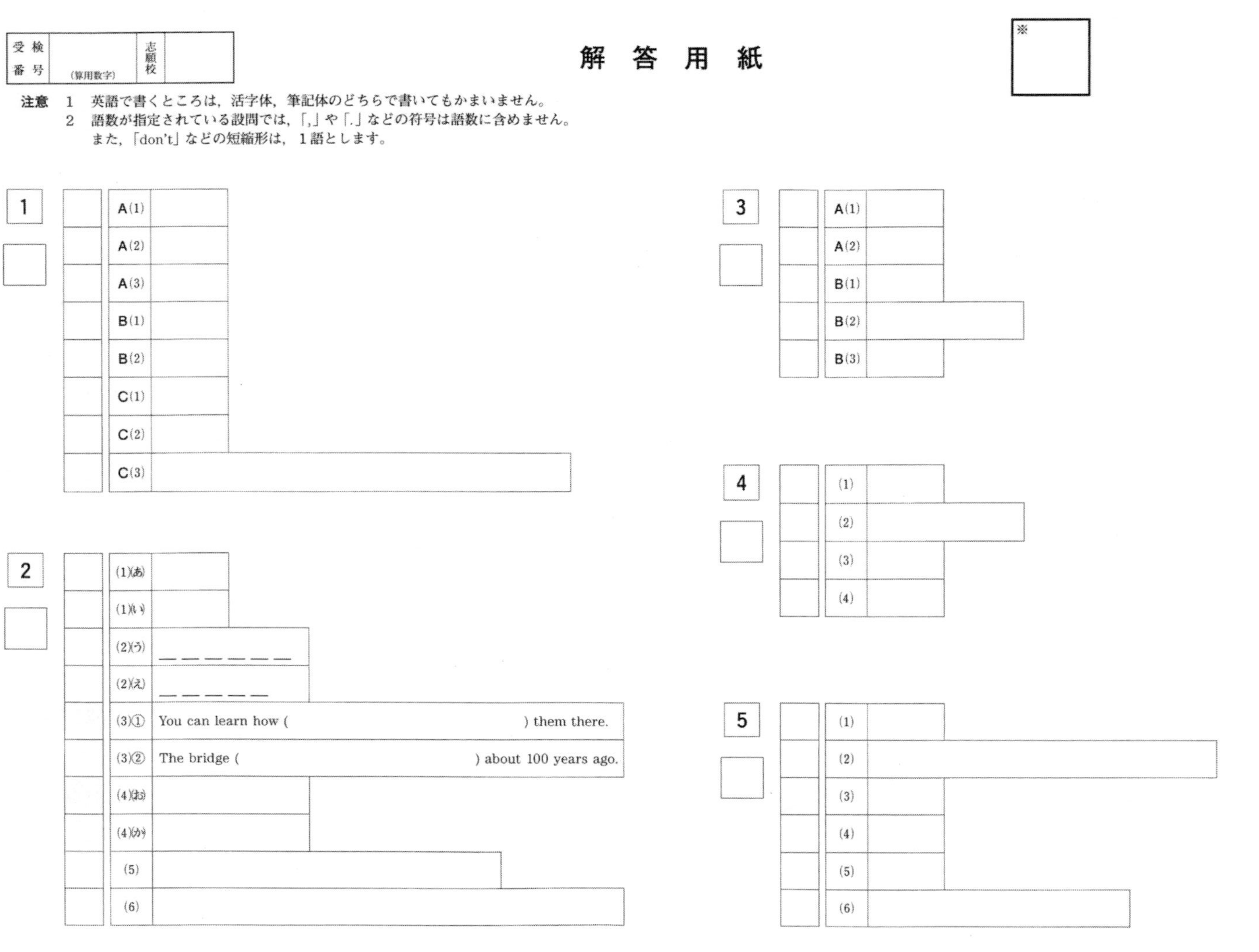

解答用紙

受検番号	（算用数字）	志願校	

※

注意
1　英語で書くところは，活字体，筆記体のどちらで書いてもかまいません。
2　語数が指定されている設問では，「,」や「.」などの符号は語数に含めません。
　　また，「don't」などの短縮形は，1 語とします。

1

A(1)	
A(2)	
A(3)	
B(1)	
B(2)	
C(1)	
C(2)	
C(3)	

2

(1)(あ)	
(1)(い)	
(2)(う)	
(2)(え)	
(3)①	You can learn how (　　　) them there.
(3)②	The bridge (　　　) about 100 years ago.
(4)(お)	
(4)(か)	
(5)	
(6)	

3

A(1)	
A(2)	
B(1)	
B(2)	
B(3)	

4

(1)	
(2)	
(3)	
(4)	

5

(1)	
(2)	
(3)	
(4)	
(5)	
(6)	

※実物の大きさ：195% 拡大（A3 用紙）

※個別の配点は非公表。

解答用紙

受検番号	(算用数字)	志願校	

※

注意　字数が指定されている設問では、「、」や「。」も一ます使いなさい。

1

(1)①
(1)②
(1)③
(1)④
(2)
(3)
(4)
(5)①
(5)②
(5)③
(5)④

2

(1)
(2)
(3)①
(3)②
(4)

3

(1)X
(1)Y
(2)
(3)
(4)
(5)A
(5)B
(6)

4

(1)
(2)
(3)
(4)
(5)

※実物の大きさ：195% 拡大（A3用紙）

※個別の配点は非公表。

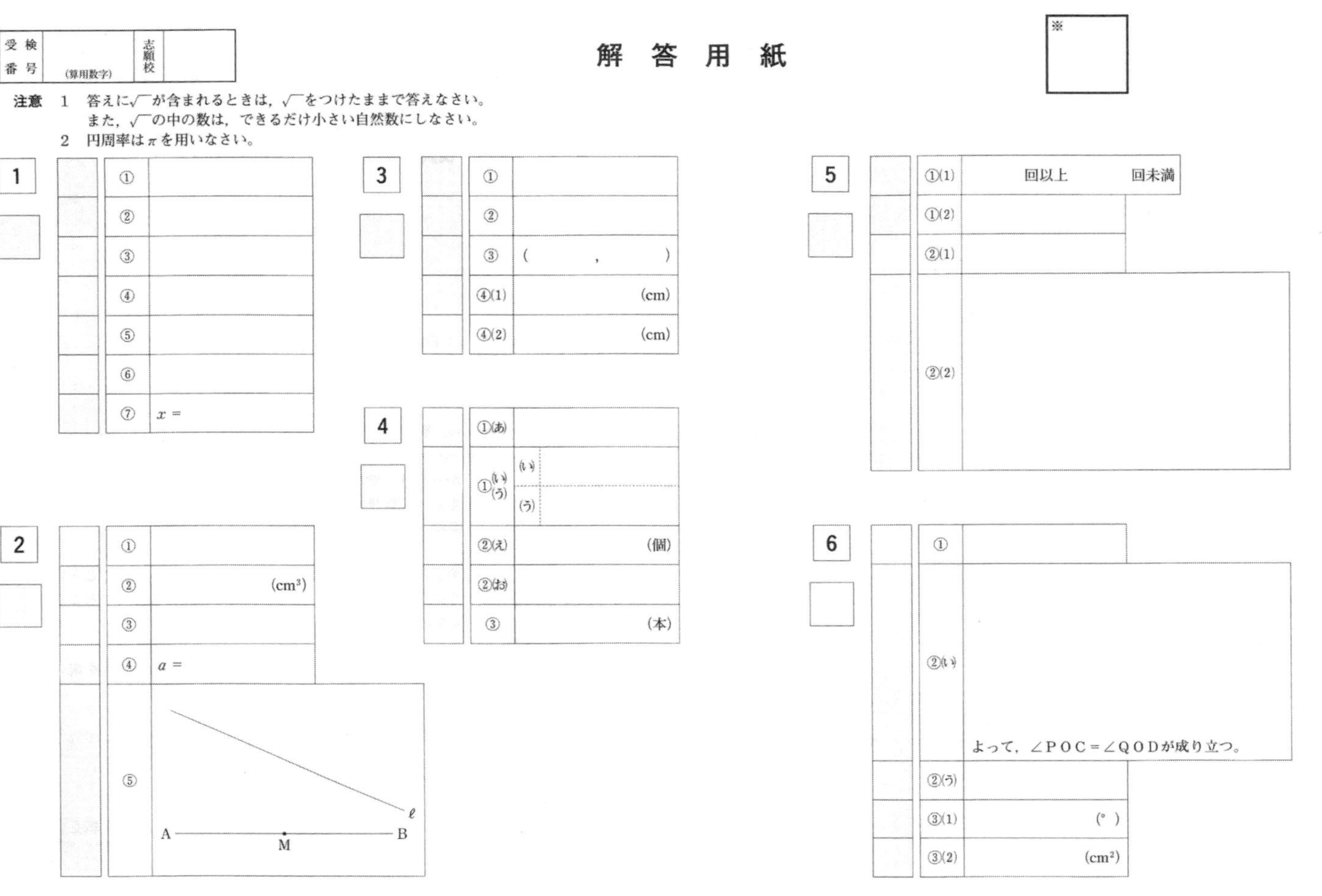

解　答　用　紙

受検番号	(算用数字)	志願校	

※

注意　1　答えに$\sqrt{\ }$が含まれるときは，$\sqrt{\ }$をつけたままで答えなさい。
　　　　また，$\sqrt{\ }$の中の数は，できるだけ小さい自然数にしなさい。
　　　2　円周率はπを用いなさい。

1

①	
②	
③	
④	
⑤	
⑥	
⑦	x =

2

①	
②	(cm³)
③	
④	a =
⑤	

3

①	
②	
③	(　　,　　)
④(1)	(cm)
④(2)	(cm)

4

①(あ)	
①(い)(う)	(い) / (う)
②(え)	(個)
②(お)	
③	(本)

5

①(1)	回以上　　回未満
①(2)	
②(1)	
②(2)	

6

①	
②(い)	よって，∠POC＝∠QODが成り立つ。
②(う)	
③(1)	(°)
③(2)	(cm²)

※実物の大きさ：195% 拡大（A3 用紙）

※個別の配点は非公表。

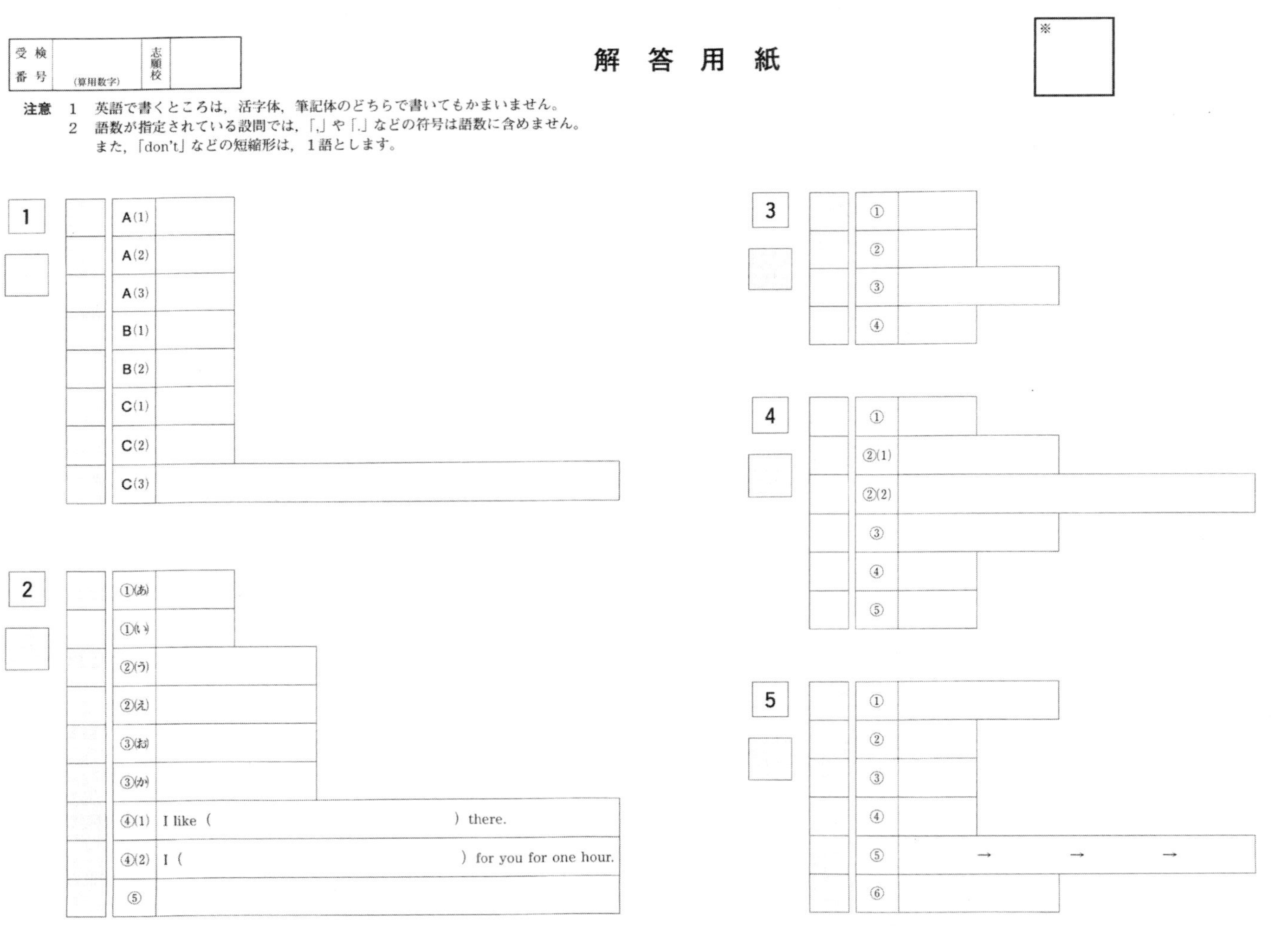

解答用紙

受検番号	(算用数字)	志願校	

※

注意 1 英語で書くところは，活字体，筆記体のどちらで書いてもかまいません。
2 語数が指定されている設問では，「,」や「.」などの符号は語数に含めません。
また，「don't」などの短縮形は，1語とします。

1

A(1)	
A(2)	
A(3)	
B(1)	
B(2)	
C(1)	
C(2)	
C(3)	

2

①(あ)	
①(い)	
②(う)	
②(え)	
③(お)	
③(か)	
④(1)	I like (　　　) there.
④(2)	I (　　　) for you for one hour.
⑤	

3

①	
②	
③	
④	

4

①	
②(1)	
②(2)	
③	
④	
⑤	

5

①	
②	
③	
④	
⑤	→ → →
⑥	

※実物の大きさ：195% 拡大（A3 用紙）

※個別の配点は非公表。

受検番号（算用数字）　志願校

解答用紙

※

注意　字数が指定されている設問では、「、」や「。」も一ます使いなさい。

1

①(1)
①(2)
①(3)
①(4)　く
②(1)
②(2)
③
④
⑤(1)
⑤(2)　～
⑤(3)
⑤(4)

2

①
②
③X
③Y
④
⑤

3

①X
①Y
②(1)
②(2)
③
④
⑤

4

①
②
③
④
⑤

※実物の大きさ：195% 拡大（A3 用紙）

※個別の配点は非公表。

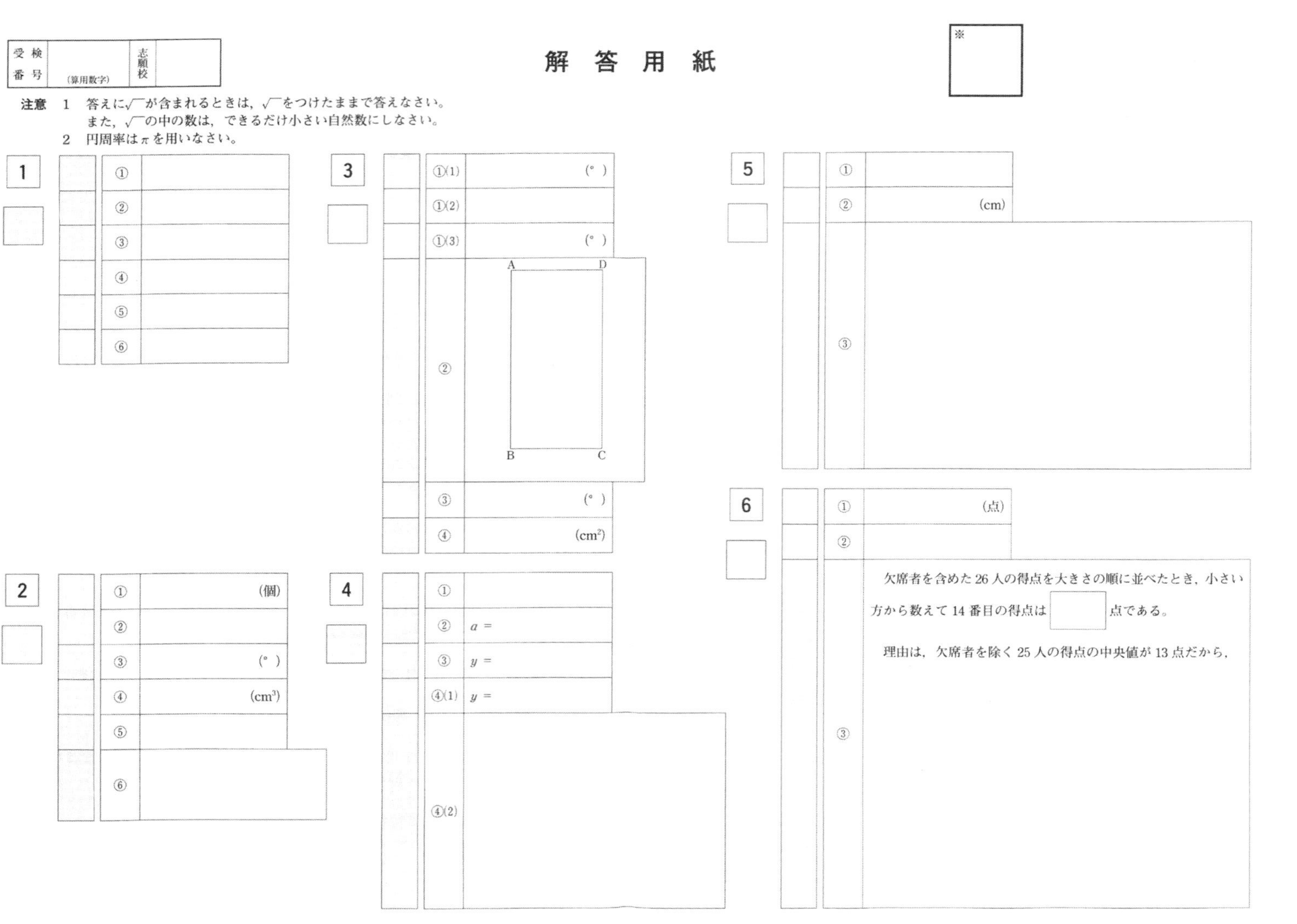

解答用紙

受検番号	(算用数字)	志願校	

※

注意　1　答えに√が含まれるときは，√をつけたままで答えなさい。
　　　また，√の中の数は，できるだけ小さい自然数にしなさい。
　　2　円周率はπを用いなさい。

1

①	
②	
③	
④	
⑤	
⑥	

2

①	(個)
②	
③	(°)
④	(cm³)
⑤	
⑥	

3

①(1)	(°)
①(2)	
①(3)	(°)
②	A D B C
③	(°)
④	(cm²)

4

①	
②	a =
③	y =
④(1)	y =
④(2)	

5

①	
②	(cm)
③	

6

①	(点)
②	
③	欠席者を含めた 26 人の得点を大きさの順に並べたとき，小さい方から数えて 14 番目の得点は　　点である。 理由は，欠席者を除く 25 人の得点の中央値が 13 点だから，

※実物の大きさ：195% 拡大（A3 用紙）

※個別の配点は非公表。

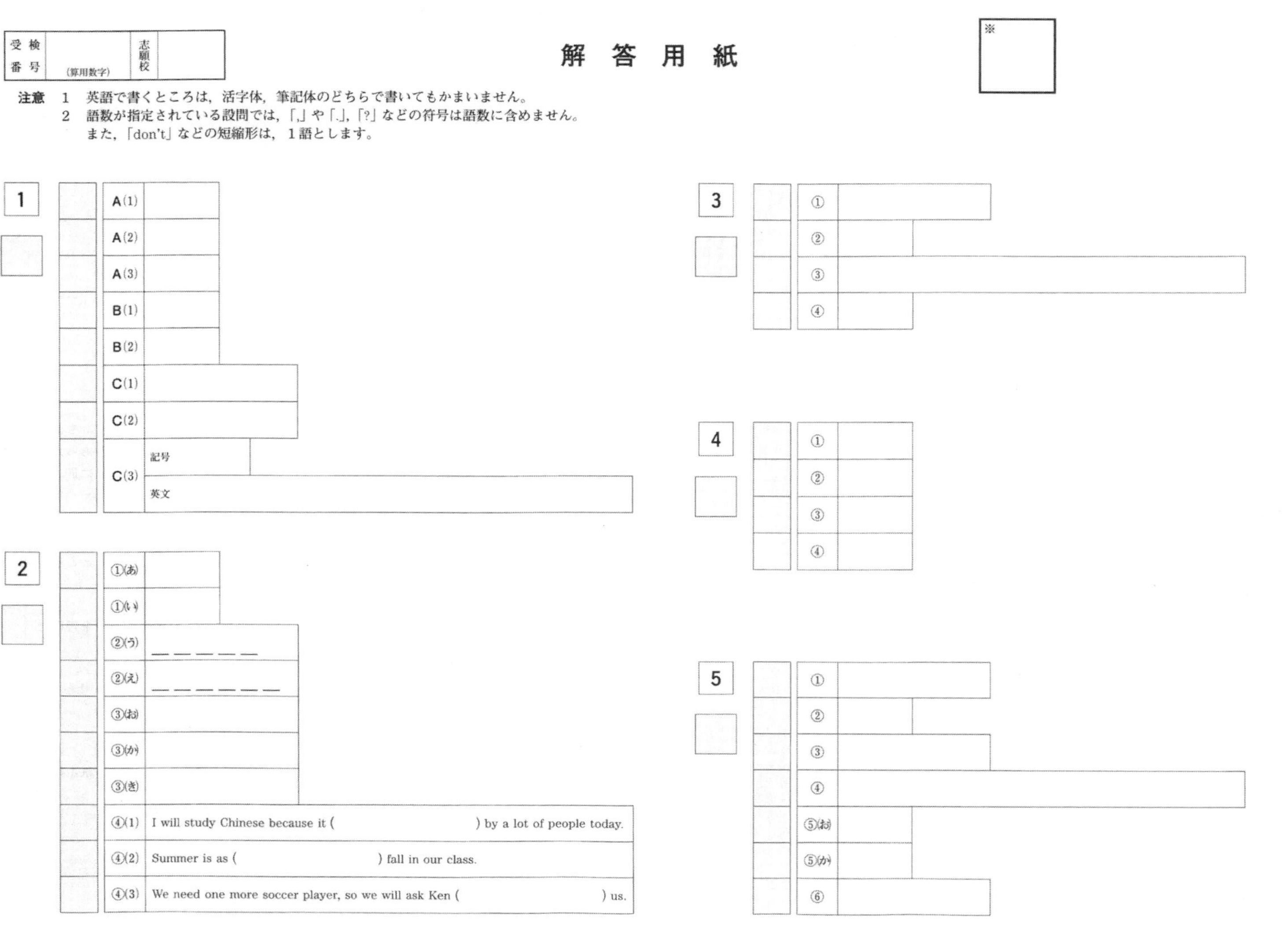

解答用紙

受検番号	(算用数字)	志願校	

※

注意　1　英語で書くところは，活字体，筆記体のどちらで書いてもかまいません。
2　語数が指定されている設問では，「,」や「.」,「?」などの符号は語数に含めません。
また，「don't」などの短縮形は，１語とします。

1

A(1)	
A(2)	
A(3)	
B(1)	
B(2)	
C(1)	
C(2)	
C(3)	記号
	英文

2

①(あ)	
①(い)	
②(う)	_ _ _ _ _
②(え)	_ _ _ _ _ _
③(お)	
③(か)	
③(き)	
④(1)	I will study Chinese because it (　　　　) by a lot of people today.
④(2)	Summer is as (　　　　) fall in our class.
④(3)	We need one more soccer player, so we will ask Ken (　　　　) us.

3

①	
②	
③	
④	

4

①	
②	
③	
④	

5

①	
②	
③	
④	
⑤(お)	
⑤(か)	
⑥	

※実物の大きさ：195% 拡大（A3 用紙）

※個別の配点は非公表。

受検番号　（算用数字）　志願校

解答用紙

※

注意　字数が指定されている設問では、「、」や「。」も一ますに使いなさい。

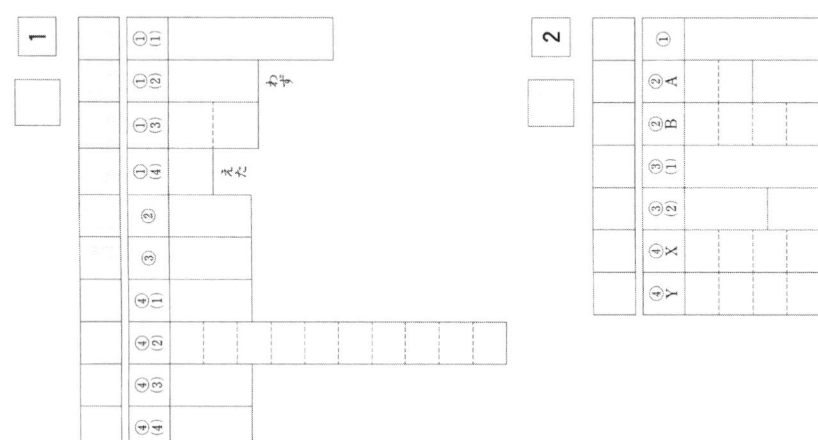

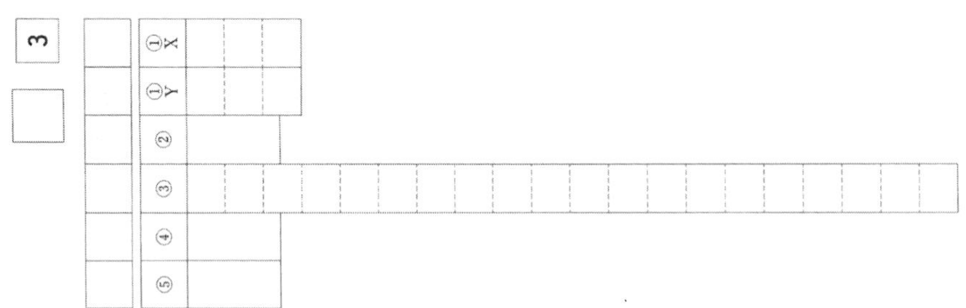

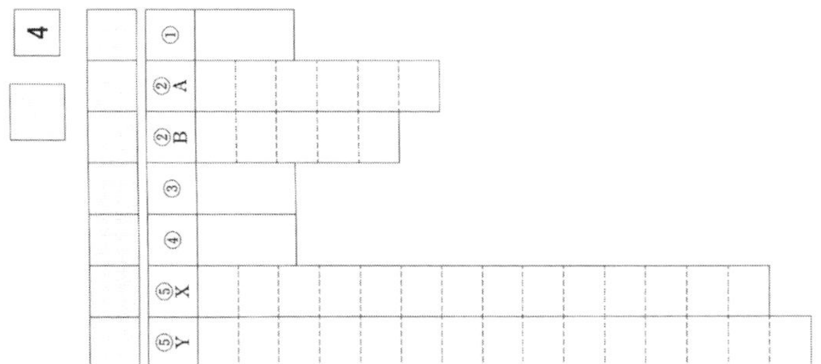

※実物の大きさ：195% 拡大（A3 用紙）

※個別の配点は非公表。

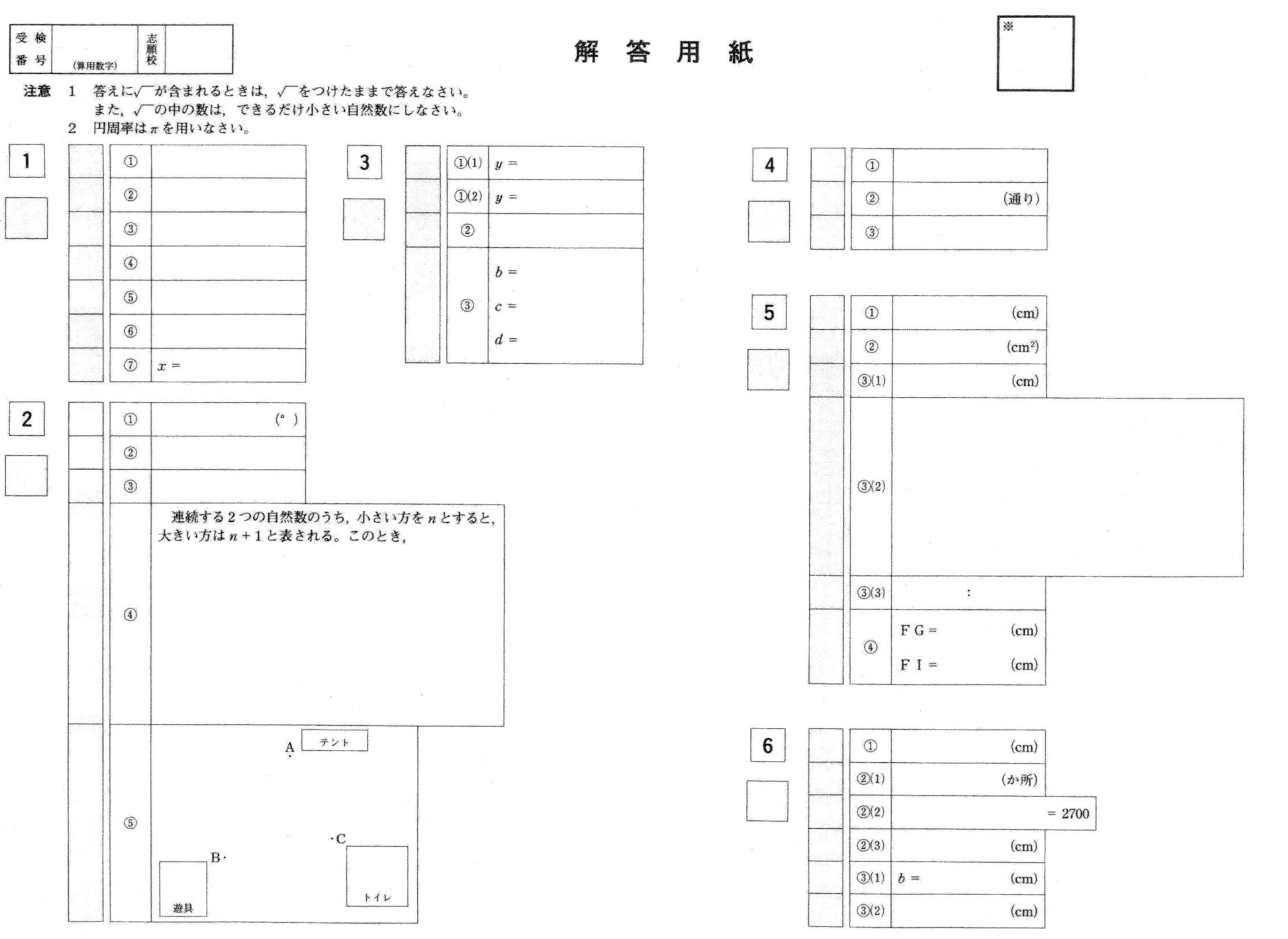

※実物の大きさ：195% 拡大（A3 用紙）

※個別の配点は非公表。

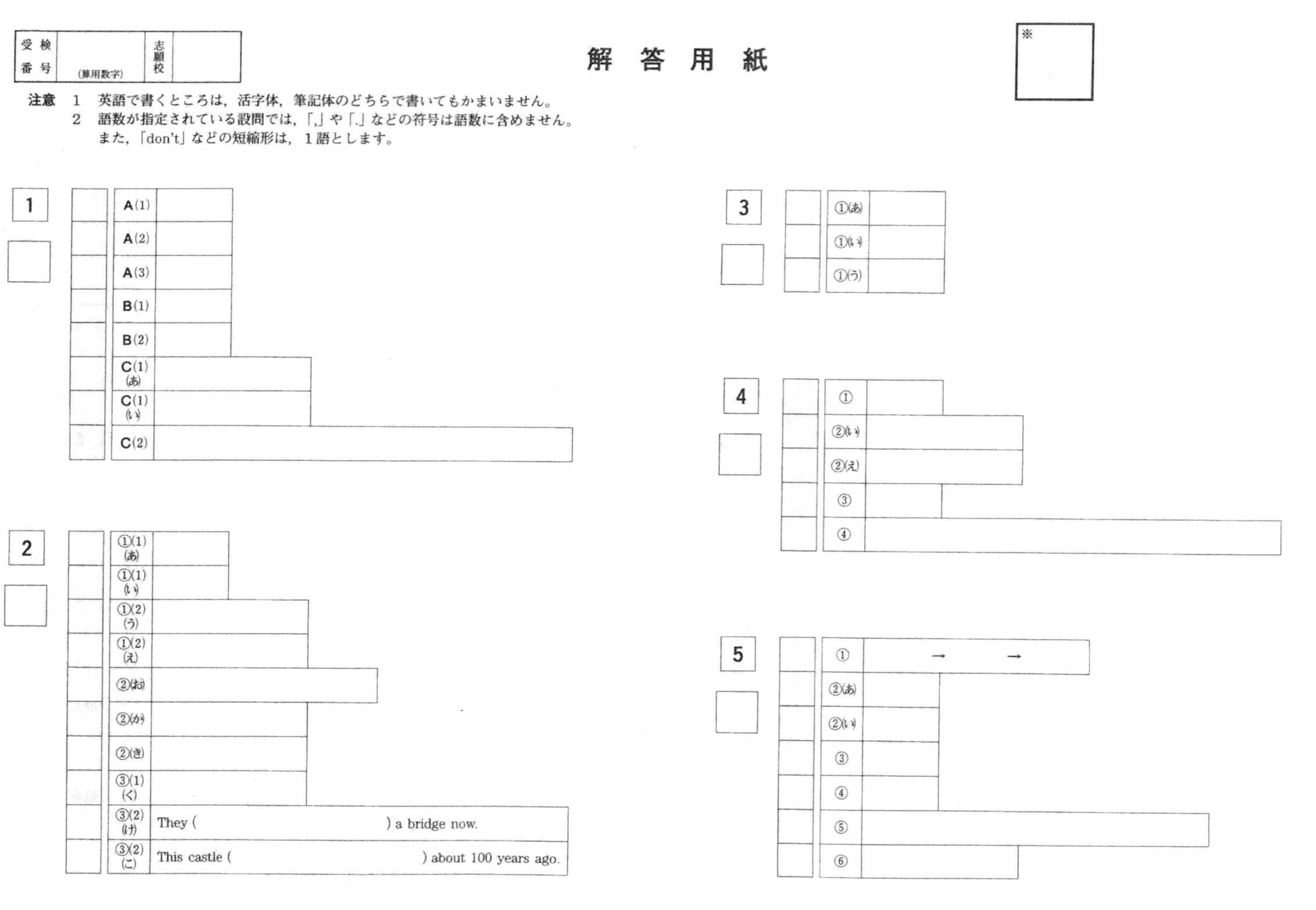

解答用紙

受検番号	(算用数字)	志願校	

※

注意　1　英語で書くところは，活字体，筆記体のどちらで書いてもかまいません。
　　　2　語数が指定されている設問では，「,」や「.」などの符号は語数に含めません。
　　　　また，「don't」などの短縮形は，1語とします。

1

A(1)	
A(2)	
A(3)	
B(1)	
B(2)	
C(1)(あ)	
C(1)(い)	
C(2)	

2

①(1)(あ)	
①(1)(い)	
①(2)(う)	
①(2)(え)	
②(お)	
②(か)	
②(き)	
③(1)(く)	
③(2)(け)	They (　　　) a bridge now.
③(2)(こ)	This castle (　　　) about 100 years ago.

3

①(あ)	
①(い)	
①(う)	

4

①	
②(い)	
②(え)	
③	
④	

5

①	→ →
②(あ)	
②(い)	
③	
④	
⑤	
⑥	

※実物の大きさ：195% 拡大（A3 用紙）

※個別の配点は非公表。

解答用紙

受検番号（算用数字）　志願校

※

注意　字数が指定されている設問では、「、」や「。」も一ます使いなさい。

1

①(1)　なった
①(2)
①(3)
①(4)　しい
②(1)
②(2)
③
④(1)
④(2)
④(3)
④(4)

2

①
②
③X
③Y
④(1)
④(2)

3

①X
①Y
②
③
④
⑤
⑥

4

①
②
③
④X
④Y
⑤

※実物の大きさ：195% 拡大（A3 用紙）

※個別の配点は非公表。

~MEMO~

~MEMO~

~MEMO~

~MEMO~

~MEMO~

~MEMO~

~MEMO~